석유는 어떻게
세계를 지배하는가

지은이 최지웅은 석유와 자원이 결정하는 세상에 대해 공부하며 현재 석유 회사에서 일하고 있다. 고려대학교 영문학과와 아주대학교 경영대학원을 졸업하고 2008년 한국석유공사에 입사했다. 입사 후 미국 공인회계사 시험에 합격하고 유럽·아프리카 사업본부, 비축사업본부 등에서 근무하며 석유 회사에서 일한다는 것의 의미와 석유 정책의 배경이 무엇인지 고민했다. 2015년 해외 위탁 교육생으로 선발되어 런던 코번트리 대학교의 석유·가스 MBA 과정을 밟았다. 그 기간의 배움과 일에서의 경험, 그리고 개인적 고민과 사유를 결합하여 석유를 설명하고자 했다. 이 책은 그 결과물이다. 현재 석유공사 석유정보센터에서 근무하며, 틈틈이 회사 공식 블로그 '오일드림'에서 석유 관련 역사와 정치적·경제적 이슈를 쉽게 풀어 소개하고 있다.

석유는 어떻게 세계를 지배하는가

2019년 8월 20일 초판 1쇄 발행 | 2023년 11월 2일 초판 12쇄 발행

지은이 최지웅
펴낸곳 부키(주) | 펴낸이 박윤우
출판신고 2012년 9월 27일
주소 서울특별시 마포구 양화로 125 경남관광빌딩 7층
전화 02-325-0846 | 팩스 02-325-0841
홈페이지 www.bookie.co.kr | 이메일 webmaster@bookie.co.kr
ISBN 978-89-6051-731-8 03320

석유는 어떻게 세계를 세계를 지배하는가

최지웅 지음

1차 세계대전에서
금융 위기와 셰일 혁명까지
석유가 결정한 국제정치
세계경제의 33장면

부·키

賢妊에게

오늘을 이해하는 단 하나의 키워드

우리는 세계를 이해하기 위해 다양한 시도를 합니다. 뉴스를 보고 신문을 읽고 인터넷에 접속합니다. 여행을 가고 다양한 경험도 합니다. 그런데 이렇게 노력하는 과정에서 정작 중요한 것을 놓치기 쉽습니다. 오늘의 사건, 생각, 모습은 내일이면 변하기 마련인데, 한순간의 현상만 보며 피상적으로 세상을 이해할 가능성이 높기 때문입니다.

오늘의 세계를 제대로 이해하고 싶다면 시대를 꿰뚫는 키워드를 찾아야 합니다. 시간이 지나도 변하지 않는 결정 요인을 골라낼 수 있어야 합니다. 인간관계에서 어떤 사람을 이해하고자 하는 경우 그 사람의 절실한 희망이나 변하지 않는 욕구를 아는 것이 가장 중요합니다. 희망이나 욕구를 알지 못하면 그 사람의 행동을 이해할 수도 예측할 수도 없습니다. 우리가 사는 세계도 마찬가지입니다. 세상의 욕망이 지속적으로 향하는 곳이 어디인지, 국제 질서를 결정하는 강대국의 욕구가 무엇인지 알지 못하고 세상을 읽는다는 것은 어불성설입니다.

현대를 관통하는 키워드를 단 하나 꼽으라면 석유입니다. 한국 현대사의 두 가지 키워드가 '민주화'와 '경제 발전'이라면 세계 현대사의 두 가지 키워드는 '석유'와 '냉전'입니다. 이 중 냉전은 종식되었지만 석유는 여전히 세계 정치와 경제 흐름의 중요한 축입니다. 석유가 주요 에너지원이기 때문이 아닙니다. 석유가 현대 세계에서 '이해관계의 근원적인 요소'이기 때문입니다. 2차 세계대전 이후부터 오늘날까지 석유는 국제 사회에서 부와 힘의 원천이었습니다. 석유의 지배는 곧 세계의 지배였습니다.

이는 지나간 과거의 이야기가 아닙니다. 2000년 이후 발생한 9.11 테러, 세계화, 이라크 전쟁, 금융 위기, 양적 완화와 초저금리 기조, 이란 제재, 그리고 트럼프의 고립주의 회귀까지, 이 모든 것의 기저에는 석유가 있습니다. 최근의 주요 사건마다 석유가 결정 요인으로 작용했기에 석유 없이 오늘의 세계를 설명하는 것은 불가능에 가깝습니다.

한반도의 주요 이슈인 북핵 문제만 봐도 그렇습니다. 북핵 문제에 대해 미국은 중국이 해결의 키를 쥐고 있다고 주장했습니다. 이유는 간단합니다. 중국이 북한의 석유 공급을 책임지고 있기 때문입니다. 미국과 이란의 갈등도 마찬가지입니다. 미국이 이란과의 핵 협정을 파기하자 이란은 호르무즈 Hormuz 해협 봉쇄라는 카드로 미국을 압박합니다. 호르무즈 해협은 석유 공급의 중요한 통로입니다.

더 나아가 오늘날 금융 시스템은 상당 부분 석유라는 실물 자산의 가치에 기대고 있습니다. 미국의《포천Fortune》지는 매년 글로벌 500대 기업을 발표하는데, 저유가가 지속되는 가운데서도 2018년 기준으로 상위 10

개 기업 중 5개는 석유 회사입니다.[1] 거대 기업이 벌어들이고 투자하는 돈은 결국 금융 시장에서 순환할 수밖에 없다는 점에서 현대 금융 시스템도 결국 석유에 기대고 있습니다. 이 책은 달러에 기반을 둔 세계 금융 시스템과 2008년 세계 금융 위기의 근원도 석유였음을 설명합니다. 심지어 트럼프의 정책도 미국의 에너지 상황 변화에서 비롯된 부분이 많다는 것을 보게 되실 겁니다.

이렇게 우리는 여전히 석유의 시대에 살고 있습니다. 석유는 전 시대의 유물이면서 동시에 현재의 명백한 트렌드이고, 최소 한 세대의 범위 안에서는 미래의 비전입니다. 그런데 한국에는 석유에 대한 담론이 턱없이 부족합니다. 이해는 됩니다. 우리는 그것을 부정하고 싶은 마음이 있습니다. 막연히 석유가 환경에 더 나쁠 것이라는 이미지도 있고, 한국에서는 석유가 나지 않는다는 결핍감이나 신기술에 대한 막연한 기대감 등이 어우러져 새로운 에너지원의 등장을 바라게 됩니다.

기대하는 것은 좋습니다. 그러나 막연한 기대감으로 지금이 석유의 시대라는 명백한 사실을 보지 못한다면 시대를 잘못 읽는 것입니다. 현대 전쟁과 분쟁, 정치와 경제의 흐름에는 항상 석유가 있습니다. 이 책은 미래도 다르지 않을 것임을 보여 줍니다.

우리가 석유를 알아야 하는 중요한 이유가 하나 더 있습니다. 바로 한국에서 석유가 거의 나지 않는다는 사실입니다. 생존에 절대적으로 필요한 자원이 없다는 것은 분명 중대한 문제입니다. 그래서 이를 해결하거나 완화할 다양한 방법을 고민할 수밖에 없습니다. 한국의 태생적 문제라며 손을 놓고 있기에 석유는 너무나 중요한 자원입니다. 그렇다고 막연하게 별다른 준비 없이 달려드는 건 너무 위험합니다. 정말 많은 고민과 상상이 필요합니다.

무라카미 하루키의 소설《상실의 시대》에는 석유가 없는 현실에 대한 우리의 대응을 반영하는 듯한 장면이 있습니다. 주인공 와타나베의 강의실에 국가 권력에 맞서 투쟁하는 학생들이 들이닥칩니다. 그러고는 '데우스 엑스 마키나Deus Ex Machina(갑자기 신이 내려와 문제 상황을 일거에 해결해버리는 극의 기법)'를 강의하던 노교수를 밀어내고 투쟁 연설을 합니다. 학생들의 주장은 훌륭합니다. 내용도 이의를 제기할 수 없습니다. 그러나 똑같은 멜로디, 똑같은 가사를 토씨만 바꾸어서 연설했기에 설득력이 없게 들립니다. 이 장면에서 와타나베는 생각합니다. '저들의 진짜 적은 국가 권력이 아니라, 상상력의 결핍'이라고.

석유와 관련해서 한국은 극심한 상상력 부족에 시달리고 있는 듯합니다. 해외 자원 확보의 당위성을 주장하는 칼럼, 기고, 기사 등은 하나 같이 '석유 한 방울 안 나오는 나라에서 자원 개발은 필수'라는 구호를 전가의 보도처럼 사용합니다. 인문학적 통찰, 국제 관계를 고려한 전략적 고민, 예리한 비즈니스적 계산 없이 그저 규범적 당위에 기대는 것입니다. 그래서 논리적 정교함도 내용의 신선함도 찾아보기 어렵습니다.

이런 상황은 석유의 시대를 사는 우리에게 또 다른 차원의 '상실의 시대'를 낳고 있습니다. 석유는 일차원적 사용 가치에서 멈추지 않습니다. 물론 우리의 일상에서 석유는 연료나 원료로 사용 가치를 지닙니다. 그것만으로도 석유는 중요한 의미가 있습니다. 그러나 석유의 가치는 그보다 다층적이고 다면적입니다. 현대사에서 석유는 정치, 경제, 외교를 움직이는 심층 동인이었습니다. '에너지, 그 이상의 가치'로 작용했습니다. 너무 크고 추상적인 이야기라 아직은 그림이 잘 그려지지 않을 것입니다. 그러나 이 그림을 꼼꼼하게 채워 넣어서 뚜렷하게 이해하지 않으면 오늘을 알 수 없고 그런 이유로 내일을 준비할 수 없습니다.

제가 회사의 위탁 교육생으로 머물렀던 런던의 석유·가스 MBA 과정은 비즈니스 스쿨에서 비즈니스를 가르쳐야 한다는 상식을 깨고 석유의 역사와 정치적·경제적 배경을 읽고 토론하고 발표하게 했습니다. 석유 사업 분야에서는 경제학·경영학적 소양만으로 리더가 될 수 없다는 기본 인식이 있었습니다. 우선 석유가 관통하는 세상의 큰 그림에 대한 이해를 요구한 것입니다.

어느 분야에서나 역사에 대한 지식은 필수입니다. 특정 분야의 역사를 알면 그 분야에서 하는 일의 위치와 맥락을 알게 됩니다. 반대로 역사를 모르면 맥락 없는 방법이나 좌표에 맞지 않는 방식을 취하기도 합니다. 과거의 데이터를 모르는 채 미래를 프로그래밍할 수 없습니다. 과거의 그림을 모르는 채 미래의 그림을 상상할 수도 없습니다.

역량 있는 극작가는 데우스 엑스 마키나식 해결을 추구하지 않습니다. '우리나라에는 석유가 나지 않는다'는 문제 상황도 데우스 엑스 마키나식으로 풀리지 않을 것입니다. 그러나 꼭 풀어야 하는 문제이므로 정말 많은 고민과 상상력이 필요합니다. 그래서 역사가 그런 그림을 보고 그것의 의미를 곱씹을 필요가 있습니다. 상상력은 자기가 가진 레퍼런스에 비례한다는 말이 있습니다.[2] 이 책이 독자 여러분 마음에 새로운 레퍼런스가 되길 바랍니다.

회사 업무와 물리적·심리적으로 떨어져 있었던 위탁교육 기간이 없었다면 이 책은 나올 수 없었을 것입니다. 그리고 그에 못지않게 이 책의 발간에 중요했던 부분은 아내의 도움이었습니다. 아내는 책을 쓰는 과정에서 꼼꼼하게 가독성과 이해도를 체크해 주었습니다. 또한 두 아이를 함께 양육하면서도 제가 개인 시간을 보내는 것을 허락하고, 기도와 희생으로 도와주었습니다. 때로는 자료 조사와 내용에 대한 고민까지 같이 해 주었기에 이 책은 아내와의 공동 저작이라고 해도 과언이 아닙니다. 아내 주현주에게 이 책을 바칩니다.

끝으로 원고의 가능성만을 보고 기꺼이 손을 잡아주신 주식회사 부키 박윤우 대표, 에너지공학자의 시각에서 의견을 개진해 준 계명대학교 전기에너지공학 강문희 교수에게도 진심으로 감사의 말을 전합니다.

최지웅

2부
석유, 무기가 되다(1970~1979년)

3부
석유, 시장을 열다(1980~1989년)

4부
석유, 오늘을 결정하다(1990년~현재)

석유, 오늘을 열다
(1차 세계대전~1969년)

1

진정한 석유왕은
록펠러가 아니라 처칠이다?

| 지배는 모험을 무릅쓴 것에 대한 포상이다.
- 윈스턴 처칠, 전 영국 총리

근대 석유 산업은 '석유왕'이라 불리는 존 데이비슨 록펠러John Davison Rockefeller에 의해 미국에서 태동합니다. 그가 1870년 세운 스탠더드 오일Standard Oil은 미국의 석유 사업을 지배했고, 오늘날에도 엑손모빌 ExxonMobil과 셰브런Chevron으로 이름을 바꿔 세계 최대 기업으로서 건재하고 있습니다. 록펠러가 개발한 미국 내 유전으로 미국은 20세기 중반까지 세계 최대의 산유국이 될 수 있었고, 이로 인해 20세기 전반기 에 빠르게 산업을 발전시켰습니다. 록펠러는 미국의 근대사에 경제적으로 가장 큰 영향을 끼친 인물이라고 해도 과언이 아닙니다.

그러나 세계사 차원에서 보면 록펠러의 영향은 미미했습니다. 그는 단지 '미국의 석유왕'일 뿐이었고 그의 족적은 미국 내로 한정됩니다. 록펠러의 시대에 대부분 국가에서는 여전히 석탄이 주요 에너지원이었습니다. 산업혁명의 동력이었던 증기기관은 석탄을 에너지원으로 활용했고, 중동의 석유는 아직 개발되기 전이었습니다. 그러한 시절에 석유를 두고 록펠러보다 큰 꿈을 꾸는 영국인이 있었습니다. 록펠러와 동시대를 살았지만 그의 조국에서는 석유가 나지 않았습니다. 그런데도 그는 석유의 전략적 함의와 미래 가치를 알아보고 영국의 연료를 석유로 바꾸려는 야심을 품습니다. 그는 영국의 전 총리 윈스턴 처칠Winston Churchill입니다. 처칠의 결정으로 인해 석유가 세계의 연료이자 이해관계의 핵심으로 등극하는 석유의 시대가 열립니다.

1911년, 당시 영국 해군 장관이었던 처칠은 독일과의 해군력 경쟁에서 우위를 지키기 위해 해군 함대의 연료를 석탄에서 석유로 모두 바꾸는 결정을 내립니다. 석유는 석탄보다 부피를 덜 차지하면서 열량이 높아 해군 함정의 속도와 작전 반경을 크게 개선할 수 있었습니다. 문제는 당시 영국에 석유 매장량이 전혀 없다는 것이었습니다. 이 문제만 해결하여 충분한 석유를 확보할 수 있다면 영국은 해군력에서 독일을 압도할 수 있었습니다. 처칠의 결정은 파격적인 승부수였습니다.

〈아라비아의 로렌스Lawrence of Arabia〉라는 영화가 있습니다.

1962년에 개봉한 1차 세계대전 배경의 영화인데, 실제 인물과 사건을 기반으로 합니다. 주인공 로렌스T. E. Lawrence는 1차 세계대전 중 아라비아반도에 파견되었던 영국군 장교입니다. 그는 아랍인 편에 서서 오스만 제국과 싸우는데, 탁월한 전략과 용맹함으로 아랍의 영웅이라 불리기까지 했습니다. 로렌스로 상징되는 영국의 지원으로 아랍인들은 오스만 제국을 물리칩니다. 영화의 포스터에서 로렌스가 앞장서고 아랍 군사들이 뒤따르는 모습은 이 지역에서 영국의 역할을 상징적으로 나타냅니다.

영화에서는 로렌스가 아랍인들을 도운 이유를 아라비아 지역에 대한 순수한 열정으로 표현합니다. 로렌스라는 인물 자체가 영화에서 인간적이며 순수한 인물로 그려집니다. 그러나 국제 관계에서 계산 없는 순수함이 있을까요? 당시 영국은 1차 세계대전의 적국이었던 오스만 제국을 약화시키기 위해서 아랍을 이용합니다. 아랍인들 역시 오스만 제국의 지배에서 벗어나기 위해 영국의 도움을 받아들입니다. 무엇보다 영국은 이 지역에서 영향력을 확대하고 싶었습니다. 그리고 실제로 중동의 근현대사에 가장 많은 영향을 준 국가가 됩니다.

현재 아라비아반도의 대부분은 사우디아라비아(이하 사우디)가 차지하고 있습니다. 그러나 19세기까지만 해도 그 나라는 존재하지 않았습니다. 아라비아반도는 16세기경부터 오스만 제국이 지배하고 있었는데, 20세기 초반 영국의 지원으로 오스만 제국을 몰아낸 후 아랍의 내

🔱 1962년 개봉 당시 〈아라비아의 로렌스〉 포스터

처칠이 해군의 주 연료를 석유로 바꾸고 석유 확보가 주요 과제 중 하나가 되면서 영국은 중동 정세에 적극적으로 개입하기 시작한다. 위의 포스터에서 앞장서서 군대를 이끄는 주인공과 그를 따르는 아랍 군인들의 모습이 당시 아라비아반도에서 영국의 역할을 상징한다.

부 세력 간 주도권 싸움이 벌어집니다. 이때 리야드를 통치하던 사우드 Saud 가문이 메카의 하심Hashemite 가문을 물리치고 아라비아 반도를 장악합니다. 이후 영국이 사우드 가문의 아라비아 지배를 허용하면서 1932년 '사우디아라비아Saudi Arabia'라는 나라가 건국됩니다.

영국은 아라비아반도와 이웃한 페르시아(오늘날 이란)에서도 활약합니다. 영국인 윌리엄 녹스 다아시William Knox D'Arcy는 1908년 불굴의 의지로 페르시아에서 대규모 석유를 발견합니다. 그는 페르시아의 석유 탐사권을 독점하며 탐사를 진행했지만, 7년간 실패를 거듭합니다. 사막이라는 열악한 작업 환경과 자금 확보의 어려움 속에서도 그는 종교적인 믿음으로 탐사를 포기하지 않습니다. 마침내 1908년 페르시아 남부의 마스제드솔레이만Masjed Soleyman에서 거대한 유전을 발견합니다. 이 발견으로 1909년 페르시아에 BPBritish Petroleum의 전신인 앵글로-페르시안Anglo-Persian Oil Company이라는 석유 회사가 설립됩니다. 이후 이 회사는 이란의 석유 개발을 주도하며 이란의 정치와 경제에 큰 영향을 줍니다.

1917년 영국은 밸푸어 선언으로 이스라엘의 건국도 주도합니다. 또한 중동 지역에 국경을 긋고, 개별 국가들의 성립에도 결정적 역할을 합니다. 이로 인해 수많은 갈등과 분쟁이 지속되는데, 그 근원에는 로렌스로 상징되는 영국의 개입이 있었습니다. 영국은 20세기 중반까지 중동 지역에서 지배적인 영향력을 행사했고 그 열매로 이 지역의 석유 질서를 주도합니다. 이 모든 것의 시작은 위험을 무릅쓰고 영국 함대의 연료를 석유로 전환한 처칠의 결단이었습니다. 처칠은 석유에 기반한 해군력 강화naval supremacy upon oil에 전력을 쏟기로 결심하고 이렇게 말합니다.

지배는 모험을 무릅쓴 것에 대한 포상prize이다.[1]

퓰리처상 논픽션 부문 수상작이자 석유사의 바이블로 꼽히는 책 'The Prize'(한국어판 제목은《황금의 샘》)[2]는 위의 발언에서 따왔다고 하는데, 절묘한 제목입니다. 여기서 포상은 두 가지로 생각할 수 있습니다. 좁게 보면 배타적 석유 사업권이고, 넓게 보면 미국이 세계를 지배하기 위해 석유를 지배하려 한다는 노엄 촘스키Noam Chomsky의 주장[3]처럼 '세계 지배' 혹은 '세계 질서'입니다. 그만큼 석유를 지배하는 것은 커다란 포상을 낳습니다. 그래서《황금의 샘》중국어판 제목은 원제를 그대로 살려 포상하다는 의미의 '장상奬賞'입니다. 앞으로 살펴볼 현대사에서 때로는 정치적이고 때로는 경제적인 다양한 장상을 보게 될 것입니다.

처칠이 해군 연료를 석유로 바꾼 이후, 영국의 중동 개입이 본격화됩니다. 처칠이 그린 큰 그림 아래에서 로렌스도 아라비아반도에서 복무합니다. 처칠이 던진 승부수 덕분에 영국은 1, 2차 세계대전의 승전국이 됩니다. 그 승전의 중요한 포상은 독일과 이탈리아 등 패전국을 제치고 중동에서 석유 이권을 확보한 것이었습니다. 이후 이 석유 이권은 다시 1991년 걸프전과 2003년 이라크전에서 영국과 미국이 형과 아우처럼 나란히 전쟁을 수행한 근원이 됩니다.

1, 2차 세계대전을 거치면서 영국은 중동의 맹주 노릇을 하게 됩니다. 그러나 20세기의 영국은 쇠퇴해 가는 나라였습니다. 2차 세계대전 이후, 중동의 중요성을 뒤늦게 알아채고 석유 기업을 진출시키며 영국을 견제하는 국가가 등장합니다. 바로 미국입니다.

2

블레어가
'부시의 푸들'이 된 배경

| **무슨 일이든, 당신과 함께하겠다.**
| - 토니 블레어, 전 영국 총리

중동이 언제부터 석유 생산의 중심이었을까요? 지금이야 중동 하면 떠오르는 것이 석유입니다. 그러나 1940년대 초반 중동의 원유 생산량은 전 세계 생산량의 5~10퍼센트에 불과했습니다. 아직은 중동이 석유의 중심이 아니었고 미국도 이 지역에 큰 관심을 두지 않았습니다.

　미국은 1940년대 전까지만 해도 2차 세계대전 참전을 유보하고 자국에만 관심을 두었습니다. 아직 세계화와 자유 무역은 미국의 입장이 아니었습니다. 당시 미국은 세계 최대 산유국이라 석유를 자급할 수 있었습니다. 근대 석유 산업이 미국에서 록펠러에 의해 발전했고, 그가 세운 스탠더드 오일은 미국 내 생산량만으로 세계 최대의 석유 회사가 되었습니다. 굳이 해외로 눈을 돌릴 필요가 없었습니다.

앞서 살펴보았듯이 석유가 나지 않던 영국은 미국과 달리 중동에 적극적인 관심을 기울였습니다. 1940년 이전까지 중동에서 가장 큰 영향력을 행사하던 국가는 영국입니다. 세계를 지배하던 대영제국 입장에서 중동은 해군 함대의 연료를 위해서뿐만 아니라 정치적으로도 중요한 지역이었습니다. 특히 사우디는 이슬람의 성지였기 때문에 무슬림 인구가 많은 인도를 통치하기 위해서도 매우 중요했습니다.

그런데 1940년대에 들어서면서 미국도 중동에 눈독을 들이기 시작합니다. 1941년 미국은 2차 세계대전에 참전하면서 석유와 중동의 중요성을 깨달았습니다. 석유는 전쟁 승패에 결정적인 요소였고, 미국은 모든 전선에 석유를 공급하고 있었습니다. 그런 상황에서 1930년대 말부터 미국 내에서 새로운 유전을 발견하기 어려울 것이라는 예측이 우세해집니다. 미국은 해외로 눈을 돌립니다. 미국 정부는 당시 미국 최고의 지질학자이자 석유 지질학의 아버지로 불리는 에버렛 드골리에 Everette Lee DeGolyer를 중동으로 보내 석유 매장량을 조사하게 합니다. 드골리에 일행은 그 임무를 수행하고 이렇게 말합니다.

중동 석유는 인류 역사를 통틀어 '최고의 포상'이 될 것이다.[4]

한마디로 중동은 일확천금의 땅이자 황금의 샘이라는 것입니다. 드골리에는 미국이 중동 석유의 중요성을 인식하는 데 일차적인 역할을 합니다.[5] 이후 미국의 원유 수요 증가가 겹치면서 중동을 보는 미국의 태도가 달라지는데, 이 때문에 영국이 딜레마에 빠집니다. 영국은 미국이 필요했습니다. 중동을 노리는 소련의 위협을 홀로 방어하기도 힘들었고, 중동 유전 개발에 필요한 자본도 부족했기 때문입니다. 그런데 다른 한편으로는 미국이 중동에 들어와서 영국의 기득권을 상당 부분 빼앗을 수 있었습니다. 이러한 복잡 미묘한 상황에서 미국 대통령 프랭클린 루스벨트Franklin D.Roosevelt가 뛰어난 '스케치 실력'으로 리더십을 발휘합니다.

1944년 루스벨트는 주미 영국 대사 핼리팩스Lord Halifax를 불러들입니다. 그리고 종이에 직접 손으로 중동 지도를 그리면서 이렇게 제안합니다.

페르시아(이란) **석유는 영국이 갖고, 이라크와 쿠웨이트의 석유는 공유하며, 사우디 석유는 미국이 갖는다.**[6]

영국이 중동의 국경을 그렸던 것처럼 루스벨트는 중동에서 양국의 사업 영역을 스케치합니다. 물론 이후 재협상과 내부 진통을 거치지만, 루스벨트의 제안은 1944년 영미석유협약Anglo-American Petroleum

Agreement이라는 결실로 이어집니다. 루스벨트의 제안대로 사우디에 미국 회사가 들어가고 이란에 영국 회사가 자리를 잡습니다. 미국은 사우디에 아람코Aramco라는 석유 회사를 세웁니다. 현재 아람코는 사우디의 국영 석유 회사지만, 당시에는 미국 석유 기업 소칼Socal과 텍사코Texaco가 합작해서 세운 100퍼센트 미국 회사였습니다. 아라비아의 미국 회사라는 의미로 이름도 Arabian-American Oil Company, 줄여서 아람코Ara-Am-Co입니다. 이란에서는 BP의 전신인 앵글로-페르시안 석유 회사가 독점적으로 사업을 지속합니다.

영국과 미국의 이러한 타협과 제휴는 석유 시장의 특성에도 기인합니다. 지금도 마찬가지지만 석유 시장에서 생산량 조절이 제대로 이루어지지 않으면 가격이 급격하게 오르내리면서 생산자들이 큰 손실을 입게 됩니다. 석유 생산을 위해서는 시추공과 해상 플랫폼 건설 등 막대한 자본이 투자되는 개발 과정이 필요합니다. 그런데 생산자들 사이에 합의가 없으면 유가가 상승하는 시기에는 서로 유전 개발에 뛰어들어 과잉 투자가 발생합니다. 일단 생산 설비를 갖추고 나면 시장 상황에 관계없이 생산을 계속해서 투자비를 뽑아내야 하기에 한동안 생산량이 수요를 초과합니다. 이 상황이 지속되면 유가는 폭락하고 수많은 업체가 도산합니다. 그러면 다시 공급이 줄고 유가가 오르면서 과잉 투자가 발생하는 악순환이 이어집니다. 그래서 증산과 감산 사이에서 균형을 맞추는 것이 석유 생산자들의 절대 과제입니다.

이 과제를 해결하기 위해 영국과 미국은 영미석유협약을 맺고 두 나라에서 각 4명씩, 총 8명으로 구성된 국제석유위원회International Petroleum Commission를 구성합니다. 이 기구는 각국의 권장 생산량, 시장 조절 방안 등을 협의하게 됩니다. 이런 생산량 조절과 관련한 협약은 이후 석유 역사에서 일관적으로 나타납니다. 1960년대 이후 나타난 OPEC에서도 그런 특징을 읽을 수 있습니다.

또한 영국과 미국의 대타협은 중동에서 두 나라의 배타적 석유 이권을 유지하는 기초가 됩니다. 바로 이 체제하에서 영미의 석유 기업인 엑손모빌, BP, 쉘Shell, 셰브런 등이 성장해서 엄청난 부를 창출하게 됩니다. 영국와 미국은 이렇게 같이 가기로 합니다. 이 밀월 관계는 이후 수십 년간 지속됩니다. 1944년 루스벨트의 스케치 제안은 수십 년의 시간을 건너뛰어 이라크 전쟁 한 해 전인 2002년, 영국 총리 토니 블레어 Tony Blair에 의해 다시 한 번 답장을 받습니다.[7]

블레어는 미국 대통령 조지 W. 부시George W. Bush에게 "무슨 일이든, 당신과 함께하겠다 will be with you whatever"고 합니다.[8] 다정한 연인 사이의 편지 같지 않나요? 미국이 석유 질서를 위해 전략적으로 이라크를 침공한다면, 영국은 그 질서의 소수 주주로서 기꺼이 희생을 감수하겠다는 것입니다. 2003년 영국과 미국은 유엔과 국제 사회의 반대를 무릅쓰고 이라크 전쟁을 수행합니다. '대량 살상 무기'가 숨겨져 있다는 미심쩍은 구실로 말입니다.

2002년 블레어의 답장은 2차 세계대전 이후부터 이어진 영국과 미국의 타협과 지배의 과정에서 이해되어야 합니다. 그리고 그 특별한 관계의 시작에는 뜻밖에도 한국이 중요한 비중으로 등장합니다.

PM note 28/7/02
19 8/02

NOTE ON IRAQ

I will be with you, whatever. But this is the moment to assess bluntly the difficulties. The planning on this and the strategy are the toughest yet. This is not Kosovo. This is not Afghanistan. It is not even the Gulf War.

🔱 2002년 7월 토니 블레어가 조지 부시에게 보낸 메모

2016년 칠콧 리포트Chilcot Report에 의해 공개된 이 메모는, 의회가 이라크 전쟁 참전을 논의하기 이전에 이미 영국 정부가 입장을 결정했다는 증거로 꼽히며 석유 질서 유지를 위한 영국과 미국의 제휴를 잘 보여 준다.

3

한국과 이란이 다른 듯
닮은 이유

> **이란은 한국보다 중요하다.**
> - 윈스턴 처칠, 전 영국 총리

한국과 이란은 닮은 점이 제법 있습니다. 소소하게는 서울에 테헤란로
가 있고 테헤란에는 서울로가 있습니다. 지리적으로는 1940년대에 두
나라가 공통적으로 소련과 접경하고 있었습니다. 소련의 서쪽 끝에는
이란이, 동쪽 끝에는 한반도가 접하고 있었지요. 이 때문에 영국과 미국
에게 중동의 이란과 극동의 한국은 지정학적으로 매우 중요한 나라가
됩니다. 그래서 1950년대 초반에 영국과 미국이 두 나라의 역사에 개입
한 점도 닮았습니다.

1950년 한국에서는 다시 있어서는 안 될 비극, 한국전쟁이 발발했습니다. 이때 영국은 약 6만 명의 병력을 파견해서 4000명에 가까운 사상자를 냈습니다.[9] 이 파병 규모는 미국 다음이었고 사상자 수도 적은 편이 아니었습니다. 영국에게 한국은 그만큼 중요한 국가였나 봅니다. 하지만 이란만큼은 아니었습니다. 처칠은 다음과 같이 말합니다.

이란은 한국보다 중요하다. 이란을 통해 석유 공급의 안정을 확보하는 것은 소련의 침략을 저지하는 중요한 요소다.[10]

한국전쟁은 극동에서 소련과 공산주의의 확장을 막는다는 점에서 영국에게도 이해관계가 있었습니다. 영국과 미국의 오랜 역사적·문화적·언어적 연대에 기반한 '특별한 관계'[11]를 고려할 때도 파병은 필요했습니다. 그래서 직접적인 경제적 이해관계가 없음에도 6만 명의 병력을 파견했던 것입니다. 그런데 이란은 소련을 방어하는 측면과 석유 안보의 측면이 모두 있었기 때문에 영국 입장에서는 한국보다 중요한 나라였습니다.

그러한 이란에서 한국전쟁과 비슷한 시기에 반영反英 감정이 거세게 일어납니다. 역사적으로 이란은 영국에 강한 반감을 가지고 있었습니다. 2차 세계대전 때 이란은 중립을 지키려고 하다가 독일 쪽에 서게 됩니다. 그래서 연합국은 이란을 공격해 당시 국왕이었던 레자 샤 팔레비

Reza Pahlavi를 폐위시키고 그의 아들 무함마드 팔레비Mohammed Pahlavi를 왕위에 앉힙니다. 왕을 폐위시켰지만 왕실은 유지한 것입니다. 연합국이 2차 세계대전 직후 패전국 일본의 왕실을 유지하는 것과 비슷한 행보입니다. 그러한 방식이 이란 국민을 통제하는 데 유리하다고 본 것입니다.

반영 감정의 더 중요한 이유는 석유였습니다. 1932년 앵글로-페르시안에서 이름을 바꾼 앵글로-이란 석유 회사Anglo-Iranian Oil Company는 1945년부터 1950년까지 2억 5000만 파운드의 수익을 올린 데 반해, 이란은 로열티로 9000만 파운드의 수익만을 가져갑니다.[12] 대략 3배 많은 몫을 앵글로-이란 석유 회사, 지금의 BP가 가져간 것입니다. 같은 시기에 이웃 사우디가 미국과 석유 수익을 반분하는 협정fifty-fifty agreement을 체결한 것을 보면 이란 입장에서는 화가 날 만도 합니다. 그리고 사우디의 미국 석유 회사 아람코Arabian-American Company는 사우디를 배려해 'Arabia'를 회사 이름의 앞에 둔 반면, 앵글로-이란 석유 회사는 영국을 상징하는 '앵글로Anglo'를 앞에 두는 등 사소한 부분에서 배려도 덜했습니다.

국민적 반영 감정을 등에 업고 민족주의 성향의 무함마드 모사데크 Mohammed Mossadegh가 등장합니다. 그는 앵글로-이란 석유 회사의 국유화를 공약으로 내세워 1951년 4월 국회에서 총리로 선출됩니다. 연합국이 세웠던 팔레비는 2선으로 물러나고 힘을 잃습니다.

반영, 반미 노선의 모사데크 정권은 영국과 미국의 표적이 됩니다. 영국 입장에서는 당시 한창 전쟁 중이던 북한보다 더 나쁜 정권이었습니다. 모사데크는 집권 후 곧바로 영국 소유였던 앵글로-이란 석유 회사를 일방적으로 국유화합니다. 영국으로서는 당연히 받아들일 수 없는 결정이었기에 즉시 페르시아만에 해군 함대를 파견하고 영국 은행에 예치된 이란 자산을 동결합니다.[13] 그리고 이란산 석유의 수입을 금지합니다. 자체 판매망이 없던 이란은 영국이 석유를 수입하지 않으면 석유를 판매할 수 없었습니다. 당시 석유 시장의 대부분을 차지했던 유럽을 잃는 것입니다. 영국이 가할 수 있는 최고 강도의 이란 제재였습니다.

이란의 원유 생산량은 1950년 일 65만 배럴에서 1953년 일 2만 배럴로 급감합니다.[14] 하지만 모사데크는 결연하게 말합니다.

영국의 수입 금지 조치로 우리 석유를 지금 세대가 팔지 못하면 후손을 위해 땅속에 남겨둘 것이다.

영국에서도 1951년 10월 보수당의 처칠 내각이 다시 들어서면서 이란에 대한 태도가 더욱 강경해집니다. 제재가 계속되는 가운데 몇 차례의 제안과 협상이 있었지만, 모사데크 역시 강경한 태도를 바꾸지 않습니다. 결국 영국과 미국은 앵글로-이란 석유 회사의 국유화를 되돌리기 위한 모사데크와의 협상을 포기합니다. 영국의 정보기관은 모사데크

정권이 소련에 가까워지고 있다고 하면서 그를 놔둘 경우 이란이 공산화될 것이라고 주장합니다.[15]

이때가 1952년, 한국에서는 한국전쟁으로 미국과 소련의 대립이 격화되는 시기였습니다. 영국과 미국 입장에서 이란의 공산화는 한반도의 공산화보다 더 치명적이었습니다. 이란이 넘어가면 사우디도 위험할 수 있었습니다. 처칠은 군사 작전까지 벌여야 한다 생각했고, 실제로 플랜 Y라는 이름이 붙은 군사 작전 계획이 실행 직전 단계까지 갑니다. 그러나 미국의 국무 장관 딘 애치슨Dean Acheson은 영국의 무력 사용을 만류합니다. 한반도에서도 전쟁 중이었고, 다른 중동 국가들과 소련을 자극하기 싫었기 때문입니다. 그리고 다른 대안이 있었습니다.

무함마드 모사데크

1951년 팔레비를 밀어내고 이란의 권력자로 집권했다. 모사데크는 앵글로-이란 석유 회사의 국유화를 내세워 총리로 선출되었으나 미국과 영국이 공동으로 실행한 아작스 작전에 의해 축출된다. 이 작전으로 미국은 민주적으로 선출된 정권을 전복했다는 비판을 받게 된다.

미국은 로비에 강한 나라입니다. 1953년 8월 한국전쟁의 휴전이 조인된 직후, 미국 CIA는 영국 정보기관 MI6와 함께 쿠데타를 추진합니다. 일명 아작스 작전Operation Ajax입니다. 석유 수출이 막혀 경제난과 생활고에 시달리는 이란 군중에게 돈을 풀어 시위를 유도하고 군부를 매수하여 쿠데타를 실행하게 합니다.[16] 결국 미국을 등에 업은 군부 세력과 이란 국왕 팔레비는 모사데크를 축출하고 다시 정권을 잡는 데 성공합니다. 자연스럽게 그는 친미·친영 지도자가 됩니다. 이후 팔레비 왕정의 이란은 1978년 말까지 친미서구화 정책을 추진합니다. 오늘날처럼 이란이 미국과 사사건건 대립하는 상황에서는 상상하기 힘든 광경입니다.

모사데크 정권을 전복한 이 작전은 미국에 커다란 도덕적·정치적 부담을 남깁니다. 먼저 서구식 의회의 민주적 방식을 따라 총리로 선출된 모사데크를 축출해서 민주주의 실현을 막았다는 비난이 있습니다. 또한 이 작전의 성공으로 정권을 잡은 팔레비가 이슬람의 정체성을 무시하며 서구화 정책을 강압적으로 추진하는데, 이에 대한 반작용으로 이슬람 혁명이 촉발됩니다. 그 결과 현재 미국과 대립하는 이슬람 원리주의 정권이 탄생합니다.

어쨌든 아작스 작전까지는 영국과 미국의 호흡이 잘 맞았습니다. 그런데 이후 두 나라가 대립하는 경우가 생깁니다. 1956년에는 미국이 영국에 굴욕을 안겨 주는 사건까지 발생합니다.

4

1956년, 영국을 당황케 한
이집트의 도발

> **전투에선 졌지만 전쟁에선 아직 지지 않았다.**
> – 샤를 드골, 전 프랑스 대통령

석유는 생산국과 소비국이 다른 경우가 많습니다. 그래서 석유를 이야기할 때 운송로는 빠질 수 없는 주제입니다. 오늘날 가장 중요한 석유 운송로는 페르시아만의 호르무즈 해협입니다. 전 세계에서 해상으로 운송되는 원유의 약 3분의 1이 지나가는 원유 운송의 요충지입니다. 호르무즈 해협은 이란과 오만 사이 폭 54킬로미터의 좁은 수역인데, 유조선은 수심이 깊은 이란 쪽 해역을 통해서만 통과할 수 있습니다. 사실상 호르무즈 해협은 이란의 영향하에 있는 것입니다. 그래서 1979년 이란 혁명 이후, 이란은 미국과 갈등할 때마다 호르무즈 해협 봉쇄 카드로 미국과 맞서곤 했습니다. 미국이 이 지역에서 군사 훈련을 하면 이에 대항해 이란과 중국이 호르무즈 해협에서 합동 군사 훈련을 하기도 했습니다.[17] 2018년에도 미국 대통령 도널드 트럼프Donald Trump가 이란과의 핵 협정을 파기하자, 이란은 호르무즈 해협 봉쇄 위협으로 미국을 압박했습니다. 2019년 현재 미국의 이란 제재가 계속 되는 가운데, 호르무즈 해협에서 유조선 피격 사건이 발생하는 등 이곳은 여전히 군사적 위험과 긴장의 중심에 있습니다.

1950년대 후반, 오늘날보다 더 심각한 석유 운송로의 위기가 찾아온 적이 있습니다. 당시 가장 중요한 운송로는 수에즈 운하Suez Canal였습니다. 이집트에 있는 이 운하는 지중해와 홍해를 연결해서 중동의 석유를 유럽으로 공급하는 통로였습니다. 이때는 유럽이 가장 큰 석유 소비처였기 때문에 아시아로 통하는 호르무즈 해협보다는 유럽으로 통하는 수에즈 운하가 더 중요했습니다. 1956년 130만 배럴의 석유가 매일 이곳을 통과했는데, 이는 유럽 수요의 절반 이상이었습니다.[18]

수에즈 운하는 1869년 프랑스 기술자 페르디낭 드 레셉스Ferdinand de Lesseps에 의해 완성됩니다. 이후 1875년 이집트의 통치자 이스마일 파샤Ismail Pasha가 파산 위기에 처하게 되자, 이집트 소유의 운하 지분이 시장에 나옵니다. 이때 영국은 수에즈 운하의 지분 44퍼센트를 취득합니다. 이렇게 서구 열강은 때로는 힘으로, 때로는 빚으로 이권을

위성으로 촬영한 수에즈 운하

1956년 이집트 대통령 나세르가 석유 운송의 길목인 수에즈 운하를 국유
화하자 영국과 프랑스 그리고 이스라엘이 연합하여 군사 행동에 나서면서
이른바 '수에즈 위기'가 촉발되었다. 수에즈 위기는 이후 석유와 핵이 국제
질서의 전면으로 나서는 계기가 된다.

1부 석유, 오늘을 열다(1차 세계대전~1969년)

가져갔습니다. 이후 영국과 프랑스는 수에즈 운하를 공동으로 소유하면서 운하 운영 수익의 대부분을 가져갑니다.

수에즈 운하가 위치한 이집트에서 1952년 가말 압델 나세르Gamal Abdul Nasser가 쿠데타를 통해 왕정을 폐지하고 정권을 잡습니다. 이후 나세르는 1955년 인도네시아 반둥Bandung에서 열린 반둥 회의에서 아시아와 아프리카 국가, 즉 제3세계 국가와 함께 비동맹주의를 주창합니다. 미국과 소련 어느 편에도 서지 않고 중립을 유지하자는 것이었습니다. 이에 미국은 비동맹국 이집트를 회유하기 위해 아스완댐 건설 지원을 약속합니다. 나일강에 건설된 아스완댐은 오늘날에도 세계 최대의 댐 중 하나입니다. 그런데 이집트가 소련으로부터 무기를 구매하고 당시 적성국이었던 중공(중국)을 외교적으로 승인하는 등 미국의 의도와 다르게 움직이자 미국은 아스완댐 건설 지원을 취소합니다. 특히 이집트가 소련과 무기 거래를 한 것은 미국의 지원금이 소련 무기 구매에 사용되고 있다는 의심을 낳았습니다. 바야흐로 냉전의 시대였습니다.

미국의 지원을 받지 못한 나세르는 아스완댐 건설 자금 확보를 위해 영국과 프랑스 소유였던 수에즈 운하를 일방적으로 국유화합니다. 나세르는 영국과 프랑스가 수에즈 운하 수익의 대부분을 가져가는 것은 제국주의의 산물이라고 주장합니다. 앞 장에서 이란의 모사데크 정권도 영국 소유의 앵글로-이란 석유 회사를 국유화했습니다. 이때는 영국과 미국이 지원한 쿠데타로 모사데크 정권이 축출되었습니다. 그로부터 3년이 지난 1956년에도 이집트가 영국에 도전하는 사건이 발생한 것입니다. 쇠락하는 대영제국은 이를 어떻게 다루었을까요?

영국 입장에서는 과거 식민지였던 이집트에게 소중한 자산을 빼앗긴 것도 큰 충격이었지만, 무엇보다 수요가 급증한 중동산 석유의 운송로가 막힌 경제적 타격이 컸습니다. 쇠락해 가는 대영제국의 조바심 때문이었는지, 처칠의 뒤를 이어 총리가 된 앤서니 이든Anthony Eden은 즉시 프랑스와 함께 군사 대응을 결정합니다. 그리고 이집트와 갈등 관계에 있던 이스라엘도 끌어들입니다. 이번에도 미국은 군사 대응에 강하게 반대하지만 영국과 프랑스는 이를 강행합니다. 이것이 2차 중동전쟁, 혹은 '수에즈 위기'라고 불리는 사건입니다.

1956년 10월, 군사력이 압도적이었던 영국-프랑스-이스라엘은 간단히 수에즈 운하를 점령합니다. 그런데 이 군사 대응은 앞서 말한 것처럼 미국이 반대하는 가운데 진행되었습니다. 당시는 미국 대통령 드와이트 아이젠하워Dwight David Eisenhower가 재선을 노리고 선거를 준비하던 시기로, 그는 한국전쟁의 휴전을 끌어낸 '평화의 사도a man of peace' 이미지를 구축하길 바라고 있었습니다. 지금도 아이젠하워는 노르망디 상륙 작전을 성공적으로 이끈 연합군의 사령관이자, 한국전쟁 휴전, 수에즈 운하 위기 수습 등으로 세계 평화를 지킨 대통령으로 평가받습니다. 아이젠하워의 재선 전략 차원에서도, 아랍과의 관계를 고려해서도 군사 대응은 미국이 바라는 방향이 아니었습니다.

소련도 영국과 프랑스의 수에즈 운하 점령에 강력히 반발합니다. 소련은 "런던과 파리에 핵 공격을 할 수도 있다"며 최고 강도로 위협합니다. 이에 아이젠하워는 영국과 프랑스 편에 서서 "런던과 파리를 공격한다면, 밤이 지나면 아침이 오는 것처럼 소련도 파멸적인 공격을 받는다"며 설전을 벌입니다.[19]

여기서 현대사에서 매우 중요하고 흥미로운 장면이 펼쳐집니다. 미국과 소련의 반발에도 불구하고 영국과 프랑스가 군사 작전을 강행하자, 미국이 최후의 카드를 꺼내든 것입니다.

5

영국과 프랑스가 굴복한
최강의 무기

> **석유 제재, 그것이 모든 것을 끝냈다.**
> – 헤럴드 맥밀런, 전 영국 재무 장관

많은 나라에서 석유 확보는 안보 차원에서 다루어집니다. 유전 등 석유 관련 자산의 확보나 비상시를 대비한 석유 비축이 이루어지지 않는다면 에너지 차원에서뿐만 아니라 주권의 확보도 어려울 수 있기 때문입니다. 이러한 특성 때문에 석유는 국제 질서의 결정 요소로 작용합니다. 수에 즈 위기의 결말은 이를 잘 보여 주는 사례 중 하나입니다.

　다시 앞의 이야기로 돌아가 보겠습니다. 이집트의 나세르 정권이 수에즈 운하를 일방적으로 국유화하자 영국-프랑스-이스라엘이 군사력으로 수에즈 운하를 점령했고 미국과 소련은 이에 반대하며 수에즈 운하에서 즉시 철수할 것을 요구했습니다. IMF 금융 지원을 중단하는 경제 제재를 하기도 했고, 소련의 경우 심지어 핵 공격 위협까지 동원했습니다. 그러나 영국과 프랑스도 열강의 자존심이 있는데 나가란다고 그냥 나갈 수는 없었습니다. 칼을 뽑았으니 뭐라도 해야 했습니다.

이집트 나세르 정권은 수에즈 운하를 점령당하기 직전에 바위와 시멘트를 가득 선적한 선박을 침몰시켜서 수에즈 운하를 폐쇄합니다. 인양하는 데 수개월이 걸리는 거대한 장애물이었기에 중동산 석유가 유럽으로 가는 길이 막히게 됩니다. 미국은 중동비상위원회Middle East Emergency Committee를 설치해 서유럽 우방국에 석유를 공급할 계획을 세웠습니다. 당시 유럽의 석유 재고 수준은 단지 몇 주 분 정도였습니다. 중동비상위원회를 통한 석유 공급이 없다면 서유럽은 심각한 에너지 위기를 겪을 확률이 높았습니다. 이러한 상황에서 미국 대통령 아이젠하워는 영국과 프랑스가 수에즈에서 완전히 철수하기 전까지는 중동비상대책위원회는 활동하지 않을 것이라고 선포하며 이렇게 덧붙입니다.

수에즈에서 군사 대응을 한 사람들은 석유 문제도 그들 스스로 해결해야 한다.[20]

미국이 영국과 프랑스 군대를 철수시키기 위해 꺼낸 최후의 카드는 원유 공급 계획의 취소였습니다. 당시 아이젠하워 행정부는 원유 공급 중단을 선언하고 즉각 실행합니다. 결국 영국과 프랑스는 1956년 11월 군사 대응 한 달여 만에 얌전히 군대를 철수합니다.

물론 원유 공급 계획 취소만으로 두 열강이 군대 철수를 결정했다고 볼 수는 없습니다. 역사적 사건의 인과를 어느 한 가지로만 설명할 수는 없습니다. 소련의 핵 공격 위협도 상당히 큰 요소였고, 미국의 경제 제재 등 다양한 요소가 작용했습니다. 하지만 결정적 요소는 원유 공급 계획 취소였습니다. 원유 공급 취소 조치가 전해지자 영국의 재무 장관 헤럴드 맥밀런Harold Macmillan은 다음과 같이 말합니다.

가말 압델 나세르

이집트의 대통령이 된 나세르가 아스완댐 건설 자금 확보를 위해 수에즈 운하를 국유화하면서 영국, 프랑스, 이스라엘은 공동 군사 행동에 나선다. 세 나라의 연합군은 수에즈 운하를 점령하는데 성공하지만 미국이 석유 제재로, 소련이 핵으로 압박하자 결국 군대를 철수한다. 이 사건을 통해 석유와 핵이 국제 질서의 중심임이 명확히 드러났다.

석유 제재, 그것이 모든 것을 끝냈다.[21]

영국과 프랑스가 이집트에서 힘없이 물러나고 수에즈 운하는 이집트 소유가 됩니다. 수에즈 위기가 나세르의 승리로 끝난 것입니다. 나세르는 '전투에서 졌지만 전쟁에서 이기면서' 중동의 영웅으로 떠올랐고 그의 사상과 정책은 나세리즘Nasserism(아랍민족주의·범아랍주의)이라 불리며 아랍 세계의 희망이 됩니다. 반면, 영국과 프랑스 입장에서 수에즈 위기는 20세기 최고의 굴욕이었습니다. 이 사건은 석유라는 자원이 한때 최강국이었던 국가의 자주권을 빼앗을 수도 있음을 보여 주었습니다.

영국과 프랑스가 군대를 철수하자 원유 부족에 시달리는 서유럽을 구원하기 위한 미국산 원유 수송 작전이 개시됩니다. 수에즈 운하는 이듬해인 1957년 3월에야 이집트가 의도적으로 침몰시킨 선박이 인양되면서 정상적으로 운영됩니다. 그사이에 이루어진 원유 비상 공급 작업을 유럽에서는 '슈가볼Sugar Bowl'이라고 불렀습니다. 검은 석유를 하얀 설탕에 비유할 만큼 부족했던 석유가 달콤하게 느껴졌던 것입니다.

이렇게 수습된 수에즈 위기는 현대 국제 질서의 형성에 큰 영향을 주었습니다. 2차 세계대전 이후, 세계적인 힘의 이동을 보여 주면서 새로운 질서를 명확히 하는 계기가 됩니다. 미국은 영국과 프랑스를 이집트에서 철수시킴으로써 국제 질서에서 주도적 지위를 확립합니다.[22] 반면 영국과 프랑스는 자신들이 미국과 소련 같은 초강대국이 아님을 인식하게 되고 그에 맞춰 새로운 전략을 수립합니다. 1970년대 미국의 국무 장관을 지낸 헨리 키신저Henry Kissinger는 그의 저서《외교 Diplomacy》에서 수에즈 위기는 프랑스와 독일이 화해하는 중요한 계기였다고 말합니다.[23] 콧대 높은 프랑스는 2차 세계대전 당시 적국이었던 독일과 화해를 추진하는데, 이는 프랑스 단독으로 미국과 소련에 맞설 수 없는 현실 때문이었다는 것입니다. 결국 두 나라는 1963년 독불 화해 협력 조약을 체결합니다. 이 조약은 훗날 유럽연합EU의 출발점이 되고, 두 나라는 유럽연합의 중심 국가가 됩니다.

수에즈 위기는 석유와 핵이 현대 국제 질서의 양대 축임이 드러난 사건이기도 했습니다. 미국의 원유 공급 취소와 더불어 소련의 핵 위협도 영국과 프랑스가 수에즈에서 철수한 중요한 이유였습니다. 그래서 그 이후로 프랑스는 핵무기 개발에 박차를 가합니다.[24] 영국은 수에즈 위기 이전에 이미 핵 개발을 상당히 진전시킨 상태였지만, 프랑스는 미국의 견제로 상당히 뒤처진 상태였습니다. 수에즈 위기로 결심을 굳힌 프랑스 드골 행정부는 수에즈 위기 3년 후인 1960년, 알제리에서 프랑스 최초의 핵실험에 성공하고 이후 핵무장을 완성합니다.

수에즈 위기는 오늘날 북한 핵 문제와도 비슷한 면을 찾을 수 있습니다. 2018년 이후에 상황이 달라지기는 했지만, 한국의 전 외교부 장관이 쓴《빙하는 움직인다》라는 책을 비롯해[25] 여러 매체에 따르면 '북한 핵 문제의 키는 중국이 쥐고 있다'는 것이 미국의 평균적인 시각이었습니다. 즉, 미국은 북한의 핵 개발과 관련하여 중국이 북한을 통제하는 역할을 해야 한다고 주장했습니다. 그 배경 역시 북한이 소비하는 원유의 대부분을 공급하는 국가가 중국이기 때문입니다. 미국은 수에즈 위기 당시 원유 공급 취소 카드로 절대 우방인 영국을 통제했던 기억이 있습니다. 이 때문에 중국이 북핵 문제를 같은 해법으로 해결해 주기를 기대한 것인지도 모르겠습니다.

영국과 미국이 주도하는 석유 질서를 다른 나라들이 그냥 가만히 보고만 있지는 않았습니다. 두 나라가 중동에서 석유 사업을 독점하는 것에 반발하며 도전장을 내민 돈키호테 같은 사나이가 이탈리아에서 등장합니다.

6

사업가 마테이,
세븐 시스터즈에 도전하다

> **우리는 새로운 공식을 시작했다.**[26]
> – 엔리코 마테이, Eni 초대 총재

세븐 시스터즈Seven Sisters라는 말이 있습니다. 7개 주요 석유 회사
를 지칭하는 말로 석유업계에서 흔히 쓰입니다. 1950년대 후반까지
석유사에서 두드러진 특징은 영국과 미국이 주도했다는 것입니다. 당
시 7개의 주요 석유 회사가 모두 영미계라는 사실이 이를 반영합니다.
1950~1960년대의 세븐 시스터즈는 아래와 같았습니다.

1. 스탠더드 오일 뉴저지(엑손Exxon으로 사명 변경 후 모빌Mobil과
   합병하여 현재의 엑손모빌이 됨)

2. 스탠더드 오일 뉴욕(모빌로 사명 변경 후 엑손과 합병)

3. 쉘

4. BP

5. 스탠더드 오일 캘리포니아(셰브런으로 사명 변경)

6. 텍사코(셰브런에 합병)

7. 걸프오일(셰브런에 합병)

🦐 1950~1960년대 세븐 시스터즈의 로고

세븐 시스터즈는 모두 영미계 기업들이며 미국과 영국은 이 회사들을 통해
석유 질서를 운용했다. 당시와 동일한 영향력은 아니지만 이 기업들은 인
수합병을 거쳐 오늘날까지도 이어지고 있다.

영국과 미국은 2차 세계대전 이전부터 중동 진출을 서두르고 유전을 선점합니다. 2차 세계대전 승전국이 된 이후에는 서로 타협하여 두 나라의 석유 기업이 중동의 사업권을 나눠 가집니다. 이 독점적 사업권을 통한 경제적 이익과 안정적 석유 수급은 영국과 미국의 핵심 이익이 되었고, 그것의 유지가 중동 정세를 좌우하게 됩니다. 이 과정에서 성장한 것이 세븐 시스터즈입니다. 7개 회사 중 5개는 미국계이고 2개(쉘과 BP)는 영국계입니다.

그런데 영국과 미국 주도의 석유 질서에 야심 차게 도전하면서 세븐 시스터즈를 공포에 떨게 한 사람이 등장합니다. 이탈리아 출신의 엔리코 마테이Enrico Mattei입니다. 대니얼 예긴Daniel Yergin은 그를 나폴레옹의 환생이라 표현합니다. 그러나 사실 나폴레옹보다는 돈키호테에 가깝습니다. 거대 질서에 맞서 자신의 목표를 향해 돌진하는 모습과 그 결말이 극적이기 때문입니다. 그의 도전은 이탈리아 영화감독 프란체스코 로지Francesco Rosi에 의해 영화화되기도 했습니다.

'세븐 시스터즈'라는 말을 처음 사용한 것도 마테이였습니다. 마테이는 중동에서 미국과 영국의 석유 회사가 배타적 사업권을 가진 것에 불만이 있었습니다. 이는 마테이 개인의 불만이기도 하면서 영국과 미국 중심의 석유 질서에서 배제된 이탈리아의 불만이기도 했습니다. 그래서 마테이는 영미계 석유 회사들을 세븐 시스터즈라고 부르면서 그들의 담합을 비난합니다. 즉, 세븐 시스터즈라는 말에는 칠공주파처럼 패거

🛢 〈마테이 사건'Il Caso Mattei〉의 포스터

엔리코 마테이의 극적인 삶을 다룬 영화로, 정치적 성격이 강한 영화임에도 1972년 프랑스 칸 영화제에서 황금종려상을 수상했다. 영국과 미국이 주도하는 석유 질서에 다른 국가들이 어떤 불만을 가지고 있었는지 상징적으로 표현한 작품이다.

리를 만들어 중동의 석유 이권을 독점하는 행태를 비난하는 의미가 담겨 있습니다.

마테이는 세븐 시스터즈에 도전하기 위해 1953년 이탈리아에서 Eni라는 회사를 설립합니다. 그리고 그들의 지배 체제를 깨기 위해 여러 가지 노력을 합니다. 먼저 중동으로 날아가 당시 영미계 석유 회사들이 석유 수익을 중동 국가들과 50대 50으로 반분하는 원칙을 깨려고 합니다. 그렇게 해야만 마테이의 Eni가 세븐 시스터즈를 제치고 석유 개발권을 따낼 수 있었기 때문입니다. 수에즈 위기로 영국의 영향력이 많이 약해졌다고 판단한 마테이는 1957년 이란을 방문해 75(이란):25(Eni)의 파격적인 배분 조건으로 석유 개발권을 일부 따냅니다.[27]

마테이는 여기서 멈추지 않았습니다. 1962년에는 지중해의 파이프라인과 소련의 파이프라인을 연결해서 소련의 원유를 대량으로 이탈리아에 들여오려고 했습니다. 이는 소련산 석유의 유럽 시장 점유율 확대를 의미했습니다. 동시에 영미계 석유 회사가 주도하는 시장 질서를 위협하는 것이기도 했습니다. 또한 영국과 미국의 관심이 상대적으로 덜한 아프리카, 아시아 산유국에 진출해서 Eni의 사업을 확장하려 했습니다. 이러한 저돌적인 사업 추진으로 마테이는 이탈리아에서 대중적 인기도 얻게 됩니다. 당시《뉴욕 타임스》의 한 칼럼니스트는 마테이에 대해 "로마의 총리보다도, 바티칸의 교황보다도 이탈리아에서 더 중요한 인물"이라고 평했습니다.

그런데 1962년, 마테이는 소련의 파이프라인과 지중해의 파이프라인을 연결하는 공사를 시작하려는 시점에 전용기가 추락하는 의문의 사고로 사망하게 됩니다. 이 사고는 확실한 물증이 없기 때문에 누구도 사고의 원인을 확정해서 이야기하지는 않습니다.《황금의 샘》에서는 이 사고의 원인이 기상 조건일 가능성이 크다고 말합니다.[28] 그러나 이는 다소 미국의 입장이 반영된 서술이라는 생각이 듭니다.

앞서 말한 마테이 사건을 다룬 영화를 비롯해서 Eni의 부사장이었던 레오나르도 마우게리Leonardo Maugeri와 미국인 윌리엄 엥달William Engdahl 등은 미국의 CIA가 개입했을 가능성이 크다는 주장을 합니다.[29] CIA 개입설의 근거로는 당시 로마 주재 CIA 책임자가 사고 직후 즉시 로마를 떠난 점, 마테이의 전용기가 미군의 접근이 쉬운 NATO의 공항에서 이륙한 점, 그리고 사고 직후의 CIA 보고서 등이 아직까지 공개되지 않은 점이 꼽힙니다.[30] 이러한 정황을 떠나서 마테이가 소련과 대규모 거래를 했고 영미계 석유 회사가 형성한 기존 질서를 파괴하여 미국의 주요 국익을 침해하려 했다는 점에서 미국 정보기관이 개입했을 가능성은 꽤 높습니다. 특히 이 사건 이전에 영국과 미국이 보였던 대응을 떠올리면 말입니다.

마테이의 도전은 영국과 미국 정보기관이 개입하여 축출한 이란의 모사데크만큼이나 석유 시장을 위협할 수 있었습니다. 특히 이탈리아는 지중해에 위치한 반도라는 특징 때문에 유럽 내에서 세븐 시스터즈보다 원유 유통에서 큰 장점을 가지고 있었습니다. 그러나 확실한 증거가 없기 때문에 마테이 사건에 대한 판단과 해석은 여러분에게 맡겨 두어야 하겠습니다.

Eni는 마테이 사후에도 메이저급의 대형 석유 회사로 성장했고, Eni가 위치한 지역은 그의 이름을 따서 피아자 엔리코 마테이Piazza Enrico Mattei로 명명됐습니다.

같은 시기, 마테이 외에도 세븐 시스터즈에 대항한 사람들이 있었습니다. 베네수엘라의 석유 장관 후안 페레즈 알폰조Juan Pérez Alfonzo와 사우디의 초대 석유 장관 압둘라 타리키Abdullah Tariki입니다. 마테이는 실패했지만 이 두 사람의 결합으로 세븐 시스터즈는 드디어 강력한 라이벌을 마주합니다.

7

체 게바라의 꿈과
OPEC의 탄생

> **우리 모두 리얼리스트가 되자.**
> **그러나 마음속에는 불가능한 꿈을 갖자.**
> – 체 게바라

1950~1960년대에 중동 산유국은 세븐 시스터즈가 주도하는 석유 질서에 불만이 많았습니다. 당시 중동의 석유 사업 구조는 영미계 메이저 석유 회사가 원유 판매 이익의 과반을 가져가고 산유국 정부는 로열티와 세금을 통해 이익의 일부를 수취하는 형태였습니다. 이러한 이익 분배 구조에 불만이 많았기에 이란의 모사데크 정권처럼 석유 자산을 일방적으로 국유화하는 경우도 있었습니다. 하지만 그럴 경우 영국과

미국이 개척하는 석유 시장에 접근조차 할 수 없게 된다는 문제가 있었습니다. 게다가 정치적으로 중동 산유국 정권은 어떤 면에서 영국과 미국에 종속되어 있었습니다.

이란의 팔레비 왕가는 영국과 미국이 지원한 쿠데타 덕분에 정권을 잡았고, 사우디의 사우드 왕가도 미국의 보호하에 왕조를 안정적으로 유지했습니다. 이렇게 두 강대국이 형성한 정치적·경제적 한계를 아랍 민족주의자들은 서구 제국주의의 산물로 여깁니다. 그래서 왕가와 다수 국민, 왕가의 반대파가 영국과 미국에 느끼는 감정은 서로 달랐습니다. 반대 세력을 억압하기 위해 팔레비 왕가는 비밀경찰 조직 '사바크Savak'를 운영하며 이슬람 원리주의를 추종하는 사람들을 감시하고 무자비하게 처벌했습니다. 그래서 이란 인권 문제가 국제적인 이슈로 부각되기도 했습니다.

사우디에서도 미국이 세운 석유 회사인 아람코가 자국의 석유 자원을 통제하는 것에 불만을 가진 사람들이 많았습니다. 사우디는 원래 원리주의 성격이 강한 나라로 서구 문명에 대한 반발이 다른 아랍 국가에 비해 덜하다고 할 수 없었습니다. 훗날 등장하는 오사마 빈 라덴Osama bin Laden도 사우디에서 나고 자란 사람으로, 사우디가 미국과 연합하는 것에 강한 불만을 가지고 미국에 맞섰습니다. 사우디의 초대 석유 장관이었던 압둘라 타리키도 민족주의자이면서 반미 성향이 강한 사람이었습니다. 그는 미국 회사였던 아람코를 국유화해서 사우디의 독립적인 석유 생산을 꿈꾸었습니다. 그런데도 친미 성향이 강한 사우드 왕가에서 그를 초대 석유 장관으로 발탁합니다.

친미 성향의 왕가에서 반서구적 의식을 지닌 인물이 석유 장관에 기용된 것은 상당히 특이합니다. 마치 보수 정권이 반대 성향의 급진적인 인물을 요직에 기용한 듯한 모습입니다. 그러나 타리키는 그러한 면 때문에 미국의 눈치를 보지 않으며 할 말을 할 수 있었고, 겉으로 드러내기 힘든 왕가의 복심腹心도 표현할 수 있는 인물이었습니다. 동시에 왕가 입장에서는 여차하면 버릴 수도 있는 카드였습니다.

당시에 세븐 시스터즈와 산유국 간의 이해가 첨예하게 대립했던 부분은 무엇보다 유가, 즉 석유 판매 가격이었습니다. 타리키는 당시 세븐 시스터즈가 독점하고 있던 원유 공시 가격의 결정권을 가져오려 했습니다. 이 시대에는 서부텍사스중질유West Texas Intermediate(이하 WTI)나 브렌트Brent 유가와 같이 공개 시장에서 유가가 결정되지 않고 세븐 시스터즈가 일방적으로 원유 공시 가격을 결정했습니다. 산유국들은 여기에 불만이 많았습니다. 당시 산유국과 석유 회사 간의 수익 분배 기준은 공시 가격이었습니다. 즉, 공시 가격이 내려가면 산유국의 수익이 감소했습니다. 유가는 곧 왕가의 부와 직결되었기에 사우드 왕가로서는 유가 결정권에 강경한 태도와 추진력을 가진 인물이 필요했습니다. 타리키는 그런 면에서 적임자였습니다.

대서양을 건너 남미에서도 미국에 강한 반발심을 가진 사람이 있었

후안 페레즈 알폰조(왼쪽)와 압둘라 타리키(오른쪽)

1950~1960년대 베네수엘라의 석유 장관 알폰조와 사우디의 초대 석유 장관 타리키는 열강의 거대 석유 기업들과 미국 중심의 석유 질서에 대항하여 자국의 이익을 지키고자 했다. 두 석유 장관이 손을 잡고 사우디, 베네수엘라, 이란, 이라크, 쿠웨이트 5개국을 결집하여 창설한 OPEC은 오늘날까지도 석유 시장에 영향을 미치는 주요 행위자다.

습니다. 베네수엘라의 석유 장관 후안 페레즈 알폰조입니다. 1950년대 후반 중동에서 석유 생산량이 급증하는데, 그에 맞춰 미국은 베네수엘라에서 수입하는 석유 물량을 쿼터제로 제한합니다. 그런데 미국은 베네수엘라의 석유 수입량만 쿼터제로 제한하고 캐나다와 멕시코의 수입량은 제한하지 않는 차별적인 모습을 보입니다. 이에 알폰조가 격분합니다.

이렇게 분노한 두 명이 1959년에 처음 만나 서로 마음이 통하는 대화를 나누고 미래를 약속합니다. 둘은 의기투합해 미국에 대항하기로 합니다. 그 약속을 서두르는 계기가 바로 다음 해 발생합니다. 1960년 8월 엑손의 최고경영자 몬테 라스본Monte Rathbone은 중요한 결정을 내립니다. 중동산 원유의 배럴당 가격을 평균 10센트 인하하겠다고 선언한 것입니다.[31] 엑손의 결정에 BP 등 다른 메이저 석유 회사들이 동참하면서 중동 국가들의 반감은 극에 달합니다.

주요 산유국은 석유 수입이 미국 사기업의 사무실에서 결정되는 현실을 받아들일 수 없었습니다. 이에 분노한 사우디의 타리키는 알폰조에게 연락하여 약속했던 계획을 실행합니다. 그리고 여기에 중동 3개국이 동참하면서 1960년 9월 바그다드에서 석유수출국기구Organization of the Petroleum Exporting Countries, 즉 OPEC이 결성됩니다. 사우디, 베네수엘라, 이란, 이라크, 쿠웨이트 이렇게 5개국이 창설 멤버였습니다. 이 5개국이 당시 원유 수출의 80퍼센트를 점유했기 때문에 물량만 보면 시장을 지배할 조건이 마련되었습니다.

오늘날 석유 관련 뉴스에 가장 많이 등장하는 OPEC이지만, 창설 직후부터 1970년대 초반까지는 그 영향력이 미미했습니다. 그 이유는 당시의 복잡한 정치적·경제적 상황 때문이었는데, 세 가지로 정리해 볼 수 있습니다.

첫째, OPEC이 창설된 이듬해인 1961년 미국에서 존 F. 케네디

John F. Kennedy가 대통령으로 취임합니다. 케네디 행정부는 '진보를 위한 연대Alliance for Progress'라고 불리는 중남미 경제 원조를 시행합니다. 당시 피델 카스트로Fidel Castro가 주도하고 체 게바라Che Guevara가 참여했던 쿠바 혁명의 확산을 막기 위한 대규모 경제 지원 정책이었습니다. 베네수엘라가 이 정책의 주요 수혜국이 되면서 그 지역의 반미 정서가 옅어집니다.[32]

미국의 이러한 접근은 2차 세계대전 직후 추진했던 마셜 플랜Marshall Plan과 닮아 있습니다. 고등학교 세계사 교과서는 마셜 플랜이 '서유럽의 경제를 부흥시킴으로써 소련의 세력을 봉쇄하기 위한 경제 지원 정책'이라고 설명합니다. 이념 대결에서 승리하고, 미국 주도의 경제 질서를 확립하려는 의도가 있었다는 점에서는 '진보를 위한 연대'도 같은 지향점을 가집니다(이에 대해서는 이 책의 3부와 4부에서 좀 더 살펴보겠습니다). 다만, 케네디 정부의 중남미 경제 원조는 소련이 아닌 쿠바 혁명의 확산을 막기 위함이었다는 것, 그리고 출범 초기 단계였던 OPEC을 견제하고 중남미 최대 산유국인 베네수엘라 등 중남미 국가의 반미 노선을 방지하겠다는 의도가 추가된 것 정도가 다를 뿐입니다.

이 시대에 체 게바라는 '리얼리스트'가 되자고 말했지만, 정작 그의 이상은 '불가능한 꿈'이었습니다. 그의 이상 앞에는 석유가 만들어 낸 시대의 벽이 있었기 때문입니다. 변화는 개인의 이상이 만드는 것이라기보다 세상의 흐름이 만드는 것에 가깝습니다. 그리고 그 시대 흐름이란

것이 인간 욕망의 총체라면 석유는 그 욕망의 중심에 있었습니다.

둘째, 중동 산유국의 양대 산맥인 사우디와 이란의 관계가 좋지 못했습니다. 두 나라는 수니파(사우디)와 시아파(이란)의 맹주로서 중동의 패권을 놓고 다투는 사이였습니다. 또한 사우디는 아랍어를 쓰는 아랍 민족인 반면 이란은 페르시아어를 쓰는 페르시아 민족이라는 이질성도 있었습니다. 그래서 같은 언어를 쓰고 문화적 연대가 있는 영국과 미국처럼 협조가 잘 되지 않았습니다. 오히려 경쟁 관계였습니다. 게다가 당시 두 나라는 모두 미국과 우호적인 관계를 유지하고 있었습니다. 메이저 석유 회사의 일방적인 유가 정책에 불만이 있다 하더라도 그것만으로 연합하기는 힘들었습니다.

마지막인 셋째 이유가 가장 중요합니다. 당시 산유국들은 석유 개발에 필요한 자본과 기술 그리고 판매에 이르기까지 사업의 모든 부분을 메이저 석유 회사에 의존하고 있었습니다. 메이저 석유 회사에 강하게 도전할 수 없는 구조적인 상황이었던 것입니다.

OPEC이 지금과 같은 정책 연합으로 자리 잡은 데는 사우디의 2대 석유 장관이자 무려 24년간 그 자리를 지킨 사우디의 현자, 자키 야마니Ahmed Zaki Yamani의 역할이 컸습니다. 1962년 초대 석유 장관인 민족주의 성향의 압둘라 타리키가 해임된 이후, 그 자리에 오른 야마니는 강력한 정책 연합과 생산량 담합으로 OPEC을 석유 질서의 한 축으로 만들었습니다. 뉴욕대학과 하버드 로스쿨 출신인 야마니는 탁월한 국제 감각과 정교한 정책으로 아람코와 같은 외국 석유 회사를 다루고 OPEC의 단결도 끌어냅니다. 앞으로 다룰 1970년대 오일쇼크의 중심에도 그가 있습니다. 훗날 야마니는 사우디의 석유 황제로 불리며, 그의 최대 목표였던 아람코의 국유화를 이루어 내기도 합니다.[33]

야마니가 중동 산유국의 지도자들과 다른 모습을 보인 것은 1967년 발발한 3차 중동전쟁 때부터입니다. 그는 이 전쟁에서 중동 산유국들과 다른 목소리를 내어 시리아로부터 암살 위협을 받았습니다. 그리고 야마니의 조언을 무시한 중동 산유국들은 3차 중동전쟁에서 뼈아픈 실패를 경험합니다. 홀로 다른 목소리를 낸 야마니는 자신이 옳았음을 증명하며 OPEC의 중심에 서게 됩니다.

8

아랍의 이중 실패,
3차 중동전쟁

> **영국인이 입을 열면 또 다른 영국인이**
> **반드시 그를 증오하거나 경멸하게 된다.**
> – 조지 버나드 쇼

1956년 영국과 프랑스에 맞서 수에즈 운하를 국유화한 이집트 대통령 나세르를 기억하시나요? 당시 나세르는 영국과 프랑스를 상대로 수에즈 운하 국유화에 성공하여 서구와 이스라엘에 맞서는 아랍의 지도자로 떠올랐습니다. 이후 나세르는 새로운 도전, 바로 이스라엘 침공을 준비합니다. 3차 중동전쟁은 여기서 시작합니다.

3차 중동전쟁을 이해하려면 왜 아랍 국가들이 이스라엘을 원수로 여기는지 알아야 합니다. 1차 세계대전 이전까지 중동 지역은 오스만 제국의 지배하에 있었습니다. 그런데 1차 세계대전 중에 영국은 상호 모순된 두 가지 선언을 합니다. 1917년 밸푸어 선언Balfour Declaration을 통해 중동 팔레스타인 지역에 유대인 국가 건설을 지지한다고 천명합니다. 그런데 이 선언은 영국이 1915년 발표한 맥마흔 선언McMahon Declaration과 정면으로 충돌합니다. 맥마흔 선언에서는 이 지역에 아랍 국가 건설을 지지한다고 말했기 때문입니다. 1916년 영국과 프랑스가 체결한 사이크스-피코 협정Sykes-Picot Agreement 역시 문제가 있었습니다. 이 협정은 아라비아 지역에서 영국과 프랑스의 세력 범위를 정하는 것이 주요 내용이었는데, 이 또한 아랍 민족에게 약속한 독립 국가 건설과 상충했습니다.

영국은 1차 세계대전 당시 유대인의 경제적 도움이 필요할 때는 그들의 염원인 시오니즘Zionism(유대인의 독립 국가 건설 운동)을 실현해 주겠다는 약속을 하고, 아랍의 도움이 필요할 때는 아랍 민족의 독립 국가 건설을 지지하겠다는 약속을 했습니다. 아랍에게 한 약속은 공수표였지만, 유대인에게 한 약속은 진심이었을 것입니다. 사실 영국은 이 지역에서 이스라엘이라는 우방의 건국이 전략적으로 필요한 상황이었습니다. 앞서 설명했듯이 팔레스타인 지역은 수에즈 운하가 위치한 이집트와 인접하고 있습니다. 영국의 입장에서 수에즈 운하는 최대 식민지인 인도로 가는 고속도로의 역할을 하고 있었습니다. 식민지의 존재 목적은 원료와 제품의 확보였고, 수에즈 운하는 식민지 물류의 핵심이었습니다.

영국은 프랑스와 함께 운하를 소유하고 자유롭게 사용했지만 그 사용 권리를 지켜 줄 우군이 필요했습니다. 더군다나 처칠이 해군 함대 연료를 석유로 전환한 이후 석유 운송로 차원에서 수에즈는 더욱 중요해졌습니다. 오늘날 미국은 원유 수송로의 요충지인 호르무즈 해협을 감시하기 위해 페르시아만에 미 해군 5함대를 운용하고 있습니다. 이와 마찬가지로 영국은 수에즈 운하를 감시하는 항공모함 역할 차원에서도 이스라엘이 필요했습니다. 실제로 1956년 이집트가 수에즈 운하를 국유화하자 가장 먼저 군사 대응을 한 나라가 이스라엘이었습니다.

아랍 민족은 1차 세계대전 중에 영국을 믿고 함께 싸웠다가 뒤통수를 맞은 격이었습니다. 이후 유엔이 중재를 위해 팔레스타인을 유대인 지역과 아랍인 지역으로 나누어 분리 독립을 추진하지만 아랍 민족은 이에 반발합니다. 결국 1948년 5월 이스라엘이 건국됩니다. 그리고 이를 막으려는 아랍 민족과 이스라엘 간에 전쟁이 발발하는데, 이것이 1차 중동전쟁입니다. 10개월간의 전쟁 끝에 휴전했지만, 이는 이후 수십 년간 계속된 피비린내 나는 분쟁의 서막일 뿐이었습니다.

이스라엘 건국으로 2000년 전 로마 제국에 의해 뿔뿔이 흩어졌던 유대인들은 디아스포라Diaspora의 시대를 끝내고, 그들이 염원하던 조국을 가지게 됩니다. 하지만 이로 인해 100만이 넘는 팔레스타인 난민이 발생합니다. 그로부터 8년 후인 1956년 발발한 2차 중동전쟁은 수에즈 운하를 놓고 이집트와 영국-프랑스-이스라엘 간에 벌어진 전쟁이었습니다. 앞서 말한 바와 같이 이 전쟁에서 이집트의 나세르는 수에즈 운하 국유화에 성공하며 아랍 민족의 지도자로 떠오릅니다. 강력한 리더십을 얻게 된 나세르는 1, 2차 중동전쟁에서 풀지 못한 아랍의 과제를 완수하려 합니다. 바로 아랍의 통합입니다. 나세리즘이라 불리는 그의 사상의 핵심은 아랍 민족의 통일을 추구하는 범아랍주의였습니다. 이를 통해 아랍을 미국과 소련처럼 단일한 슈퍼 파워로 만들고자 했습니다. 범아랍주의는 훗날의 이라크 대통령 사담 후세인Saddam Hussein이 속한 바트당의 핵심 이념이기도 합니다.[34]

석유라는 막강한 무기를 가진 아랍이 하나의 통일체로 국제 사회에 등장한다면 이는 서구 중심의 세계 질서에 대한 거대한 도전이 될 것이었습니다. 그러나 영국은 이스라엘 건국을 기획했고, 훗날 미국은 이스라엘의 핵심 우방이 됩니다. 이스라엘이 존재하는 한 아랍의 지리적 통일은 불가능했습니다. 이런 면에서 단일한 아랍 국가를 꿈꾸는 아랍 지도자 나세르의 사명은 명확했습니다. 바로 이스라엘 점령입니다. 이집트는 시리아와 요르단, 이라크 등과 함께 이스라엘 침공 준비를 합니다. 이집트는 시나이반도에 군대를 전진 배치하고 이스라엘이 인도양으로 나갈 수 있는 유일한 통행로인 티란 해협을 봉쇄하겠다고 선언합니다. 시리아도 이스라엘 접경 지역인 골란고원에 약 6만 명의 병력과 탱크 200여 대를 배치합니다. 요르단은 무력 충돌 시 군을 지휘할 수 있는

군 통제 권한을 이집트에 이양하며 전쟁을 준비합니다.[35]

그러나 선제공격은 이스라엘에 의해 이루어집니다. 이스라엘은 아랍 국가들의 공격 징후가 명백해지자 1967년 6월 5일 애꾸눈의 명장 모셰 다얀Moshe Dayan 장군의 지휘하에 아랍 국가들을 공격합니다. 이로써 3차 중동전쟁이 발발합니다. 개전 직후 이스라엘은 아랍의 공군 기지를 집중 공습합니다. 이스라엘 공군은 개전 세 시간 만에 17개 공군 기지와 전투기를 폭격하여 아랍 공군력의 약 80퍼센트를 무력화합니다.[36] 개전 후 불과 이틀 만에 이스라엘 공군은 이집트 전투기 300여 대를 포함해 아랍 전투기 418대를 파괴합니다.[37]

3차 중동전쟁은 현대전에서 기습 선제공격과 공군력이 얼마나 중요한지 보여 줍니다. 이 전쟁은 미국과 소련의 무기 대리전이기도 했는데, 무기 자체의 성능은 큰 차이가 없었고 병력은 오히려 아랍이 훨씬 많았습니다. 인구도 아랍이 이스라엘의 수십 배에 달했습니다. 그런데도 아랍 국가들은 이스라엘의 초반 기습에 속수무책으로 당했습니다. 개전 세 시간 내의 공습이 전쟁의 승패를 가른 것입니다. 초반 공습으로 공군이 궤멸하자 아랍의 지상군은 막대한 피해를 입고 일방적으로 밀렸습니다. 20세기 전쟁사에서 가장 체계적이고 효과적인 공격이 이루어졌다는 주장이 있을 정도로 이스라엘의 기습은 성공적이었습니다.

결국 아랍은 수만 명의 인명 피해를 입고 이집트는 시나이반도를, 시리아는 골란고원을, 요르단은 예루살렘과 베들레헴을 잃은 상태에서 유엔의 중재로 6일 만에 전쟁이 종료됩니다. 그래서 3차 중동전쟁을 6일 전쟁이라고도 합니다.

아랍의 패배는 영토 상실에 그치지 않았습니다. 개전 직후 아랍 국가들은 석유의 무기화를 통해 서방 국가들을 압박하려 했습니다. 전쟁이 발발한 다음 날인 1967년 6월 6일, 아랍 국가들은 석유 수출 중단을 결의하고 즉시 실행합니다. 이때 사우디의 석유 장관 야마니는 이러한 조치에 강력히 반대하며 이렇게 말합니다.

🛩 **3차 중동전쟁 당시 격추된 이집트 전투기의 잔해**

3차 중동전쟁으로 이스라엘은 압도적인 군사력을 증명하며 중동에서의 입지를 강화한다. 반면 아랍은 자존심에 깊은 상처를 입고 복수의 칼날을 갈게 되는데, 이는 훗날 4차 중동전쟁과 오일쇼크로 이어진다.

완전한 봉쇄는 불가능하고 부분적인 봉쇄는 의미가 없다.[38]

당시 아랍 국가들은 석유 수출 중단으로 하루 600만 배럴의 공급을 줄일 수 있었습니다. 하지만 미국에 우호적인 팔레비 왕가의 이란은 생산을 계속했고, 베네수엘라와 인도네시아 또한 생산량을 늘리면서 아랍의 수출 중단은 그 영향이 미미했습니다. 야마니는 이러한 결과를 예상했던 것입니다. 그는 아직은 석유를 무기화할 시기가 아니며 석유 수출 중단은 아랍의 경제적 손실만 가져올 것이라고 주장합니다. 그리고 그 주장은 정확히 들어맞았습니다.

야마니의 예상대로 석유 금수 조치는 아무런 영향을 주지 못하고 시장 점유율만 뺏기는 결과를 초래했습니다. 이후 지속적으로 증산이 이루어지면서 오히려 공급 과잉 위기를 불러오기도 했습니다. 1960년대만 해도 아직 석유 수요가 1970년대의 절반 수준이었기 때문에 아랍의 석유 무기화는 힘을 쓰지 못했습니다.

아랍 국가들은 전쟁 패배로 군사력의 심각한 불균형이 드러나면서 외교적 지위가 약해졌을 뿐 아니라, 석유 무기화에도 실패하여 큰 좌절과 분노를 겪게 됩니다. 그러나 대망의 1970년대가 열리면서 아랍이 반격할 여건이 조성됩니다. 그 여건을 만들어 준 것은 다름 아닌 석유 시장의 변화였습니다.

새로운 상황이 펼쳐지는 1970년대로 가 보기에 앞서 살펴볼 나라

가 있습니다. 세계 4위의 석유 소비 대국이자 비산유국 중 세계 최대의
석유 소비국인 일본입니다. 일본은 1960년대에 영국과 미국의 텃밭인
중동에서 놀라운 도전을 합니다.

9

일본은 왜 미국을 상대로
전쟁을 벌였을까?

일본이 개전을 결심한 가장 큰 이유는 석유였다.[39]
– 대니얼 예긴

앞에서 다룬 1960년대 말까지의 석유사는 서구와 중동 중심으로 서술
되었습니다. 그럴 수밖에 없는 것이 아직은 아시아의 석유 생산이나 소
비가 본격화되지 않은 상황이었습니다. 그렇다고 1960년대를 이렇게
마무리하기에는 아쉬운 점이 있습니다. 그래서 1970년대로 가 보기 전
에 우리와 비슷한 상황에 놓여 있던 나라, 석유가 거의 나지 않으면서 석
유 소비량은 세계 최고 수준인 일본의 도전을 살펴보면서 1960년대를
마무리하려 합니다.

1960년대 이전 일본을 비롯한 대부분의 나라는 석탄이 주요 에너지였습니다. 물론 앞에서 설명했듯 영국은 1911년 처칠에 의해 주 연료를 석유로 급속히 전환하지만, 대부분의 아시아 국가들은 석탄 또는 나무를 주 연료로 사용하던 시절이었습니다. 그런데 일본의 석유 소비에 중대한 전환점이 일어나는 사건이 발생합니다. 바로 한국전쟁입니다.

한국전쟁 특수로 일본의 외환 보유고가 급격히 증가합니다. 일본은 증가한 재원으로 중유 수입을 크게 늘리면서 산업용 에너지를 급격히 석유로 대체합니다.[40] 석유의 중요성이 커진 일본은 중동 진출을 모색하게 되는데, 앞서 살펴봤듯 당시의 중동은 영국과 미국의 세븐 시스터즈가 장악하고 있었고 이탈리아의 마테이가 어렵사리 도전장을 내밀던 상황이었습니다.

일본은 이탈리아 Eni의 마테이처럼 산유국과 반분 원칙을 깨고 사우디에 진출해서 석유 개발권을 획득합니다. 또한 석유 수익의 44퍼센트(사우디가 56퍼센트)를 갖는 조건으로 사우디에 아라비안 석유 회사 Arabian Oil Company를 설립합니다. 이 회사는 1959년 처음으로 시추를 해서 이듬해 생산을 개시합니다. 당시 일본 통상산업성은 이 사업을 국가 사업으로 간주하고 일본의 정유사들로 하여금 이 사업에서 생산되는 원유를 도입하게 합니다.[41] 일종의 의무 도입입니다. 그 결과, 1960년대 중반 아라비안 석유 회사는 일본 내 석유 공급의 15퍼센트를 담당합니다. 당시는 영미계 메이저 석유 회사가 석유 탐사와 생산부터 정제와 판매에 이르기까지 석유 사업 전반을 수직적으로 통합하여 운영하는 시대였습니다.[42] 따라서 비산유국들은 석유 공급을 전적으로 메이저 석유 회사에 의존했습니다. 일본은 메이저 석유 회사 이외의 공급 통로를 확보하고자 했고, 결국 성공하여 15퍼센트 정도의 자체 공급원을 갖추었던 것입니다.

이러한 일본의 시도가 1950~1960년대라는 이른 시기에 이루어졌다는 것은 일본의 근현대사와도 관련이 있습니다. 일본이 태평양 전쟁을 결심한 것도, 패망한 것도 모두 석유가 큰 부분을 차지합니다. 진주만 공습 6개월 전인 1941년 6월, 독일이 전격적으로 소련을 침공합니다. 이때 일본은 중대한 선택의 기로에 섭니다. 독일이 소련의 서쪽을 공격하는 동안, 일본은 소련의 동쪽인 시베리아를 공격할지 아니면 동남아를 계속 공격할지를 선택해야 했습니다. 일본의 선택은 자원 확보를 위한 남진이었습니다. 1941년 7월 일본은 인도차이나를 점령합니다. 이에 대한 반발로 미국의 루스벨트 정부는 일본에 대한 석유 금수 조치를 단행합니다. 진주만 공습은 그로부터 5개월 후인 1941년 12월에 이루어집니다. 인도네시아 수마트라와 보르네오섬 등에서 생산된 석유를 미국 함대의 방해 없이 안전하게 일본으로 수송하기 위함이었습니다. 다시 말해 하와이 진주만에 있는 미 해군 전력을 무력화하여 일본 원유 수송 라인의 측면 위협을 제거하고 동남아에서 안전하게 석유를 운송하려 한 것입니다.[43]

석유 금수 조치하에서 일본은 동남아로부터의 석유 운송로 확보가 중요한 과제였습니다. 또한 장기적으로 석유 공급의 대부분을 미국에 의존하는 상황에서는 외교적 지위의 확보도, 대동아 공영권이라는 목표의 달성도 어려웠습니다. 결국 진주만 공습의 최종 목적은 진주만이 아니라 석유가 풍부한 동남아였습니다. 《황금의 샘》의 저자 대니얼 예긴은 다음과 같이 단언합니다.

⚓ **미국 해군이 촬영한 진주만 공습 당시의 사진**

일본은 미국이 대일 석유 금수 조치를 내리자 진주만을 공습한다. 그곳의 미 해군 기지를 파괴하여 동남아시아의 유전 지대로부터 안전하게 석유를 운송하는 것이 공습의 목적이었다. 종전 이후에도 일본은 동남아시아 국가들과 외교 관계를 강화하며 이 지역의 석유 개발에 적극적으로 참여한다.

일본이 개전을 결심한 가장 큰 이유는 석유였다.

진주만 공습 직전과 직후, 일본은 동남아 전선에서 승승장구합니다. 당시 필리핀에 주둔하고 있던 맥아더 장군도 호주로 퇴각하며 "나는 반드시 돌아온다"는 말을 남깁니다.

진주만 공습 직후인 1942년 일본은 동남아에서 2590만 배럴의 석유를 생산했고, 1943년 1분기에는 대일 석유 금지 조치 이전 수입 물량의 80퍼센트 선까지 생산량을 회복합니다.[44] 그러나 1942년 미드웨이 해전 이후 대다수의 일본 원유 운송선이 침몰하면서 일본은 극심한 원유 부족에 시달립니다.

이러한 역사 때문인지 전후 일본은 중동 진출은 물론이고 동남아시아의 산유국인 인도네시아, 말레이시아 등과의 관계 개선에 나섭니다. 특히 60년대 이후 인도네시아에 엄청난 액수의 차관을 공여하고 교역도 확대합니다. 한국 외교부 자료에 따르면 2017년 기준 인도네시아의 최대 차관 공여국은 일본입니다. 또한 일본은 인도네시아에 두 번째로 많이 투자한 나라이며,[45] 일본 최대 석유 회사 인펙스Inpex의 핵심 자산 중 상당수가 인도네시아 광구들입니다. 일본의 인도네시아 진출은 2차 세계대전부터 일관성 있게 이어지는 일본의 자원 확보 노력이라 볼 수 있습니다. 인도네시아 등 동남아시아 산유국은 중동에서의 석유 공급이 불안정할 때 지리적인 면에서 대안이 될 수 있는 곳입니다.

일본 인펙스의 전신은 국영 기업 일본석유공단NOC이고, 일본석유공단의 역사는 1966년 인도네시아 석유 개발에 참여하면서 시작됩니다. 일본은 2차 세계대전 때 인도네시아를 침략했던 역사가 있는데, 지금은 최대 차관 공여국으로 새로운 관계를 이어가고 있습니다. 얄미울 정도로 집요한 자원 확보 노력입니다. 이러한 면에서 비슷한 여건을 가진 우리는 어떠한 노력을 해야 하는지도 고민하게 됩니다.

2부에서는 두 차례 오일쇼크가 있었던 1970년대로 가 보겠습니다. 전 세계적으로 석유 수요가 증가하면서 석유 시장은 물론, 세계 정세도 지금까지와는 전혀 다른 양상을 보입니다. 산업화에 박차를 가하며 석유 소비량을 늘려 가던 한국도 석유 역사의 한 부분으로 등장합니다.

2부

석유, 무기가 되다
(1970~1979년)

10

잉여의 소멸과
석유 질서의 지각 변동

> **잉여 식량은 정치, 전쟁, 예술, 철학의 원동력이 되었다.**
> – 유발 하라리

1부에서는 석유를 중심에 두고 1970년 이전 세계를 살펴보았습니다. 이 시기에 영국과 미국에 도전하며 영국이 설립한 앵글로-이란 석유 회사를 국유화한 이란의 모사데크는 축출당했고, 세븐 시스터즈에 맞섰던 이탈리아의 마테이는 의문의 죽음을 당했습니다. 1960년 창설된 OPEC도 기존 석유 질서에 별다른 영향을 주지 못하면서 영미계 메이저 석유 회사가 주도하는 질서가 견고하게 유지되었습니다. 또한 3차 중동 전쟁에서 아랍 국가들은 무력하게 이스라엘에 패하고 영토를 잃었습니다. 석유 수출 중단을 통한 석유 무기화에도 실패했습니다.

이렇게 전쟁도, 혁명가도, 사업가도 어찌하지 못했던 영국과 미국 주도의 석유 질서가 1970년을 기점으로 변화를 맞습니다. 한국석유공사가 펴낸《석유산업의 이해》는 1970년을 기준으로 그 이전을 '메이저 석유 회사의 시대'라 부르고 1970년 이후를 'OPEC의 시대'로 표현합니다.[1] 그렇다면 무엇이 새로운 시대로 가는 길을 열었을까요?

역사에서 정치적 변화를 포함한 대부분의 중요한 변화는 경제 문제와 떼어놓기 힘듭니다. 이를테면 미국과 소련의 냉전 체제도 개념적으로 보면 생산물과 생산 수단의 통제와 분배 방식을 놓고 벌인 경제 해법의 대결이었습니다. 생산물은 '부富' 그 자체입니다. 생산물에 기대어 화폐와 금융 경제가 돌아갑니다. 생산물이 뒷받침되지 않은 화폐는 한낱 종잇조각일 뿐입니다. 생산물이 없다면 정치도 다루어야 할 갈등과 이견이 없어서 '예술art'이 될 필요도, '권력power'을 수반할 필요도 없는 한낱 잡음에 지나지 않을 것입니다.

주요 생산물에 대해 더 강한 지배력을 확보하는 것이 강자의 목표이고, 그 과정을 무력 없이 조정하는 것이 정치입니다. 그 정치의 과정에서 파생되는 관행이나 의식이 하나의 질서를 형성하면서 국제 관계가자리를 잡습니다. 석유를 통해 보면 국제 관계도 결국 부의 통제와 분배문제임이 드러납니다. 1970년대 이전 서구의 제국주의는 아랍 산유국입장에서 '생산물의 침탈'과 동의어였습니다. 1980년대 신자유주의와 이에 기초한 1990년대의 세계화는 강자 중심의 생산물 분배 방식을 그럴듯한 논리로 포장한 것이라는 시각도 있습니다. 이렇게 정치는 생산물에 대한 통제와 관련이 깊습니다. 그렇기에 반대로 생산물의 변화가 정치의 변화를 초래하기도 합니다. 1970년의 새로운 흐름도 생산물의 변화에서 비롯합니다.

역사학자들은 인류의 역사를 거시적으로 봤을 때 '잉여 생산물의 발생'이라는 경제 상황의 변화가 인간 사회의 계급, 정치, 문화 활동을 발생시킨 중요한 전환점이라고 설명합니다. 이를테면 유발 하라리는 《사피엔스》에서 농업 혁명에 의한 잉여 식량이 정치, 전쟁, 예술, 철학의 원동력이었다고 말합니다.[2] 1970년경부터 시작된 석유 질서의 전환도 역시 잉여 생산물에서 기인합니다. 거시적인 인류사와 마찬가지로 미시적인 석유사에서도 잉여가 변화의 핵심 동인으로 작용했습니다. 다른 점은 '잉여의 발생'이 아닌 '잉여의 소멸'이 그 변화를 이끌었다는 것입니다. 1970년에 강자의 잉여가 소멸하는 상황이 발생합니다.

미국은 1960년대 말까지 자국 석유 산업을 보호하기 위해 석유 수입 물량을 제한했습니다. 그 정도로 자국의 석유 생산량이 자급하기에 충분했습니다. 심지어 자국의 석유 생산 시설을 100퍼센트 가동하지 않고 여유 생산 능력을 일정 부분 남겨 두어 비상시를 대비했습니다. 그러나 1960년대 후반, 수요의 증가가 공급의 증가를 앞지르면서 상황이 바뀝니다. 미국은 1968년 파리에서 열린 OECD 회의에서 "미국은 원유 생산 능력의 100퍼센트를 가동할 것이다"라고 말합니다. 석유 수입 물량 제한도 폐지합니다. 생산 능력을 100퍼센트 가동하게 된 상황, 즉 여유 생산 능력이 소멸된 상황은 매우 중요한 의미가 있는데, 대니얼 예긴은 이를 다음과 같이 설명합니다.

> 지금까지는 미국의 텍사스, 루이지애나, 오클라호마 등에서 언제라도 필요한 석유를 세계 시장에 공급할 수 있었다. 이렇게 미국의 추가 생산 능력이 있는 상황에서는 아랍이 석유를 무기로 사용할 수 없었다. 그러나 미국의 가동률이 100퍼센트에 이르게 되자, 석유 시장의 수호자였던 미국은 더 이상 석유 무기화에 대항할 수 없게 되었다.[3]

앞에서 다룬 1956년 수에즈 위기 때 수에즈 운하가 수개월간 폐쇄되어 유럽의 에너지 위기를 초래할 수 있었지만 미국의 여유 생산 능력이 그것을 막아 주었습니다. 또한 1967년 3차 중동전쟁 때도 아랍 국가들이 단행한 석유 금수 조치는 남아도는 공급 물량 때문에 별다른 위협이 되지 못했습니다. 하지만 상황이 변합니다. 잉여 공급 물량이 소멸하면서 공급 중단은 바로 공급 공백을 초래하는 상황이 됩니다. 이러한 변화로 인해 아랍은 석유 질서의 캐스팅보트를 쥐게 됩니다. 자연스럽게 아랍의 지위가 상승하고 협상력 또한 강해졌습니다. 석유는 더 귀한 자원이 되었고, 아랍 국가들이 석유의 국유화나 무기화를 통해 서구 세계를 위협할 경우 치명적인 에너지 위기를 불러올 수 있었습니다.

결국 아랍 국가들이 기존 석유 질서에서 가장 중요하면서도 핵심적인 문제에 도전할 수 있게 됩니다. 바로 생산물의 분배 문제입니다. 1950년대 이후 영국과 미국이 주도한 석유 질서는 산유국 정부와 영미계 석유 회사들이 수익을 반분하는 원칙을 확립했습니다. 반분 협정이라고는 하지만 메이저 석유 회사는 로열티와 세금 납부 등을 통해 형식적으로 원유에 대한 수익만을 반분하였고, 정제 수익이나 석유 화학 제품 등을 통한 수익은 거의 다 가져갔습니다. 게다가 원유 수익 분배의 기준이 되는 유가도 낮게 유지했습니다. 산유국의 입장에서 보면 서구의 기업들이 국부를 강탈해 간다고 느낄 수 있는 상황이었습니다.

1970년대가 되자 드디어 수익 반분 원칙을 깨는 선도적 지도자가 등장합니다. 리비아의 무아마르 알 카다피Muammar al-Gaddafi입니다. 1969년, 리비아의 젊은 장교 카다피는 쿠데타를 통해 권력을 쥡니다. 이후 그는 2011년까지 무려 42년간 집권하는데, 그가 장기 집권 혹은 독재의 기반을 마련한 것은 집권 초기 영국과 미국이 정한 반분 원칙을 깨는 데 앞장섰기 때문이기도 합니다.

카다피는 리비아에 진출해 있던 미국 석유 회사 옥시덴탈Occidental과 협상을 진행합니다. 그는 자신의 요구를 수용하지 않을 경우, 옥시덴탈이 가진 자산을 국유화하겠다고 위협합니다. 이 협상으로 리비아 정부 몫은 55퍼센트로 늘어납니다. 이를 시작으로 이란은 55퍼센트, 베

석유 수익 반분 원칙을 깬 무아마르 알 카다피

1969년 쿠데타를 통해 집권한 카다피는 미국 석유 회사 옥시덴탈을 위협
해 석유 수익 반분 원칙을 깬다. 카다피의 성공은 1970년대 석유 질서의 주
도권이 메이저 석유 회사에서 중동 산유국으로 옮겨 가는 신호탄이었다.

네수엘라는 60퍼센트로 자국의 몫을 올립니다. 리비아의 성공은 이후 다른 산유국으로 확산되고, 결국 산유국과 메이저 석유 회사 간의 단체 협정이 체결되기에 이릅니다. 1971년 테헤란과 트리폴리에서 '석유 분배'에 대한 협상이 열리는데, 이는 반분 원칙이 공식적으로 깨지는 중대한 전환점이 됩니다.[4] 테헤란 협정은 중동 지역의 석유 판매 협상이었고, 트리폴리 협정은 지중해 연안 국가들의 석유 판매 협상이었습니다. 테헤란 협정과 트리폴리 협정으로 수십 년 동안 이어진 반분 원칙은 깨지고, 산유국이 55~60퍼센트를 가져가는 형태로 전환됩니다. 이와 함께 매장된 석유의 소유권도 과거 메이저 석유 회사가 독점하던 형태에서 산유국들이 일부 소유권을 공유하는 형태로 변화합니다.

이러한 석유 질서의 변화는 석유 수급의 변화, 즉 잉여 공급량의 소멸 때문이기도 하지만, 국제 사회에서 미국과 영국의 영향력이 줄어든 탓도 있습니다. 미국은 베트남전에서 고전하면서 전 세계적인 반미, 반전 열풍과 싸워야 했는데, 이후 미국은 직접적 군사 개입이나 과도한 정치 개입을 지양하는 방향으로 외교 정책을 선회합니다. 미국 대통령 리처드 닉슨Richard Nixon은 1969년 닉슨 독트린Nixon Doctrine을 통해 이러한 방향을 천명합니다.

영국도 이미 대영제국의 영화를 잃은 지 오래였고, 수에즈 위기 등에서 미국, 소련과 힘의 차이를 절감했습니다. E. H. 카E. H. Carr는 지금은 고전이 된 《역사란 무엇인가》에서 "19세기의 우월함과 20세기의 열등함이 가장 두드러지게 대비되는 지역은 영국이다"[5]라고 하면서 영국의 급속한 쇠퇴를 이야기합니다. 게다가 경제 불황까지 겹치면서 '영국병British disease'이라는 말까지 만들어집니다. 이러한 퇴보는 1970년대 후반 철의 여인 마거릿 대처Margaret Thatcher의 '신자유주의Neoliberalism' 정책이 탄생하는 배경이기도 합니다.

그런데 아랍 국가들이 1970년의 변화를 단지 석유 수익 증대의 기회로만 활용했을까요? 아닙니다. 그들에게는 더 중요한 과제가 있었습니다. 3차 중동전쟁의 굴욕적인 패배 이후 복수를 노리던 아랍 국가들에게 석유라는 막강한 무기가 생겼습니다. 석유가 세계의 일상이 되면서 아랍의 이상을 실현할 기회를 마련한 것입니다.

11

승리가 목적이 아닌 전쟁, 4차 중동전쟁

> 당신은 승리의 희망이 없을 때에도 싸워야할 때가 있다.
> 노예로 사는 것보다 차라리 죽는 게 낫기 때문이다.
> – 윈스턴 처칠, 전 영국 총리

앞에서 1970년대 초반 석유의 잉여 생산량이 소멸하면서 영국·미국과 중동 산유국 간의 역학 관계가 변하고, 생산물의 분배 조건 등이 산유국에 유리한 방향으로 바뀌는 과정을 보았습니다. 이 추세가 1970년대 이후 꾸준히 지속되면서 석유 시장의 주도권을 영미계 세븐 시스터즈가 아닌 OPEC이 잡습니다. 그리고 석유 감산이나 금수 조치 등으로 석유를 타국에 대한 압력 수단이나 외교적 지렛대로 활용하는 석유 무기화의 길이 열립니다. 1970년대의 석유 무기화는 1차 오일쇼크를 촉발하기도 합니다. 1차 오일쇼크 발생 30주년이었던 2003년《이코노미스트 Economist》는 석유 무기화를 기획한 사우디 석유 장관 야마니를 조명하면서 이렇게 평합니다.

야마니는 석유 금수 조치 기간 중 처음으로 전 세계의 주목을 받는다. 30년 전 그가 주도한 석유 무기화는 이후 현대 정치와 경제사의 경로를 바꾸어 놓는다.[6]

1970년대 두 차례 일어난 오일쇼크는 세계 현대사에서 가장 많이 언급되는 사건들입니다. 그런데 둘의 배경과 원인이 각기 다릅니다. 1차는 야마니의 주도하에 정교하게 계획되었던 반면, 2차는 이란 혁명으로 인한 중동 정세의 불안과 그로 인한 시장의 공포 그리고 산유국들의 탐욕이 뒤섞이면서 우발적으로 발생했습니다. 2차 오일쇼크는 석유의 수급이 주요한 원인이 아니었기 때문에 장기적으로는 유가 하락의 요인으로 작용합니다. 2차 오일쇼크는 뒤에서 1970년대 후반을 다룰 때 알아보기로 하고, 여기서는 4차 중동전쟁과 그 직후 이어진 1차 오일쇼크에 대해 알아보겠습니다.

1970년 이집트에 새로운 지도자가 등장합니다. 수에즈 위기 때는 승리했지만 3차 중동전쟁에서 굴욕적으로 패배한 나세르가 물러나고 안와르 사다트Muhammad Anwar el-Sadat가 대통령이 됩니다. 사다트 또한 4차 중동전쟁을 일으키고도 노벨 평화상을 수상한 영욕의 지도자입니다.

3차 중동전쟁에서 이집트를 비롯한 아랍권은 군사력의 열세를 절감했습니다. 6일 만에 패퇴하고 영토를 잃었습니다. 그로부터 6년이 지난 시점인 1973년, 사다트는 석유 시장의 변화를 등에 업고 다시 한 번 전쟁을 준비합니다. 3차 중동전쟁에서 아랍의 패배 원인은 두 가지였습니다. 첫째는 미국의 이스라엘 군사 지원, 둘째는 이스라엘의 선제 기습 공격입니다. 그래서 사다트는 석유 무기화를 통해 미국의 지원을 최소화한 후 선제 타격하는 계획을 세웁니다.

한편, 이스라엘은 4차 중동전쟁이 발발할 가능성을 매우 낮게 보았습니다. 3차 중동전쟁에서 이스라엘이 일방적으로 승리하면서 군사력의 차이가 명백히 드러났고, 이집트 등 아랍 국가들의 전투기는 거의 파괴되어 공군 전력을 회복하려면 꽤 오랜 시간이 걸린다고 생각한 것입니다. 전쟁이 임박할 때까지 이스라엘 정보국 모사드Mossad는 전쟁 가능성이 낮다고 판단했습니다.

아랍권은 이러한 이스라엘 정보기관의 판단을 역이용합니다. 침공 이전에 대규모 병력과 무기를 국경으로 전개하는 훈련을 했다가 물러나기를 수차례 반복했습니다. 이는 실제 침공을 위한 군사력의 전개를 감추려는 의도가 컸습니다. 대규모 병력과 무기가 훈련이라는 명분으로 전개될 때 잠재적인 적국은 그것이 실전인지 훈련인지 판단하기 어렵습니다. 오늘날 지구촌 곳곳에서 실시되는 미국, 중국 등의 군사 훈련 역시 유사시 실제 군사력의 전개를 훈련으로 위장할 수 있다는 점에서 전략적인 가치가 큽니다.

4차 중동전쟁에서 이스라엘은 실제 침공을 위한 아랍의 군사력 전개를 훈련으로 판단하는 실수를 합니다. 아랍 국가들이 공군력을 거의

⚓ **4차 중동전쟁에서 파괴된 이스라엘군의 전차**

1973년 10월 6일, 이집트와 시리아 등 아랍권은 이스라엘과 미국의 정보 기관을 완벽하게 속이며 선제 기습에 성공한다. 아랍의 입장에서 이 전쟁은 영토 회복의 의도도 있었지만, 3차 중동전쟁의 일방적 패배 후 고착된 이스라엘과 서구 사회의 태도를 바꾸어 놓는 목적도 있었다.

2부 석유, 무기가 되다(1970~1979년)

잃은 상황에서 전쟁을 일으키는 것은 자살 행위라고 속단한 것입니다. 이스라엘의 판단이 비합리적이라고 볼 수는 없지만, 간과한 것이 있었습니다. 당시 정세에서 전쟁은 꼭 승리를 위해서만 벌이는 것은 아니었다는 점입니다. 사다트는 승리가 불확실하더라도 전쟁을 꼭 해야만 한다고 생각했는데, 이를 당시 미국의 국무 장관 키신저는 이렇게 설명합니다.

사다트의 목적은 전쟁의 승리를 통해 영토를 얻는 게 아니었다. 3차 중동전쟁의 참패로 인해 고착화된 이스라엘의 태도를 바꿀 필요가 있었다. 전쟁을 통해 이스라엘의 태도를 변화시켜야만 협상의 길이라도 열 수 있었다.[7]

3차 중동전쟁 때 아랍 국가들이 이스라엘에게 단 6일 만에 참패한 이후 아랍이 아무리 위협을 해도 이스라엘은 쳐다보지도 않는 형세였습니다. 패배로 인한 자존심의 상처도 문제였지만, 무시해도 되는 대상으로 전락한 것이 무엇보다 뼈아팠습니다. 그런 상황에서는 할 수 있는 것이 없습니다. 그래서 아랍권은 승리를 확신할 수 없을지라도 전쟁을 구상한 것입니다.

무엇보다 아랍권에는 전 세계를 공포에 빠뜨릴 수 있는 비장의 무기가 있었습니다. 바로 석유입니다. 사다트는 석유 공급 제한, 즉 석유 무기화로 미국의 개입을 어느 정도 막을 수 있다고 판단했습니다.[8] 아랍권이 소련으로부터 군사 지원을 받고, 석유 공급 중단 위협으로 미국을 압박해서 이스라엘에 대한 지원을 끊으면 상실한 영토를 일부라도 회복할 수 있다고 생각한 것입니다. 그런데 이 계획이 성공하려면 아랍의 맏형 격인 사우디의 도움이 필요했습니다. 석유로 미국을 견제하려면 중동 석유의 최대 주주인 사우디가 석유 공급 제한에 동참해야 했습니다. 그래서 사다트는 전쟁 전에 사우디 국왕 파이살Faisal bin Abdulaziz Al Saud을 만나 끈질기게 설득합니다. 그러나 파이살은 망설입니다.

파이살이 석유 무기화를 망설인 것은 무엇보다 사우드 왕가가 왕실의 안전과 부를 지키기 위해 미국에 의존하고 있었기 때문입니다. 당시 중동에서는 쿠데타를 통해 정권이 전복되는 경우가 많았기에 사우드 왕가도 반대 세력에 의한 쿠데타를 걱정할 수밖에 없었습니다. 대외적으로도 사우디는 적은 인구(2019년 기준, 사우디 3400만, 이란은 8300만, 이라크 3900만)로 막대한 석유가 매장된 넓은 영토를 지켜야 했습니다. 미국과의 우호적 관계는 사우디의 체제 유지와 안보 차원에서 중요했습니다. 경제적으로도 사우디의 막대한 석유 판매 수익은 달러로 전환되어 미국 금융 기관에 예치되어 있었습니다. 미국이 사우디에 아람코를 설립한 이후로 사우디는 이미 달러와 공동 운명체였습니다. 이렇게 사우디는 정치적·경제적 관계 때문에 미국을 쉽게 압박할 수 없었습니다. 이즈음 이라크에서는 사담 후세인이 부통령 자리에 오르는데, 그는 미국을 압박하는 데 미온적이었던 사우드 왕가에 대해 미국 및 미국 자본과 결탁한 반동적인 지배 집단이라고 격렬하게 비난합니다.

사우디의 확답을 받지 못한 채 1973년 10월 6일, 이집트와 시리아 등은 이스라엘이 했던 것처럼 선제 기습으로 전쟁을 개시합니다. 이 전쟁은 4차 중동전쟁 또는 욤키푸르Yom Kippur 전쟁이라고도 불리는데, 전쟁이 발발한 10월 6일이 이스라엘의 종교 기념일인 욤키푸르(신성한 속죄일)였기 때문입니다.

전쟁 초반, 이집트와 시리아는 3차 중동전쟁에서 이스라엘이 그랬던 것처럼 선제 타격의 효과로 이스라엘을 압도합니다. 이스라엘은 3차 중동전쟁에서 일방적으로 밀렸던 아랍권에게 패퇴하면서 엄청난 충격을 받습니다. 이스라엘의 군사력은 더 이상 압도적이지 않았습니다. 미국과 사우디의 태도에 따라 전쟁의 향방이 결정되는 상황이 만들어진 것입니다.

12

1차 오일쇼크,
석유는 어떻게 무기가 되었나

> 병법은 기만술이다. 기만술은 병법가가 승리하는 비결이며,
> 따라서 사전에 계획이 누설되어서는 안 된다.
> – 손자병법 계(計)편

1973년 10월 6일, 아랍의 기습으로 4차 중동전쟁이 발발합니다. 아랍
권의 초반 기습은 성공적이었습니다. 그 누구도 아랍의 선제공격을 예
측하지 못했기 때문입니다. 당시 이스라엘의 정보기관 모사드는 물론이
고 미국의 CIA도 아랍의 기습을 예측하지 못했습니다. 침공 직전 포착
된 이집트의 대규모 군사 이동에 대해 미국 국가안전보장이사회National
Security Council의 의원이 CIA에 질의하자, CIA 요원은 "이집트는 지금

통상적인 군사훈련을 하고 있는 것이다"라고 답합니다.[9] 명백한 오판이었습니다.

당시 이스라엘에서 천재라 불리던 군사정보국의 책임자 엘리 제이라Eli Zeira는 전쟁 발발 가능성을 일련의 계량화된 기준들로 계산하는 '콘셉트The Concept'라는 도구를 개발해서 이를 근거로 전쟁 가능성을 낮게 판단합니다.[10] 인공지능도 개발되지 않았던 시절인데 무모한 시도였습니다. 그는 비이성적인 인간의 판단을 이성적인 도구로 재단하면서 수많은 전쟁 징후를 무시합니다. 훗날 그는 이스라엘을 위기에 빠트렸다는 비난을 받고 공직에서 물러납니다.

이집트군이 이스라엘에 빼앗겼던 시나이반도를 탈환하고 이스라엘로 진입하기 시작하자, 이스라엘 총리 골다 메이어Golda Meir는 미국 대통령 리처드 닉슨에게 이스라엘이 붕괴 위험에 놓였다며 다급하게 지원을 요청합니다.[11]

이번에는 미국이 망설입니다. 석유 사업의 최대 파트너인 아랍 국가들의 눈치를 봐야 했습니다. 미국은 수에즈 위기 때 영국과 프랑스의 군사 개입을 억제하며 표면적으로나마 아랍 지역에서 '정직한 중재자Honest Broker'의 역할을 했습니다. 중동은 영국과 미국 석유업계의 최대 사업장이고, 아랍 국가들은 그들의 가장 중요한 파트너였기에 신중을 기해야 했습니다. 영미계 석유업체들도 미국 정부에 대중동 정책의 수정을 강하게 요구했습니다.

그러나 마냥 신중할 수는 없었습니다. 미국이 군사 지원을 하지 않으면 이스라엘이 패망할 수 있었습니다. 이는 미국이 움직이는 거대한 체스판의 요충지에서 중요한 말을 하나 잃게 된다는 의미였습니다. 이 상황에서 미국에게 이스라엘을 지원할 작은 명분이 생깁니다. 소련이 이집트에 막대한 군수 물자를 지원한 것인데, 이를 구실로 미국 또한 이스라엘에 대규모 군수 지원을 실시합니다. 이는 당연히 아랍권의 강한 반

△ 골다 메이어(왼쪽)와 리처드 닉슨(오른쪽)

아랍의 기습에 당황한 메이어는 미국에 급히 지원 요청을 하고, 닉슨은 이에 응해 대량의 무기와 장비를 지원한다. 이에 분노한 산유국들은 석유 감산과 금수 조치로 대응한다. 이러한 석유 무기화는 종전 이후까지 지속되며 1차 오일쇼크를 발생시킨다.

발을 부릅니다. 전쟁 발발 11일이 지난 10월 17일 헨리 키신저는 아랍
국가들에게 아래와 같이 궁색한 변명을 합니다.

미국이 이스라엘에 군수 물자를 지원하는 것은 반反아랍의 문제가 아
니라, '미국과 소련 간'의 문제 때문이다.[12]

　여기서 잠깐 헨리 키신저의 등장에 대해 살펴볼 필요가 있습니다.
1973년 미국의 대통령은 리처드 닉슨이었습니다. 그러나 그는 대선 기
간 중 불법 도청 사건인 워터게이트 사건Watergate Affair으로 탄핵 위기
에 처하고 대통령으로서의 권위는 추락합니다(그는 탄핵이 확실해지자 이
듬해 사임합니다). 그러자 2차 세계대전 중 나치를 피해 미국으로 건너 왔
던 독일계 유대인 출신 헨리 키신저가 미국의 대외 정책을 대변하는 주
요 인물로 떠오릅니다. 키신저는 닉슨의 사임 이후에도 대외 정책 전략
가로 활동하며 중동 현대사의 핵심 인물이 됩니다. 트럼프 행정부에서
도 여전히 외교 자문으로 뉴스에 등장하는데, '언제적 키신저인가' 하는
말이 나올 법도 합니다.
　명성 높은 키신저의 구차한 변명과 함께 미국은 이스라엘에 군수
물자와 무기 지원을 위한 공수 작전을 실행합니다. '니켈 그라스Nickel
Grass'라는 작전명으로 대형 수송기가 탱크, 장갑차, 미사일을 이스라엘
로 실어 나릅니다. 지금도 운용되는 미군 최대의 수송기 C-5 갤럭시 77

대와 C-141 수송기 268대가 쉴 새 없이 비행하며 군수 물자를 공급합니다.[13] 미국의 지원은 서서히 전쟁의 양상을 바꿔 놓습니다. 초반에 일방적으로 밀렸던 이스라엘은 전열을 가다듬고 반격에 나섭니다.

그러자 이번엔 사우디가 움직입니다. 사우디도 석유 무기화에 동참하기로 한 것입니다. 당시 석유 무기화의 방법과 강도에 대해 아랍 국가들 사이에도 이견이 많았습니다. 가장 강경했던 이라크는 전면적인 석유 생산 중단과 석유 자산의 국유화를 주장합니다. 이에 반해 사우디의 석유 장관 야마니는 전쟁이 발발한 10월부터 매월 5퍼센트씩 감산해야 한다고 주장합니다. 5퍼센트의 감산으로도 충분히 시장에 충격을 줄 수 있고 아랍 산유국들의 참여도 극대화할 수 있다고 본 것입니다. 결국 야마니의 주장대로 매월 5퍼센트씩 감산하는 것으로 의견이 모아집니다. 아이러니하게도 가장 강력한 제재를 주장했던 이라크는 자국의 방안이 받아들여지지 않자 감산 조치에 참여하지 않으면서 오일쇼크 시기에 막대한 석유 판매 이익을 챙기는 이중적인 모습을 보입니다.[14] 감산 합의와 이행은 그때나 지금이나 쉽지 않습니다. 누군가의 감산이 누군가에게는 기회가 되기 때문입니다.

한편, 2만여 병력의 이집트 3군단은 개전 초기 그들이 되찾으려 했던 시나이반도에서 이스라엘군을 밀어냈지만, 진격 이후 이스라엘군에게 후방을 돌파당하여 고립됩니다. 이후 탄약과 식량 등의 군수 지원을 받지 못한 채 전멸의 위기에 몰립니다. 북쪽 전선의 시리아군도 후퇴를

2부 석유, 무기가 되다(1970~1979년)

거듭하며 시리아의 수도 다마스쿠스까지 점령당할 위험에 처합니다. 이렇게 전세가 역전되자 미국은 소련이 이 전쟁에 본격적으로 개입하는 것을 우려하게 됩니다. 소련은 이집트 3군단이 전멸할 경우, 전쟁에 개입할 것임을 강력하게 시사합니다.

한국전쟁처럼 중국의 개입으로 전쟁이 장기화되는 것을 우려한 키신저는 급히 모스크바를 방문해 소련과 전쟁을 종료하기로 합의합니다. 이스라엘은 미국의 압력으로 더 이상의 진격을 포기하고 종전에 합의합니다. 1973년 10월 25일, 전쟁 발발 20일 만에 총성이 멎고 전쟁은 종료됩니다.

이 전쟁으로 이스라엘 진영에서 약 1만 명이 죽거나 다친 것으로 파악되고 이집트와 시리아에서는 그보다 훨씬 많은 약 3만 명 이상의 사상자가 발생한 것으로 추정됩니다.[15] 아랍은 이스라엘보다 더 많은 사상자를 내고 영토도 회복하지 못했지만 소기의 성과는 달성했습니다. 1~3차 중동전쟁까지 형편없이 밀렸던 모습이 아닌, 대등하게 싸우는 모습을 보여 주며 긍지를 회복한 것입니다. 미국의 지원이 없다면 이스라엘을 상당한 위험에 빠뜨릴 수도 있음을 증명했습니다. 특히 아랍은 4차 중동전쟁에서 이스라엘 전투기 100여 대를 격추하며 공군 전투력에서 달라진 모습을 보여 줍니다.[16] 아랍권은 이제 무시할 만한 상대가 아니었습니다.

아랍의 소득은 그것만이 아니었습니다. 아랍의 강력한 무기인 석유의 힘을 드러낸 것이 더 큰 소득이었습니다. 전쟁 중 압박 수단이었던 석유 감산과 금수 조치로 인해 1차 오일쇼크가 발생합니다. 아랍은 전쟁 중에 시행된 석유 감산 조치를 전후에도 그대로 유지합니다. 종전 후에도 무기를 놓지 않았던 것입니다. 매월 5퍼센트의 점진적 감산이었지만 그 충격은 대단해서 배럴당 3달러 수준이던 유가는 한 달 만에 약 12달러까지 올라갔습니다. 아랍은 군사적 승리는 거두지 못했지만, 석유를 통해 전 세계에 충격을 주면서 유럽과 일본 등이 아랍을 지지하는 성명을 내도록 유도하는 데 성공합니다. 한국 또한 예외가 아니어서 4차 중동전쟁이 끝난 직후인 1973년 12월, 미국에 우호적인 당시 정부 성향에도 불구하고 친아랍 성명을 발표합니다. 이러한 분위기를 등에 업고 아랍은 이스라엘에 잃은 영토를 돌려받기 위한 노력을 다시 시작합니다.

13

한국이 친아랍 성명을
낸 적이 있다?

> **정부 중동정책 대전환, 친아랍성명발표, 이스라엘 점령지 철수하라.**
> – 《동아일보》 1973년 12월 17일자 1면 헤드라인

4차 중동전쟁이 이스라엘의 우세 속에 종전되었지만, 전쟁 중에 실시된
아랍권의 석유 감산 조치는 전쟁이 끝난 이후에도 계속됩니다. 아랍권
은 석유라는 무기를 지속적으로 휘두르면서 광범위한 영향력을 행사합
니다. 전쟁 다음 해인 1974년 3월경까지 감산 조치가 계속되면서 세계
각국은 극심한 석유 공급난에 빠집니다. 미국에서 휘발유 가격이 40퍼
센트 이상 폭등했고, 국민총생산GNP은 1973년에서 1975년 사이 6퍼
센트나 감소합니다. 일본 또한 2차 세계대전 이후 급속한 경제 성장을

하다가 1974년 처음으로 국민총생산이 감소하는 상황을 맞습니다. 아랍은 중동전쟁 직후 전 세계에 말 그대로 '쇼크'를 주는 데 성공한 것입니다.

아랍의 석유 무기화로 석유의 공급량이 줄자 석유 회사가 이것을 어떻게 배분하는가도 중요한 이슈로 떠오릅니다. 당시 석유 판매는 메이저 석유 회사가 90퍼센트 이상 독점하고 있었습니다. 산유국이 직접 판매하는 물량은 10퍼센트 미만으로, 아랍은 아직 원유 판매와 유통 분야에는 진출하지 못하고 있었습니다. 한국과 같은 석유 수입국은 대체로 중동에서 직접 원유를 구매하지 않고 메이저 석유 회사로부터 구매했습니다. 석유 감산도 아랍이 자국에 진출한 석유 회사에 영향력을 행사하여 추진한 것이었습니다.

메이저 석유 회사는 줄어든 원유 공급량을 미국이나 영국에 먼저 배분하지 않고 모든 수입국에 똑같이 분배한다는 원칙을 지킵니다. 이것을 그들은 '평등한 고통Equal Misery'이라고 표현했습니다.[17]

당시 메이저 석유 회사가 석유를 조국인 미국과 영국에 우선 분배하지 않은 데는 몇 가지 이유가 있습니다. 첫째로 산유국의 감산은 미국과 그 우방국에 대한 공급 감소가 목적이었기 때문에 이러한 감산 의도를 무시하고 자국에 우선 공급할 경우, 석유 자산 국유화나 몰수와 같은 더 큰 피해가 예상되었기 때문입니다.

또 다른 이유는 당시의 정치적 상황이었습니다. 냉전 상황에서 미국과 영국이 우방국의 석유 수급을 외면할 경우, 동맹국이 이탈할 가능성이 있었습니다. 즉, 소련의 세력이 강화될 수 있었습니다. 당시는 경제적으로 체제의 우위가 명확히 드러나지 않았던 시기로 미국과 소련이 첨예하게 대립하고 있었습니다. 인공위성을 누가 먼저 쏘아 올리고 달에 누가 먼저 사람을 보내느냐로 두 나라가 경쟁하던 시기였습니다. 미국은 동맹국의 이탈을 막기 위해 마셜 플랜, 중남미 원조 등 경제 원조 정책을 추진하기도 했습니다. 그만큼 동맹국의 이탈은 큰 손실이었기에 쉽사리 자국을 우선할 수는 없었습니다.

영국의 BP 입장에서는 다른 이유도 있었습니다. BP의 주요 사업 지역인 이란은 아랍 문화권이 아니기 때문에 감산 조치에 참여하지 않았습니다.[18] 그래서 BP는 상대적으로 물량 확보가 쉬웠으나 BP 지분 절반은 영국이 아닌 다른 유럽 국가들이 분산 보유하고 있었습니다. 당시 회사법상 BP 지분을 소유한 주주의 동의가 없으면 석유를 영국으로 전량 공급하는 것이 불가능했습니다. 당시 영국 총리 에드워드 히스Edward Heath는 BP 사장 에릭 드레이크Eric Drake에게 이란 등 해외에서 확보하는 물량을 영국에 우선 공급해 줄 것을 요청합니다. 그러나 드레이크는 다음과 같이 대답합니다.

지금 총리께서는 주주로서 요청하시는 것입니까? 아니면 정부의 수
장으로서 요청하시는 것입니까? 만약 전자라면 회사법에 따라 저는

다른 주주들과 차별 대우를 할 수 없습니다. 만약 후자라면 '공문'으로 요청해 주시기 바랍니다. 그럼 정부의 명령이라는 구실로 불가항력적인 상황임을 주장할 수 있습니다.[19]

공문 지시는 다른 주주 국가들과의 사이에 외교 문제를 불러올 수 있었습니다. 이를 알면서도 공문을 요청한 드레이크에게 히스는 격노합니다.[20] 그러나 드레이크 입장에서는 주주와 법률에 반하는 행위를 하려면 근거가 필요했습니다. 이 장면에서 관료제에서 흔한 책임 회피의 모습이 나타납니다. 동시에 BP 지분을 영국 정부가 절반만을 소유하고 나머지는 유럽 국가들이 소유한 탓에 영국의 이익만을 위해 공급지를 조정할 수 없는 모습이 그려집니다.

이렇게 석유 공급량 감소로 유럽 전체가 '평등한 고통'을 겪게 되자, 유럽공동체European Community, EC는 1973년 11월 '아랍을 지지한다'는 성명을 발표합니다. 특히 프랑스가 적극적이었습니다. 프랑스는 1차 오일쇼크가 발생한 것도 충격이었지만 그전에 미국이 중동에서 가진 입지, 즉 세븐 시스터즈가 중동의 석유 이권을 독점하는 것에도 불만이 많았습니다. 수에즈 위기 때도 미국은 프랑스 편에 서지 않고 수에즈 운하의 소유권을 이집트에 넘겨주도록 했었습니다. 석유 감산 조치가 지속되자 유럽공동체는 프랑스의 주도로 아랍을 지지하는 결의문을 통과시킵니다. 그 결과 1973년 12월에 예정되어 있던 아랍의 5퍼센트

추가 감산이 유예됩니다.

일본 또한 유럽과 동일한 시기에 아랍 지지 성명을 발표하며 추가 감산 대상 국가에서 제외되는 보상을 받습니다. 일본의 아랍 지지는 유럽의 그것보다 미국을 당황하게 합니다. 일본 외교 정책의 기초는 미일 동맹이었고 4차 중동전쟁 직후 당시 미국의 권력자였던 키신저가 일본을 방문하여 중립 정책의 유지를 간곡하게 요청했습니다.[21] 그런데 키신저가 다녀간 지 불과 일주일 만에 일본이 아랍의 편을 든 것입니다. 일본에 이어 동남아시아 국가들도 아랍 지지에 동참합니다. 이렇게 아랍권은 석유를 무기로 국제 사회에 강력한 영향력을 행사합니다.

그렇다면 당시에 한국은 어땠을까요? 유럽과 일본이 아랍 지지 성명을 발표하던 1973년 11월 한국 대통령 박정희는 친서와 함께 경제수석 오원철 등을 셰브런과 걸프사에 급파합니다. 이들 메이저 석유 회사에 석유 공급 약속을 받아 오라는 것이었습니다. KBS 인터뷰 자료에 따르면 한국 특사단은 싸우기도 하고 회유하기도 했다는데, 석유를 공급하지 않으면 동맹국의 책임을 다하지 않은 것이라는 주장까지 했다고 합니다.[22] 한국은 베트남 파병을 비롯해서 동맹국의 책임을 다했으니 미국도 그리해야 함을 내세운 것입니다.

'기업'인 메이저 석유 회사에 '정부'의 책임을 요구하는 모습이 의아할 수 있습니다. 그러나 이들 회사는 미국 정부와 긴밀한 관계를 맺고 있었습니다. 미국의 메이저 석유 회사는 중동 등 분쟁 지역에서 사업

을 하면서 미국 정부는 물론이고 산유국 정부와도 긴밀한 관계를 유지

해야 했습니다. 따라서 이들 회사는 사실상 정부 외교권의 일부를 위임

받아 왔습니다.[23] 엑손모빌 CEO 출신이었던 렉스 틸러슨Rex Tillerson

이 정치 경력이 없었음에도 트럼프 행정부의 첫 번째 국무 장관이 될 수

있었던 것도, 미국 대통령을 지낸 부시 부자父子가 석유 기업가 출신인 것

도, 석유 사업계와 미국 정부의 긴밀한 커넥션을 반영합니다. 당시 한국

특사단의 원유 공급 요청에 대해서도 미국 정부가 아닌 셰브런과 걸프

사가 한국에 공급 약속을 합니다.

　　그러나 이 약속에도 불구하고 다음 달인 1973년 12월 15일, 한국

정부는 친親아랍 성명을 발표합니다. 전 세계적인 아랍 지지 흐름을 거

스르지 않았던 것입니다. 한국 정부는 친아랍 성명을 발표하며 이스라

엘이 3차 중동전쟁 중에 점령한 지역에서 철수할 것을 촉구합니다. 현재

까지도 유엔은 3차 중동전쟁에서 이스라엘이 선제공격을 통해 점령한

지역을 인정하지 않고 있는데, 이러한 유엔의 입장에 선 것입니다.

　　이렇게 아랍은 석유 무기화의 힘으로 형식적으로나마 국제 사회가

한 목소리를 내게 하는 데 성공합니다. 당시 아랍권은 국제 사회에 이스

라엘과 단교할 것까지 요구합니다. 하지만 한국을 포함해서 국제 사회

는 아랍을 지지하되, 아랍이 요구하는 수준까지의 행동은 취하지 않았

습니다. 미국의 눈치도 봐야 했습니다. 당시《동아일보》는 미국과의 역

학 관계 때문에 이스라엘과 단교까지는 어려울 것이라고 말합니다. 하

지만 이스라엘이 점령지에서 물러날 것을 촉구하는 성명은 석유 자원 확보 차원에서 불가피했다고 보도합니다.[24]

이렇게 석유로 미국과 국제 사회를 윽박지르던 아랍은 과연 그들의 의도대로 잃었던 영토를 회복했을까요? 4차 중동전쟁 이후 중동의 정세는 국제 사회의 여론과 미국의 적극적인 개입으로 이전과는 다른 양상을 보입니다. 미국은 동맹국의 이탈을 막고 자국의 석유 안보를 위해서 아랍의 체면을 어느 정도 세워 주는 방향으로 중재합니다.

🔺 정부의 친아랍 성명을 보도한《동아일보》 1973년 12월 17일자 지면

4차 중동전쟁 기간 중 줄어든 석유 생산이 오일쇼크로 이어지면서 전 세계는 석유 무기화의 위력을 절감한다. 그에 따라 각국은 석유 확보를 위한 노력으로 아랍 지지 성명을 발표하는데, 한국 역시 예외는 아니었다.

14

전쟁을 일으키고도
노벨 평화상을 받은 사다트

> **나는 많은 사람들이 가장 어렵다고 생각하는 그 길을 택했습니다.**
> – 안와르 사다트, 전 이집트 대통령

아랍의 석유 무기화는 한국을 포함한 각국의 아랍 지지 성명 등으로 이듬해인 1974년 3월 대부분 종료됩니다. 그러나 그 결과물인 오일쇼크는 긴 여진을 남기면서 현대사에 깊이 각인됩니다. 여러 나라의 정치적 입장과 경제 정책 그리고 에너지 정책에 깊은 영향을 미친 것입니다.

　미국은 석유 감산의 주요 표적이 되며 가장 큰 손실을 입었습니다. 다른 나라들은 아랍 지지 성명 등으로 석유 감산 대상 국가에서 유예되거나 제외되기도 했지만 미국은 석유 무기화의 충격을 그대로 받았습니다. 그 결과 미국의 국민총생산이 1973~1975년 사이 무려 6퍼센트나 감소합니다. 이후 미국은 오일쇼크의 근본 원인이었던 아랍과 이스라엘의 갈등에 적극적으로 개입합니다. 오일쇼크 이후 이스라엘은 국제사회로부터 점령지에서 물러나라는 압박을 받게 되는데, 미국 또한 중동의 평화와 오일쇼크의 재발 방지를 위해서 이스라엘이 점령지 일부를 양보하는 행위가 필요하다고 생각했습니다. 그러지 않고는 중동의 긴장과 오일쇼크의 위험을 줄일 수 없었기 때문입니다.

1978년 미국 대통령 지미 카터는 이스라엘 총리 메나헴 베긴Menachem Begin과 이집트 대통령 안와르 사다트를 미 대통령의 별장인 캠프데이비드로 초청합니다. 이곳에서 카터의 중재로 이스라엘과 이집트가 시나이반도 반환에 합의하는 캠프 데이비드 협정Camp David Accords이 체결됩니다. 시나이반도는 이스라엘이 3차 중동전쟁 때 점령했고, 4차 중동전쟁 때 이집트가 일시적으로 탈환에 성공했지만 이후 이스라엘이 반격해 다시 빼앗은 땅입니다. 이 협정으로 이집트는 잃었던 영토를 회복합니다. 이집트의 시나이반도 회복은 석유 무기화로 인한 오일쇼크가 없었다면 불가능했을 것입니다.

캠프 데이비드에서는 팔레스타인 자치 문제도 논의됐는데, 이 문제는 오늘날까지 이어지고 있습니다. 완전한 자치를 주장하는 팔레스타인과 제한적 자치를 주장하는 이스라엘 간의 입장 차이가 현재까지도 접점을 찾지 못하고 있습니다.

이후 이집트는 아랍권의 반발을 무릅쓰고 1979년 이스라엘과 평화 조약을 체결합니다. 아랍을 놀라게 한 파격적인 입장 전환이었습니다. 이스라엘과 접경한 이집트 입장에서는 전쟁 준비와 수행으로 인한 인명 피해와 경제적 손실이 컸기 때문에 5차, 6차 중동전쟁을 또 벌이기는 힘 들었습니다. 이스라엘의 존재를 부정하면서 완전히 격멸하는 것도 현실 적으로 불가능했습니다.

이집트와 이스라엘의 평화조약 체결 이후, 이스라엘과 범아랍권 사 이의 갈등은 이스라엘과 팔레스타인 간의 문제로 국지화되는 경향을 보입니다. 그렇다고 갈등 자체가 작아진 것은 아닙니다. 여전히 팔레스 타인 자치권 문제로 긴장과 갈등은 계속되고 있습니다.

또한 3차 중동전쟁에서 이스라엘이 점령한 지역 중 시나이반도를 제외하고, 예루살렘과 골란고원 등은 여전히 이스라엘이 무력 점령 상태 를 유지하고 있기 때문에 이로 인한 긴장은 오늘날까지 지속되고 있습 니다. 이를테면 트럼프가 2017년 12월 예루살렘을 이스라엘의 수도로 선언하고 2019년 3월 골란고원에 대한 이스라엘의 주권을 인정하는 발언을 하면서 이 지역의 긴장이 고조됩니다. 이스라엘의 시나이반도 반 환을 중재한 1978년 카터와 예루살렘과 골란고원이 이스라엘 소유라 고 주장하는 2019년 트럼프의 차이는 석유 생산의 중심이 바뀌면서 국 제 역학 관계가 달라진 현실을 반영합니다. 이에 대해서는 4부에서 자세 히 살펴보겠습니다.

한편 이집트 대통령 사다트는 앞서 설명한 캠프 데이비드 협정을 비롯해서 줄곧 평화 정책을 지향합니다. 그는 1977년 11월 이스라엘을 방문합니다. 그리고 이스라엘 무명용사의 묘에 헌화하고, 이스라엘 국회에서 연설합니다. 이것은 과거 이스라엘의 존재 자체를 부정하던 사람들에게는 상상조차 할 수 없는 일이었습니다. 그는 이스라엘 국회에서 이렇게 말합니다.

> 나는 새로운 삶과 평화를 위해 이 땅(이스라엘)에 섰습니다. 내가 이곳을 방문한다고 선언하자 많은 사람이 동요와 혼란, 놀라움을 표시했습니다. 나는 그분들을 이해합니다. … 우리는 과거 30년간 네 차례의 처참한 전쟁으로 인한 피해와 아픔을 여전히 겪고 있습니다. 전쟁 중에 목숨을 잃은 사람들은 이스라엘인이건 아랍인이건 모두 소중한 생명이었습니다. 전쟁 중에 과부가 된 여인도 모두 행복할 권리가 있는 인간이었습니다. … 나는 많은 사람들이 가장 어렵다고 여기는 길을 택했습니다. 나는 여러분 앞에서 열린 가슴과 마음으로 서기로 했습니다. 내 선택이 국제 사회의 평화를 위한 모든 노력의 동력이 되기를 바랍니다. 평화는 여러분이 점령한 땅 위에서 이루어지는 것이 아니라, 정의 위에서 이루어질 수 있습니다. 나는 정의에 기초를 둔 항구적인 평화를 달성하는 투쟁에서 여러분과 더불어 승리하기 위해 이 위험하고도 험난한 길을 택했습니다.[25]

그의 온건한 정책은 아랍권에서 강한 반발을 일으킵니다. 새로운 역사는 쉽게 쓰여지는 것이 아니겠지요. 아랍권의 당초 목표는 이스라엘의 건국을 부정하는 것이었고, 이후 네 차례 전쟁으로 인한 막대한 피해는 증오의 물결을 이루면서 평화 정책을 받아들일 수 없는 분위기를 만들어 냈습니다. 국제 사회는 사다트의 노력을 평가해 그에게 1978년 노벨 평화상을 안겨 주었지만, 아랍권은 그를 '아랍의 배반자Betrayer of Arab'라고 비난합니다.

이집트는 7세기경 이슬람 제국의 침략으로 아랍 문화에 편입되면서 이슬람교를 믿고 아랍어를 쓰는 아랍 문화권의 정체성을 줄곧 유지

안와르 사다트

이집트 대통령 사다트는 4차 중동전쟁을 일으켰던 장본인이나 이스라엘과 평화조약을 체결하고, 이를 지키고자 노력하면서 노벨 평화상까지 받게 된다. 그는 1977년 이스라엘을 방문해 의회에서 연설을 하는 등 파격적인 평화 정책을 추진하지만 아랍 세계로부터 배반자라는 비난을 받으며 결국 비극적인 암살로 생을 마감한다.

2부 석유, 무기가 되다(1970~1979년)

했습니다. 그리고 네 차례 중동전쟁에서는 아랍의 대표로 나서 가장 큰 피해를 입으며 싸웠습니다. 따라서 이집트의 정책 전환을 아랍에서는 받아들일 수 없었습니다. 평화조약 파기를 촉구하는 테러가 이어지는 가운데, 이집트는 1979년 아랍연맹League of Arab States에서 반강제적으로 탈퇴합니다. 사다트 또한 1981년 그를 반대하던 이슬람 원리주의자들의 암살로 생을 마감합니다.

다시 1차 오일쇼크 직후로 돌아와 다른 나라들의 대응을 살펴보겠습니다. 1차 오일쇼크 이후 중동에 석유 지배권을 넘겨준 서구 국가들은 다양한 자구책을 모색합니다. 영국은 북해 유전 개발에 박차를 가합니다. 북해의 대표 유전인 포티스Forties, 브렌트Brent 유전 등은 이미 발견된 상태였지만, 1차 오일쇼크 이후에 본격적으로 개발되어 생산이 개시됩니다. 1975년 북해 유전에서 본격적으로 원유가 생산되면서 영국 정부는 영국국영석유개발회사British National Oil Corporation, 줄여서 BNOC라는 국영 석유 회사를 설립하고 포티스 유전에서 스코틀랜드를 잇는 거대한 포티스 송유관도 건설합니다. 참고로 2018년 초 외신과 석유 관련 기관은 노후화된 포티스 송유관의 원활한 가동 여부를 유가에 영향을 주는 중요 요인으로 제시합니다. 포티스 송유관을 통해 공급되는 북해산 원유는 국제 유가의 3대 벤치마크 중 하나인 브렌트유 가격에 크게 영향을 주기 때문입니다.

미국은 알래스카가 새로운 원유 공급지로 떠오르기를 기대하면서 알래스카 유전 개발과 장거리 송유관 건설에 집중했는데, 이후 알래스카는 미국 원유 생산량의 한 축을 담당하게 됩니다. 또한 1970년대 후반에는 셰일 오일의 개발을 시도합니다. 존재는 알았지만 추출에 어려움을 겪었던 셰일 오일을 지하에서 조각내고 가열하여 끌어올리는 방식의 새로운 실험이 활발하게 이루어집니다. 셰일 오일은 1980~1990년대 저유가가 지속되면서 한동안 생산이 지지부진했지만 2014년 이후 전통 원유를 능가하는 새로운 공급원으로 재등장합니다. 셰일 오일은 4부에서 자세히 살펴보겠습니다.

위와 같은 개별 국가의 노력 외에도 4차 중동전쟁의 이듬해인 1974년, 국제 사회가 석유 수급 위기에 공동으로 대응하고자 국제에너지기구International Energy Agency(이하 IEA)를 창립합니다. 미국이 주도한 IEA는 중동에 대항한 서구 국가들의 공동 기구 성격이 강했습니다. 그러나 서구 선진국 중 IEA 창립을 강하게 비난하며 가입을 거부한 국가가 있었습니다. 바로 자존심 강한 프랑스입니다. 다음 장에서는 프랑스가 IEA 가입을 거부한 이유와 조금은 색다른 그들의 에너지 정책, 그리고 프랑스의 대응이 우리에게 시사하는 의미에 대해서도 같이 생각해 보겠습니다.

15

프랑스, 미국 주도의 질서에
반기를 들다

안녕하시오. 배신자들!
– 미셸 조베르, 전 프랑스 외무 장관

1차 오일쇼크 이후, 국제 사회가 공동으로 석유 수급 위기를 대비할 필요성이 제기됩니다. 4차 중동전쟁의 이듬해인 1974년 미국의 주도로 서방 선진국 16개국이 IEA를 설립하고, 입회 자격으로 90일분 이상의 비축유 확보 의무를 지웁니다. 당시 중동의 페르시아만에서 생산된 원유가 수송되어 정제와 유통 과정을 거쳐 서구의 소비자에게 전달되는데 90일 정도의 시간이 소요되어서 생긴 기준입니다. 한국은 2000년 한국석유공사의 비축 사업을 통해 자격 조건을 충족하면서 2002년 IEA

에 가입합니다. 4차 중동전쟁과 오일쇼크는 한국석유공사의 주요 임무 중 하나인 석유 비축 사업의 계기가 된 셈입니다.

프랑스는 다른 서구 국가들과는 달리 IEA 설립을 비판하며 가입을 거부합니다. IEA를 미국이 중동 정세를 주도하기 위한 발판이자, "전쟁의 도구instrument of war"라며 강하게 비판한 것입니다. 프랑스는 이전에도 미국의 중동 정책에 반기를 들면서, 오일쇼크 직후 유럽공동체의 아랍 지지 성명을 주도했었습니다. 1974년 프랑스 외무 장관이 공식적인 외교 석상인 국제 에너지 회의에서 유럽공동체 회원국들에게 "안녕하시오, 배신자들Bonjour les traitres!"[26]이라고 인사했다는 일화가 전해지기도 합니다. 유럽공동체 회원국들이 프랑스 주도의 아랍 지지 성명에 동참했으면서도, 다시 미국 주도의 IEA 설립에 동조한 데 불만을 표출한 것이었습니다.

미국의 중동 정책에 비판적인 프랑스의 자세는 2003년 미국과 영국 이라크 전쟁까지 이어집니다. 2003년 이라크 전쟁 때도 미국과 영국은 형과 아우처럼 나란히 전쟁을 수행하지만, 프랑스는 전쟁에 반대합니다. 이 때문에 당시 미국에서 감자튀김을 프렌치 프라이French fries 대신에 프리덤 프라이Freedom fries라고 부르자는 주장이 나오기도 했습니다.[27] 윌리엄 엥달 등에 따르면 2003년 이라크전 직전 이라크와 프랑스는 석유 사업 협력 관계를 강화하면서 이라크 석유의 결제 통화를 유로화로 바꿉니다.[28] 이러한 시도는 반미 성향이 강한 이란 등으로 파급되어 기축 통화로서 달러의 지위를 흔들 위험이 있었고, 이것이 미국이 이라크를 공격한 하나의 원인이었다는 주장도 있습니다.

한편 프랑스가 IEA 가입을 거부한 주된 이유는 세븐 시스터즈가 주도하는 석유 질서에서 배제되었다는 불만이었습니다. 중동에서 배타적인 사업권을 영유한 영국과 미국에 밀려 석유에 대한 지배권을 확보하지 못한 프랑스는 IEA 가입 거부와 더불어 영미에 끌려가지 않을 독립적인 에너지 정책을 구상합니다.

우선 프랑스는 오일쇼크 이후, 석유에 지나치게 의존하지 않기 위해 원자력 발전에 집중합니다. 그 결과 2018년 기준으로 프랑스는 전력의 75퍼센트를 원자력으로 조달하는 세계 2위의 원자력 대국이 됩니다.[29] 한국, 중국, 일본보다도 더 큰 규모의 원자력 발전을 유지하는 것인데, 프랑스가 원자력 대국이 된 것에는 이러한 국제정치적 배경이 있었던 것입니다. 대니얼 예긴은 프랑스의 원자력이 "상실한 주권의 회복"을 위한 것이라고까지 표현합니다.[30] 프랑스는 수에즈 위기 당시 미국이 석유 공급 중단을 무기로 사용하며 프랑스에게 수에즈 철수를 종용하자 백기를 들어야 했습니다. 프랑스의 원자력 확대는 수에즈 위기 때의 굴욕을 다시 겪지 않겠다는 의지의 산물인 것입니다.

일반적으로 한 국가의 주권에 영향을 주는 요소로 국방, 식량, 에너지를 들 수 있습니다. 한 국가가 이 세 가지를 스스로 해결하지 못하면 외국에 일방적으로 의존하게 되어 자주권 확보가 어렵습니다. 그래

프랑스의 대표적인 원전인 카테놈 원자력 발전소

프랑스는 수에즈 위기와 오일쇼크를 겪으며 석유 의존도를 낮추어야 할 필
요를 강하게 느꼈고 그 결과 원자력 발전이 확대되었다. 미국의 중동 정책
을 프랑스가 적극적으로 비판할 수 있었던 원동력 중 하나는 이런 에너지
자립을 위한 노력이었다.

서 국방, 식량, 에너지 영역에서의 역량 확보는 경제적 가치 외에 비경제
적 가치도 함께 고려하며 접근해야 합니다. 단순히 경제적 가치만 따지
지 않기 때문에 대다수 청년들이 각자의 상황에 관계없이 국방의 의무
를 지고, 중국산 혹은 미국산 농산물이 아무리 싸도 자국의 농업을 지키
려 합니다. 에너지도 마찬가지입니다. 지나친 해외 의존은 주권을 위협
할 수 있기에 에너지가 가진 경제적 가치 외에 비경제적 가치, 즉 에너지

그 이상의 가치에도 주목해야 합니다.

한편, IEA는 OPEC의 대응 기구 성격이 강했지만 오일쇼크 이후 더욱 강력해진 OPEC의 힘을 약화시키기에는 역부족이었습니다. OPEC은 오일쇼크가 일어난 직후부터 공급 과잉으로 수급 사정이 바뀌는 1980년대 초반까지 전성기를 누립니다. 산유국의 위상이 올라가면서 영미계 메이저 석유 회사는 과거와 같이 석유 사업을 주도하기 힘들어졌습니다. 이때부터 서서히 석유 사업의 주도권은 산유국 정부 또는 산유국의 국영 석유 회사로 옮겨 가게 됩니다.

이를 잘 보여 주는 것이 산유국과 석유 회사 간의 계약 형태 변화입니다. 석유 사업은 외국의 석유 회사가 산유국 영토 내에서 사업을 하는 경우가 많습니다. 따라서 생산된 원유를 산유국과 외국 석유 회사가 어떻게 나눌 것인지가 매우 중요한 이슈입니다. 오일쇼크 이전인 1960년대까지만 해도 석유가 산유국의 영토에 있다고 해도 법적인 소유 주체는 메이저 석유 회사였습니다. 산유국은 석유가 자국 영토에서 생산되는 것임에도 외국 석유 회사가 석유를 판매한 수익의 절반 정도만 로열티와 세금의 형태로 가져갔습니다. 이러한 계약 형태를 '조광 계약Concession'이라고 합니다.

1차 오일쇼크 이후, 세계 도처에서 '생산물 분배 계약Production Sharing Contract'이라는 형태로 석유 계약이 바뀌어 갑니다. 생산물 분배 계약은 1969년 인도네시아와 미국 칼텍스사 사이에서 처음 시작되었는데, 이 계약 형태에서는 외국의 석유 회사가 석유를 발견했다 하더라도 매장량과 생산량 등 석유의 소유 주체는 산유국 정부입니다. 산유국 정부가 석유에 대한 통제권을 가지면서 석유 회사와 수익을 분배하는 것입니다. 즉, 과거에는 석유 회사들이 자신이 발견한 석유의 '소유자Concessionaire'로서의 권리를 가졌다면, 이제는 발견된 석유에 대해 수익을 분배받는 '계약자Contractor'의 지위로 격하됩니다.[31]

자연스럽게 생산물 분배 계약은 산유국의 몫을 크게 증대하는 효과를 냈습니다. 생산물 분배 계약하에서는 산유국 정부가 대체로 70~90퍼센트 이상의 수익을 가져갈 수 있어 과거 조광 계약하에서 반분하는 형태와는 크게 상황이 바뀐 것입니다. 이렇게 산유국 정부가 이익의 주체로 부상하면서 산유국 정부들은 앞다투어 국영 석유 회사를 설립하고, 자국에서 발생하는 석유 이익을 환수하기 위해 노력합니다. 결국 지금은 산유국 국영 석유 회사의 매출 규모나 영향력이 서구의 세븐 시스터즈를 압도하고 있습니다. 2007년 3월 《파이낸셜 타임스》는 과거 앵글로-색슨 계열의 세븐 시스터즈를 대체하는 새로운 7개의 석유가스 회사를 '뉴 세븐 시스터즈New Seven Sisters'라고 명명합니다.[32]

1. 사우디 아람코Saudi Aramco(사우디 국영 석유 회사)

2. CNPCChina National Petroleum Corporation(중국 국영 석유 회사)

3. NIOCNational Iranian Oil Company(이란 국영 석유 회사)

4. 가즈프롬Gazprom(러시아 국영 천연가스 회사)

5. 페트로브라스Petrobras(브라질 국영 석유·가스 회사)

6. PDVSAPetroleos de Venezuela(베네수엘라 국영 석유·가스 회사)

7. 페트로나스Petronas(말레이시아 국영 석유 회사)

명단에서 알 수 있듯이 모두 산유국의 국영 회사이거나 산유국 정부가 대주주인 회사입니다. 이제 중동 산유국은 석유 사업의 주체로서 이익의 상당 부분을 점유하고 오일머니 시대를 엽니다. 넘치는 오일머니는 세계 경제와 산업, 특히 한국의 산업 구조에도 큰 영향을 미쳤습니다. 한국 업체들이 대거 중동으로 진출하는 '중동 붐'이 바로 이때 일어납니다. 그러나 다른 한편으로 오일머니는 산유국 간 갈등의 요소로 작용하기도 했습니다.

16

서울에 왜
테헤란로가 있을까?

그리고 멀리 계신 해외 근로자 여러분.
- 김동건 아나운서, 〈KBS 가요무대〉 오프닝 멘트

1차 오일쇼크 이후, 유럽과 미국은 석유 비축, 새로운 유전 개발, 원자력 발전 등으로 중동 산유국에 대한 의존도를 낮추려고 합니다. 이는 수급 위기를 관리하는 것이기도 했지만 중동 산유국이 석유를 다시 정치적 레버리지로 활용하는 것을 막기 위함이기도 했습니다. 하지만 석유 시장의 주도권이 산유국으로 이동하는 것을 막을 수는 없었습니다. 석유 수요 증가에 따른 잉여 생산량의 소멸, 그리고 1970년대 이후에도 지속된 수요 증가 추세는 산유국의 협상력과 지위를 크게 올려 놓았습니다. 산

2부 석유, 무기가 되다(1970~1979년)

유국이 감산이나 수출 중단을 실행할 경우, 세계 경제가 큰 위기에 빠질 환경이 조성되었고 1차 오일쇼크는 이를 분명하게 증명했습니다. 이러한 변화 속에서 아랍 산유국들은 이스라엘 문제를 비롯한 외교 현안에서 석유를 지렛대로 사용합니다.

국영 석유 회사의 설립과 계약 방식의 변경 등을 통해 중동 산유국은 수익의 주체로 등장하고 수익도 크게 증가합니다. 구체적으로 이들 국가의 수입은 1973년 230억 달러에 불과했지만, 1977년 1400억 달러에 이릅니다.[33] 중동 산유국의 급속한 수익 증가는 한국의 산업 구조에도 영향을 미칩니다. 이 시기에 이들 국가는 넘쳐나는 오일머니로 국가 인프라 시설을 재정비하는데, 이에 따라 도로, 하수, 항만, 주택 건설 수요가 크게 증가합니다. 바로 이때 한국 건설업체들이 중동으로 대거 진출해서 대형 토목 공사를 수행합니다. 대표적 사례로 1976년 한국 건설사가 수주한 사우디 주베일항 건설 공사는 당시 단일 업체가 맡은 공사로는 최대 규모였습니다. 주베일항은 사우디 유전 지대에 위치한 원유 수출항인데, 이 항만 공사를 통해 한국은 약 9억 달러의 외화를 유치했습니다. 이 공사를 성공리에 마치면서 한국 건설사는 더 많은 인프라 건설에 참여하게 되는데, 1980년대 수천 킬로미터에 달하는 리비아 대수로 공사가 대표적입니다. 당시 '열사熱砂의 나라에서 고생하는 근로자'라는 말이 상투어처럼 사용될 정도로 많은 건설 노동자들이 사막 한복판에서 모래 바람을 맞으며 무에서 유를 창조합니다. 또한 세계적으로 증가하는 원유 수출과 수입은 유조선 수요를 크게 증가시키며 한국 조선업 발전의 촉매가 되기도 했습니다.

한국은 중동 국가와의 외교 관계 개선에 힘씁니다. 중동이 석유 공급원인 동시에 중동 특수를 통한 외화의 주요 공급원이었기 때문입니다. 당시 친선 관계 확립을 위한 한국의 몇 가지 외교적 행위들이 나타납니다. 1977년 서울시는 이란의 테헤란 시장을 초청해서 자매결연을 맺습니다. 이때 테헤란 시장이 참석한 가운데, 지금의 역삼, 선릉, 삼성역 등이 위치한 도로를 '테헤란로'로 명명합니다.

1978년에는 친아랍 성명 이후 관계가 소원해진 이스라엘이 주한 이스라엘 대사관을 폐쇄하고 철수합니다. 겉으로는 자진 철수였지만 이스라엘과 거리를 둔 한국 정부의 영향이 없었다고 할 수 없습니다. 1979년에는 정부가 사우디 내무성 장관인 나이프Naif bin Abdul aziz Al Saud를 국빈 초청합니다. KBS 자료에 따르면 5박 6일간 초청 경비로 사용한 예산이 4000만 원에 달했습니다.[34] 당시 물가 기준으로 엄청난 액수입니다. 굉장한 환대를 받은 나이프는 안정적인 석유 공급과 사우디에서 일하는 한국 근로자의 복지를 약속합니다. 극진한 대접에 나이프는 한국을 떠날 때 눈물을 보일 정도였다고 합니다.[35]

이렇게 한국 조선업, 건설업의 발전은 중동 석유와 긴밀한 관계가 있습니다. 이 때문에 2014년 하반기 이후 나타난 저유가 기조는 한국의 산업 구조의 특성상 국가 경제에 부정적 영향을 줄 수 있다는 시각도 있습니다. 한국 경제가 상당 부분 오일머니에 의존하고 있고, 중동 붐이 1970년대 한국의 경제 성장에 기여한 것은 분명합니다. 그러나 한국의 막대한 원유 수입량을 감안한다면 고유가로 인한 혜택보다 그로 인한 부담이 더 클 것입니다.

지금까지 고유가 시기는 경기 순환 주기에서 활황기인 경우가 많았습니다. 즉, 유가와 국제 경기가 함께 상승해서 고유가의 영향이 상쇄되

🏃 **서울의 테헤란로(왼쪽)와 테헤란의 서울로(오른쪽)**

1973년 1차 오일쇼크 이후, 석유 판매 수익이 급증하면서 산유국은 넘쳐나는 오일머니를 각종 인프라 건설에 지출한다. 이때 한국 업체들이 중동으로 대거 진출하면서 중동 산유국은 주요 외화 수입원이 된다. 이에 따라 한국은 산유국과 우호적 외교 관계 확립을 위해 노력하는데, 1977년 서울시와 테헤란의 자매결연 및 테헤란로 명명은 그런 외교적 노력의 하나다.

는 면이 있었습니다. 그래서 고유가의 충격이 크게 느껴지지 않는 착시 효과가 있었습니다. 그러나 고유가와 경기 불황이 함께 발생하면 원유 수입국이 느끼는 충격은 상당할 것입니다. 따라서 한국과 같은 석유 수입국의 입장에서는 수급의 위협 못지않게 경기 하강기의 유가 강세에서 오는 충격을 어떻게 관리할 것인지도 굉장히 중요합니다.

한편, 중동 국가들은 오일머니의 상당 부분을 무기 구매에 소비합니다. 사우디와 이란의 갈등, 8년간 지속된 이란-이라크 전쟁, 평화 조약이 체결되긴 했으나 여전히 진행 중인 이스라엘과 아랍의 갈등, 종파와 부족 간 분쟁 등 중동의 불안정한 정세는 이 지역에서 무기 수요를 꾸준히 발생시킵니다. 결과적으로 미국의 방산업체는 한국의 건설, 조선업체보다도 더 많은 오일머니를 흡수합니다. 2013~2017년 5년 누적 기준 미국 무기 구매 수입국 순위에서 사우디와 UAE가 각각 1, 2위에 올라와 있어 미국 방산업체의 VIP 고객 지위를 유지하는 중입니다.[36] 특히 사우디는 미국 전체 무기 수출액의 20퍼센트에 이르는 막대한 규모의 오일머니를 무기 수입에 지출하고 있습니다.

오일머니의 풍요로 산유국 간에 유가를 둘러싼 이견과 갈등이 커지기도 합니다. 오일쇼크 이후 중동 산유국들은 과거 메이저 석유 회사가 가지고 있던 원유 공시 가격 결정권을 가져왔습니다. 이후 원유 수출국 1, 2위인 사우디와 이란은 원유 가격 정책에서 큰 의견 차이를 보입니다. 사우디와 이란은 종파적으로도 각각 수니파와 시아파를 대표하는 국가로 서로를 견제하는 관계였는데, 유가 정책에서도 서로 극명하게 다른 선택을 합니다.

사우디는 시장에 충분한 물량을 공급하며 유가를 낮게 유지하고자 했습니다. 그러나 이란과 리비아 등 다른 산유국들은 공급량을 조절하여 높은 유가로 이익을 극대화하려 했습니다. 사우디는 물량 중심, 이란은 가격 중심의 정책으로 생각이 정반대였던 것입니다. 하지만 당시 석유 시장의 주도권은 사우디가 쥐고 있었습니다. 사우디는 미국이 세운 세계 최대의 석유 회사 아람코를 인수하여 석유 시장의 '물량 조정자 Swing Producer' 역할을 합니다.

물량 조정자란 막대한 석유 매장량과 생산 능력을 바탕으로 석유 생산량을 조절해 유가의 급등락을 방어하고, 원유 시장을 안정시킬 수 있는 산유국을 의미합니다. 1차 오일쇼크를 주도한 사우디는 명실상부한 물량 조정자로서 시장의 지배자 역할을 맡았는데, 그 중심에는 '석유 황제'라 불리는 야마니가 있었습니다.

야마니가 이끈 물량 중심의 유가 안정 정책은 다른 산유국들의 반발을 부릅니다. 서구 자본가의 앞잡이이자 아랍 세계의 반역자라는 비난도 받습니다. 그러나 야마니는 소신을 굽히지 않았습니다. 사우디 왕실 또한 그를 반역자로 여기지 않았습니다. 야마니의 전기를 쓴 제프리 로빈슨Jeffrey Robinson에 따르면 야마니는 '세계 경제의 안정'을 자주 언급했다고 합니다. 고유가로 인해 세계 경제가 침체될 경우 석유 소비가 감소하므로, 꾸준한 석유 소비 증대를 위해 저유가 기조를 유지해야 한다는 것이었습니다.[37] 사우디 황태자 파드Fahd bin Abdulaziz Al Saud 도 야마니의 정책을 적극적으로 후원합니다. 파드는 유가 상승 억제가 야마니 개인의 입장이 아니라 사우디의 국가 정책임을 분명히 했습니다.

야마니의 정책은 다른 산유국들의 분노를 삽니다. 야마니는 1975년 테러 집단에게 납치되어 피살당할 위험에 처하기도 합니다. 이 사건의 배후에는 야마니의 입장에 반대하는 리비아, 베네수엘라 등이 있다는 주장이 있는데, 피살 시도는 실패했지만 당시 산유국 간의 갈등이 얼마나 심했는지 보여 준 사건이었습니다. 앞으로 살펴보겠지만 결과적으로는 야마니가 옳았습니다. 이를 입증하는 사건이 이란에서 발생합니다.

17

야마니가 목숨을 걸고
고유가 정책에 반대한 이유

> **석기 시대는 돌이 부족해져서 끝난 것이 아니다.**
> **석유 시대는 석유가 고갈되기 전에 끝날 것이다.**
> – 자키 야마니, 전 사우디 석유 장관

앞서 유가 정책을 둘러싼 산유국 사이의 이견과 갈등 그리고 그 중심에

있었던 사우디 석유 장관 야마니의 정책에 대해 알아보았습니다. 야마

니는 석유의 꾸준한 수요 증대를 위해 유가를 낮게 안정적으로 유지해

야 한다고 주장했습니다. 고유가가 지속될 경우 세계 경제는 침체를 넘

어 장기적인 불황에 빠질 수 있고, 이는 결국 석유 소비 감소로 이어진다

는 것이 그의 논리였습니다. 이란 등 다른 산유국의 강한 반발에도 불구

하고 야마니가 저유가 정책을 추진한 이유는 몇 가지 더 있습니다. 야마니는 훗날 석유에 대한 자신의 생각을 대변하는 유명한 말을 남기는 데, 지금까지도 논쟁이 되는 말입니다.

석기 시대는 돌이 부족해져서 끝난 것이 아니다. 석유 시대는 석유가 고갈되기 전에 끝날 것이다.[38]

2003년 10월 《이코노미스트》는 〈석유 시대의 종말The End of Oil Age〉이라는 기사에서 야마니가 위와 같이 말한 이유를 이야기합니다. 이 기사에 따르면 야마니는 1973년 1차 오일쇼크 이후 에너지 시장에 근본적인 변화가 일어나고 있다고 믿었습니다. 그는 기술 진보가 에너지 공급원을 다양화할 것이며 이것이 궁극적으로 석유 수요를 줄일 것이라고 예측했습니다.[39]

그러나 미래를 예측하는 것은 대단히 어려운 일입니다. 엔트로피 이론, 소유의 종말, 제3차 산업혁명과 같은 말을 정착시킨 제러미 리프킨 Jeremy Rifkin이라는 세계적인 학자가 있습니다. 그는 2002년에 쓴 《수소 혁명The Hydrogen Economy》에서 당시 최신 연구 결과들을 인용하며 석유 생산은 2010년에서 2020년 사이 절정(오일피크)을 이루고, 그 이후부터 감소할 것이라 예측합니다.[40] 그러나 2014년에서 2016년 사이에 유가는 전례 없는 폭락을 겪게 됩니다. 이후에도 수년간 저유가 기조가 유지됩니다. 리프킨의 예측이 크게 빗나간 것입니다. 뒤에서 살펴보 겠지만 비슷한 시기에 미국 정부에서 발행된 보고서도 리프킨이 소개한 연구 결과와 비슷한 예측을 합니다. 이렇게 예측이 빗나간 사례는 석유 사에 수없이 많습니다.

인류의 석유 예측은 계속해서 틀려 왔습니다. 그런데도 우리는 당 대의 최신 연구에 기대어 감히 석유 수급과 석유 시대의 끝을 예측하려 합니다. 그러나 인류가 갑자기 똑똑해지지 않는 이상 우리 시대의 예측 도 틀릴 가능성이 매우 높습니다. 이는 전 지구의 '땅속'에 있는 석유 매 장량은 물론이고, 그것의 경제성을 결정하는 '땅위'의 정치적·경제적· 기술적 요소를 모두 알아야 하는 복잡한 문제이기 때문입니다.

그런데도 야마니는 석유 시대가 석기 시대처럼 끝날 수 있다며 미래 의 대체 에너지원과 가격 경쟁을 합니다. 이는 당시에 성급한 판단으로 보였을 것입니다. 그래서 사우디의 저유가 정책에는 미국과 사우디 간 의 결탁과 배후 거래가 있었을 것이라는 추측이 있습니다. 1970년대 초 반 석유의 결제 통화를 달러로 통일하며 달러의 기축 통화 지위를 지켜 준 사우디의 결정, 그리고 미국 회사였던 아람코를 별도의 시가 평가 없 이 장부가로 사우디에 매각한 후에 국유화를 허용한 미국의 결정은 양 국이 긴밀한 협력 관계에 있으리라는 짐작을 하게 합니다. 그리고 이러 한 협력 관계가 사우디의 저유가 기조에도 영향을 주었다는 의혹이 있 습니다. 야마니가 '서구 자본가의 앞잡이'라는 비난도 이러한 의혹 때문에 생긴 것입니다.

그러나 야마니의 생각에도 일리가 있기 때문에 의혹을 사실로 단정할 수는 없습니다. 야마니는 고유가 기조가 대체 에너지 개발을 촉진할 것이라고 주장합니다.[41] 1970년대 석유의 잠재적 경쟁자로는 원자력과 LNG, 당시 개발이 시도되던 셰일 오일 그리고 비중동 국가의 석유 등을 들 수 있는데, 고유가는 이러한 경쟁 자원 개발에 힘을 실어 줄 수 있었습니다. 고유가가 지속되면 원자력 에너지, 비중동산 석유 등이 중동 석유의 자리를 잠식할 것이라는 우려에도 타당성이 있는 것입니다.

실제로 1980년대 중반 이후 장기간 유가가 낮은 상태로 안정되자 셰일 오일의 개발이 오랫동안 중단됩니다. 셰일 오일은 오랜 공백기 끝에 2010년 이후에야 본격적으로 등장하는데, 이는 야마니의 저유가 정

아흐메드 자크 야마니

OPEC의 초대 사무총장이자 1962년부터 1986년까지 사우디 석유 장관을 역임한 야마니는 시장에 충분한 물량을 공급해 유가를 낮게 유지하는 정책을 고수했다. 이는 고유가가 지속될 경우 원자력, 셰일 오일 등 중동 석유를 대체할 자원의 개발이 촉진될 수 있다는 판단에서 나온 것이었다.

책이 한몫을 했다고도 볼 수 있습니다.

1975년 미국 포드 행정부는 약 200기에 달하는 원자력 발전소 건설 계획을 발표합니다. 이후 미국은 세계 1위의 원자력 발전 대국이 됩니다. 저유가 기조에도 불구하고 가장 큰 시장인 미국이 적극적인 석유 수요 감축 정책을 펴는 상황이라면, 고유가는 원자력의 확산을 더욱 촉진할 위험이 있었습니다.

사우디의 저유가 정책에는 한 가지 이유가 더 있었습니다. 이는 2차 오일쇼크를 이해하는 중요한 열쇠이기도 합니다. 사우디는 고유가로 인한 석유 수익의 급증이 사회 분열과 혼란을 야기한다고 판단했습니다. 실제로 고유가를 주장하던 이란에서 이러한 현상이 심하게 나타났습니다. 당시 이란은 늘어난 석유 수익이 국민에게 고루 분배되지 않았습니다. 오히려 오일머니가 일부 계층에 집중되면서 낭비와 타락을 조장하고 빈부 격차를 심화합니다. 자원의 풍요가 오히려 제조업 등 다른 산업의 발달을 저해하는 이른바 '자원의 저주Resource Curse' 현상이 나타나기도 했습니다. 한마디로 오일머니의 홍수는 혼돈과 부패, 인플레이션 속에서 이란 경제와 사회를 파괴하고 있었습니다. 그리고 이는 팔레비 왕가에 대한 반체제 여론을 확산시킵니다. 이란 혁명은 이런 상황에서 터져 나왔고, 그것이 2차 오일쇼크의 출발점이 됩니다.

당시의 고유가 정책이 직접적으로 이란 사회에 문제를 일으켰는지는 불확실합니다. 물론 석유 수익이 사회 갈등을 유발했다는 것은 의심의 여지가 없고, 이는 산유국의 일반적인 사회 문제인 것은 분명합니다. 하지만 그 갈등의 원인은 고유가 자체가 아니라, 석유로 인한 부의 편중에서 찾는 것이 더 타당할 것입니다. 그런 면에서 저유가 정책이 사회 문제의 해결책이 되었을지는 불확실합니다. 게다가 당시 이란 사회의 분열과 갈등은 팔레비 왕가가 이슬람의 정체성을 무시하고 강압적으로 서구화 정책을 추진한 탓도 있습니다. 그러나 이란의 극심한 사회 갈등과 경제 혼란은 저유가 정책을 최후의 해법으로 선택하게 합니다.

1977년 11월 이란 국왕 팔레비는 미국을 방문하여 미국 대통령 카터와 회담을 가집니다. 그리고 이 회담 후에 1973년 이후 줄곧 유지해온 유가에 대한 입장을 바꾸게 됩니다. 카터는 "유가 상승이 산업 경제에 미치는 악영향"을 강조했는데, 팔레비가 처음으로 그 의견에 동조하며 유가 완화를 약속한 것입니다.

1973년 1차 오일쇼크 이후, 고유가로 인한 석유 수익의 급증은 이란 경제가 감당할 수 없을 정도로 통화량을 팽창시켰습니다. 그러나 상품 생산 및 공급 능력이 이를 따라가지 못하면서 물가가 폭등했습니다. 그래서 팔레비가 유가 완화에 동의한 것은 일단 통화량을 축소하여 인플레이션을 억제하고자 했기 때문이라고도 볼 수 있습니다. 당시 이란의 심각한 사회 문제는 지나친 물가 상승과 이로 인한 국민의 불만이었기 때문입니다.

팔레비는 유가 완화에 동의하는 대신 자국 인권 문제에 대한 불간

섭과 무기 지원을 요구했습니다. 회담장 분위기는 좋았고 이란이 유가에 대한 태도를 바꾸자 양국은 더 많은 것을 협의할 수 있었습니다. 카터는 불과 한 달여 만에 다시 이란을 방문하여 이란 국왕 내외와 함께 1978년 새해를 맞이합니다. 이때 카터는 신년 만찬에서 이란 국왕의 지도력 덕분에 이란이 "불안한 중동에서 안정의 섬"이 되었다는 찬사를 보냅니다.[42]

이란은 미국에게 매우 중요한 국가였습니다. 팔레비는 친미 노선을 취하며 소련의 중동 진출을 막아 주었고, 이제는 유가 정책까지도 미국이 선호하는 방향으로 선회하려는 상황이었습니다. 그래서 카터는 불과 한 달여 만에 두 차례 정상회담을 가지며 팔레비를 찬양하고 지지한 것입니다. 하지만 이미 때는 늦었습니다. 카터의 말과는 정반대로 1978년 한 해 동안 이란 사회는 격변과 유혈 사태로 얼룩집니다.

18

이란, 친미에서 반미로
돌아서다

> **생각할 수 없는 것에 대한 생각**
> – 1978년 11월 9일 미 대사관의 보고서 제목

1부에서 1950년대 이란을 다루면서 이란이 우리나라와 다른 듯하면서
도 닮았다고 했습니다. 이 시기에 한국과 이란은 각각 극동과 중동에서
지정학적으로 중요한 국가였고, 그래서 공통적으로 영국과 미국이 개입
한 역사가 있습니다. 그런데 1950년대뿐만 아니라, 1960년대 이후에도
이란은 한국과 닮은 역사를 이어갑니다. 두 나라 모두 정권의 장기 집권
하에서 근대화를 추진합니다. 다만 다른 점은 이란의 독재와 근대화에
대한 반발은 전 세계에 엄청난 충격을 준 2차 오일쇼크로 이어졌다는

2부 석유, 무기가 되다(1970~1979년)

것입니다.

한국전쟁 직후인 1953년 8월, 이란 국왕 팔레비는 미 CIA의 지원을 받아 모사데크를 축출하고 정권을 잡습니다. 이후 팔레비는 친미 노선을 유지하며 26년간 장기 집권합니다. 1963년 이후에는 서구식 근대화와 산업화를 추진합니다. 팔레비는 이란을 독일 같은 산업화된 국가로 만들 것이라고 천명합니다.[43] 언론, 출판, 집회의 자유를 확대하고, 여성에게 참정권을 주고, 여성의 히잡 의무 착용도 폐지하는 등 파격적 정책을 이어 갑니다. 이러한 일련의 근대화 정책을 '백색 혁명White Revolution'이라고 합니다. 서구화 정책하에서 이란 테헤란 거리는 미국이나 유럽의 도시와 비슷했습니다.

⚓ **1971년에 촬영한 테헤란 대학가의 풍경**

1970년대의 테헤란은 '중동의 파리'라고 불릴 정도로 여느 서구 도시의 모습과 비슷했다. 대부분의 여성이 히잡을 쓰는 오늘날과는 완전히 다른 모습이었다.

이란은 이슬람 전통이 강한 국가였기 때문에 서구화 정책을 추진하는 것에 반발심을 갖는 사람도 많았습니다. 특히 정책 추진 과정에서 이슬람 종교 조직의 토지와 재산이 상당 부분 국유화되는데, 이로 인해 성직자 계층의 불만이 커집니다. 팔레비는 장기 집권을 유지하기 위해 비밀경찰 사바크를 통해 자신의 반대파를 철저히 감시, 고문, 처형해서 국민의 불만이 더욱 증폭됩니다.

당시 이란은 석유 수출로 엄청난 부를 얻었습니다. 하지만 부가 국민에게 골고루 돌아가지 못합니다. 부가 편중되면서 양극화가 심화되고 농촌이 몰락하며 전통 상업 조직인 '바자르Bazaar'가 붕괴합니다. 물가가 오르면서 도시 빈민이 늘어나고 농촌은 슬럼화됩니다. 일부 부유층의 부패가 심화하면서 계층 간의 골이 깊어집니다.

팔레비 왕정하에서 석유로 인한 부가 오히려 사회를 병들게 하고 독재를 강화하자 이란 국민들은 다른 곳에서 희망을 찾습니다. 바로 이슬람 원리주의입니다. 이런 상황에서 팔레비 왕가에 반기를 든 혁명가이자 이란 시아파 지도자 아야톨라 호메이니Ayatollah Ruhollah Khomeini가 영향력을 확대합니다. 시아파 최고 지도자란 뜻의 '아야톨라'란 호칭을 얻은 호메이니는 서구화 정책을 추진하는 팔레비를 비판하며 반체제 활동을 하다가 1964년 해외로 망명합니다. 그는 망명 중에 자신의 신학 이론을 체계화하고 이슬람 성직자가 최고 권력을 잡아야 한다는 '신정 정치'를 주장합니다. 팔레비를 향한 불만이 깊어지는 만큼 호메이니의 영향력은 점점 커져 갔습니다. 그 와중인 1977년 말, 호메이니의 아들이 피살되는 사건이 발생합니다.

이 암살에 팔레비가 관여했다는 소식이 알려지면서 혁명의 뇌관이 터집니다. 호메이니의 고향에서 봉기가 일어나고 1978년 한 해 동안 전국적인 시위로 번집니다.[44] 군대의 무력 진압으로 곳곳에서 순교자가 발생합니다. 특히 1978년 9월 8일 이른바 검은 금요일Black Friday에는 수백에서 수천 명이 사망(이란 정부 발표 88명, 서구 언론 보도 2000~3000명[45])하는 유혈 사태가 일어납니다. 이란 국민의 분노가 극에 달한 이 시점부터 국왕의 하야를 요구하는 시위가 전국을 휩쓰는데, 석유업계 종사자들도 이 시위에 동참합니다. 1978년 12월 25일 석유업계 파업으로 이란의 석유 수출이 전면 중단됩니다. 이로써 이후 약 2년여간 지속된 2차 오일쇼크의 서막이 오릅니다.

이란 전역의 시위는 군대가 진압할 수 없을 정도로 거세집니다. 결국 1979년 1월 팔레비가 이란을 탈출하면서 이란의 마지막 왕조가 막을 내립니다. 1979년 2월 1일, 팔레비가 탈출한 테헤란에 호메이니가 수많은 군중의 환영을 받으며 귀환합니다. 그리고 그를 중심으로 정부가 수립됩니다. 이를 '이란 혁명' 또는 '이슬람 혁명'이라 부릅니다. 2차 오일쇼크는 이러한 혁명 과정에서 발생한 것입니다.

정리하면 이란 혁명은 정치적·경제적·사회적 요인이 모두 작용한 결과였습니다. 정치적으로는 팔레비의 장기 집권과 이를 유지하기 위한 비밀경찰 조직의 반인권적인 감시와 처형, 경제적으로는 석유 수익으로 발생한 부의 불균형과 인플레이션의 심화, 사회적으로는 이슬람 전통을 무시한 서구화 정책에 대한 반발 등이 복합적으로 작용했습니다.

미국의 오판도 한몫했습니다. 1978년 9월 미 국방부 정보국Defe nse Intelligence Agency은 친미 성향의 팔레비 왕가가 반대 세력에도 불구하고 향후 10년은 유지될 것이라고 보고합니다. 그러나 그로부터 반년도 되지 않아 이란 혁명이 일어났습니다. 이란 혁명이 발발하기 불과

🔺 1979년 2월 아야톨라 호메이니의 귀국을 환영하는 인파

이란 국왕 팔레비의 반인권적인 정책과 살인적인 인플레이션으로 이란 국민의 분노는 극에 달한다. 이란 국민은 이슬람의 회복과 원리주의에서 희망을 찾게 되는데, 그 중심에는 아야톨라 호메이니가 있었다. 결국 이란은 1979년 혁명을 통해 왕정을 무너트리고 성직자가 최고 지도자가 되는 신정 공화국이 된다. 이후 이란은 친미에서 반미로 돌아선다.

3개월 전이 되어서야 이란 주재 미국 대사관은 그동안 생각하지 못했던 최악의 시나리오를 고려하기 시작합니다. 그리고 '생각할 수 없는 것에 대한 생각Thinking the Unthinkable'이라는 제목의 보고서를 통해 팔레비의 실각 가능성을 보고합니다.[46] 워싱턴은 이 뒤늦은 보고서마저도 심각하게 받아들이지 않았습니다. 1978년 미국 대통령 카터는 팔레비와의 정상회담에서 그의 위대한 영도력으로 이란이 "불안한 중동에서 안정의 섬"이 되었다고 찬양했지만, 이는 철저한 무지의 산물이었습니다.

미국은 이슬람의 역동성도 과소평가했습니다. 이란에서 이슬람 원리주의가 부흥하리라는 것을 전혀 예측하지 못했던 것입니다. 개방과 세속화를 경험한 국민이 엄격한 중세적인 전통으로 회귀하는 것은 현대사에서도 특이한 일입니다. 그런데 이는 이슬람 문화의 전통과 정체성이 그만큼 강력하다는 방증이기도 합니다. 이란인들은 무슬림으로서 강한 정체성을 지녔었고, 이란 혁명의 큰 부분은 팔레비 왕정하에서 '빼앗긴 이슬람 정체성의 반작용'이었습니다. 그러한 반작용은 현재까지 힘을 잃지 않고 이란의 정치와 생활양식을 지배하고 있습니다.

이란 혁명뿐 아니라 미국의 오판은 현대사에서 쉽게 찾아볼 수 있습니다. 미국은 한국전쟁 때 중공군의 참전을 예측하지 못했습니다. 베트남전 때는 환경적·지리적 조건을 무시한 채 압도적 공군력으로 쉽게 승리할 것이라고 낙관합니다. 앞에서 살펴본 4차 중동전쟁 때도 이스라엘과 아랍의 객관적인 전력 차이만을 염두에 둔 나머지, 아랍의 선제공격을 예측하지 못했습니다. 다른 오판들이 그러했듯 이란 혁명에 대한 오판과 무지의 대가도 치명적이었습니다.

일찍이 처칠은 "이란은 한국보다 중요하다"고 했습니다. 그렇게 전략적으로 중요한 지역에서 친미 정권을 잃었습니다. 게다가 혁명 직전 이란의 원유 수출이 중단되면서 미국 경제에 심각한 충격을 준 2차 오일쇼크가 발생합니다. 이후 이란은 중국과의 관계를 확대해 나갑니다. 중국이 성장할수록 이란은 원유 시장을 서구에 의존하지 않아도 됩니다. 중국의 '일대일로一帶一路' 계획에는 중국이 이란을 거쳐 유럽과 통하게 됩니다. 미국과 중국의 대립은 격해지고 이란과 중국의 협력 관계는 강화되는 오늘날의 상황에서 이란에 다시 팔레비 같은 미국에 우호적인 정권이 들어서기는 힘들어 보입니다.

한편, 정권을 잡은 호메이니는 기존의 왕정 세력을 무자비하게 숙청했습니다. 그에게는 1950년대부터 쌓인 적폐를 청산하는 것이 무엇보다 중요한 일이었습니다. 물론 복수의 성격도 있었습니다. 과거 팔레비가 비밀경찰 조직을 통해 반대파를 잔인하게 처형한 것에 대한 '피의 복수'를 하게 되었다고 볼 수도 있습니다. '혁명 위원회'와 '혁명 재판소'는 팔레비 왕정의 고위 관료, 고위 군인, 사바크 요원 등 수백 명을 처형합니다.[47] 그리고 친미 노선을 버리고 미국을 '대악마Great Satan'로 규정하며 철저한 반미 노선으로 돌아섭니다.

19

2차 오일쇼크는
왜 뜻밖의 사건이었나

> 인간은 여러 지적인 수단을 발전시켜 왔지만,
> 감정과 심리의 벽은 여전히 높기만 하다.
> – 워런 버핏

1979년 2월 이란 혁명은 현대사에서 중요한 한 장을 차지하는 2차 오일쇼크를 촉발합니다. 2차 오일쇼크는 1차 오일쇼크와 조금 다른 설명이 필요합니다. 1차 오일쇼크는 중동 산유국의 생산 축소가 그대로 공급 공백으로 이어지면서 세계 시장에 충격을 주었습니다. 그러나 2차 오일쇼크는 조금 달랐습니다. 북해, 남미, 동남아, 아프리카 등 비중동 지역에서 새로운 유전이 개발되어 생산 중이었기에 이란 혁명으로 석유 공급이 감소해도 다른 지역의 증산으로 보충할 수 있었습니다. 그럼에도 유가가 13달러 수준에서 몇 달 만에 40달러로 급등한 것입니다. 더욱이 이란도 석유 수출 중단 3개월만인 1979년 3월, 호메이니 정권이 들어서면서 석유 생산을 일부 재개했습니다. 이러한 공급 상황에도 불구하고 2차 오일쇼크라는 거대한 충격이 발생한 것입니다. 그 이유가 무엇일까요?

우선 불안과 공포를 첫 번째 이유로 들 수 있습니다. 시장은 인간의 심리와 밀접하게 연관되어 움직입니다. 금융 위기 때 일어나는 투매나 예금 인출 사태, 주식 시장에서 패닉으로 나타나는 폭락, 부동산과 상품 시장에서의 광기 어린 폭등과 자산 거품 등은 대부분 경제적 요인보다 불안과 공포와 같은 심리적 특성에서 비롯합니다. 2차 오일쇼크도 불안과 공포라는 심리적 요인이 컸습니다.

그렇다면 왜 우리는 불안과 공포를 느낄까요? 소설가 알랭 드 보통은 《불안》이라는 책에서 불안의 원인으로 사랑, 결핍, 기대(욕망) 등과 더불어 '불확실성'을 꼽습니다. 영화 〈올드보이〉에는 사람이 공포를 느끼는 이유는 인간에게 상상력이 있기 때문이라는 명대사가 나옵니다. 결국 불안과 공포는 알 수 없는 미래의 '불확실성'에 '상상력'이 더해진 결과일 것입니다. 개인의 삶에서도 지나 보면 '그렇게까지 걱정하거나 불안해 할 필요가 없었는데'라고 생각되는 일이 있습니다. 하지만 사건의 한가운데에서는 결말을 모르기 때문에 불안합니다. 이란 혁명이 석유 시장에 미친 영향도 비슷합니다.

이란 혁명은 종교적으로 보면 시아파 원리주의 세력이 주도했습니다. 따라서 이웃한 사우디, 이라크 등의 고질적 문제인 시아파와 수니파의 갈등에 어떤 영향을 줄지 불확실했습니다. 이란의 시아파가 혁명에 성공한 것처럼, 이라크에서도 국민의 과반수를 차지하는 시아파가 수니파 정권에 항거할 수도 있었습니다. 정치적으로 보면 이란 혁명은 반미 세력이 친미 정권을 전복한 것이었는데, 이는 친미 노선을 걷고 있던 사우드 왕가와 이에 맞서는 반체제 세력에게 어떠한 영향을 줄지 모르는 상황이었습니다. 요컨대 이란 혁명의 불길이 어디까지 확산될지 알 수 없었기 때문에 시장의 공포는 커질 수밖에 없었습니다. 혁명의 여파가 중동 전반에 미친다면 전 세계 석유 공급이 중단되는 극단적인 상황도 벌어질 수 있었습니다. 혁명의 바람이 찻잔 속의 폭풍이 될지, 대륙을 휩쓰는 광풍이 될지는 누구도 장담할 수 없었습니다.

게다가 이란 혁명 직후, 시장의 공포와 상상력을 자극하는 사건들이 잇따라 발생하며 불확실성을 더했습니다. 먼저 미국 대사관 인질 사건을 들 수 있습니다. 호메이니는 혁명으로 이란을 그가 꿈꾸던 이슬람 국가로 바꿨습니다. 하지만 그가 혁명을 완성하기 위해서 꼭 해야 할 일이 남아 있었습니다. 바로 팔레비를 심판하는 것입니다. 혁명 직전 이란을 탈출한 팔레비는 미국으로 망명합니다. 호메이니는 적폐의 수장인 팔레비가 그의 비호 세력인 미국에 머무는 것을 용납할 수 없었습니다. 이란 혁명의 원인 중 하나는 미국과 팔레비에 대한 증오였습니다. 그는 팔레비와 미국에 대해 이렇게 말합니다.

나의 첫 번째 적은 국왕 팔레비고, 두 번째 적은 악마 미국이다.[48]

팔레비가 미국의 보호하에 건재할 경우, 1953년 미국이 쿠데타를 지원하여 팔레비가 왕정복고에 성공했듯이 다시 한 번 왕정 지지 세력을 규합하여 정권을 회복할 가능성이 있었습니다. 따라서 호메이니는 미국에 팔레비의 신병 인도를 요구하지만 미국은 이를 거부합니다. 그러자 이란 대학생들이 1979년 11월 이란 주재 미국 대사관을 점거하고 대사관 직원 52명을 인질로 잡는 사건이 발생합니다. 미 대사관 인질 사건은 무려 15개월이나 지속되며, 2차 오일쇼크 장기화의 중요한 원인이 됩니다.

설상가상으로 이란 혁명 직후인 1979년 3월, 미국에서 원자력 발전소 사고가 발생합니다. 체르노빌 원전 사고, 후쿠시마 원전 사고와 함께 대표적인 원전 사고로 언급되는 스리마일섬 원전 사고입니다. 이 사고는 냉각수 시스템에 문제가 생겨 노심이 용해되면서 발생했습니다. 다행히 폭발이나 해일에 의한 사고가 아니어서 방사능 유출이 심하지는 않았지만 전 세계가 받은 충격은 매우 컸습니다. 스리마일섬 원전 사고는 원전과 인간의 불완전함을 보여 주며 대체 에너지로서 원자력에 대한 기대치를 대폭 낮춥니다. 이 사고로 당시 미국 대통령이었던 카터는

70여 기의 원전 건설 계획을 중단합니다. 그 결과 석유 수요에 대한 불확실성은 더욱 증가합니다.

1979년 11월 사우디에서도 약 500명의 무장 원리주의자들이 친미 정권 타도를 외치며 메카의 대사원을 점거하는 사건이 발생합니다. 메카 대사원 점거 사건은 사우디 정예 부대가 진압에 실패하고, 프랑스 특수부대인 GIGN까지 동원한 끝에 300여 명의 사망자를 내면서 마무리됩니다.[49] 진압은 되었지만 사우디라는 요충지에서 미국의 입지를 위협하는 사건이었기에 이 또한 석유 시장의 불안을 부채질합니다.

한 달 후인 1979년 12월에는 소련이 아프가니스탄(이하 아프간)을 침공합니다. 당시 아프간에는 무함마드 타라키가 이끄는 친소련 성향의 인민민주당PDPA 정권이 들어서 있었습니다. 그러나 그 입지는 위태로웠습니다. 아프간의 이슬람 원리주의 세력은 종교를 인정하지 않는 사회주의 정권을 적으로 간주하고 '무자헤딘'이라는 무장 집단을 만들어 아프간 정부를 위협했습니다. 그러한 상황에서 이란 혁명이 발발하자 아프간 내 원리주의 세력의 위협은 더욱 커집니다. 친소련 성향의 정권이 위태로워지자 소련은 아프간 정권과의 우호적 협력을 위한다는 명분으로 군대를 파견합니다.

미국은 이를 강력한 도발로 간주합니다. 당시는 이란에서 친미 정권이 몰락하고, 사우디에서 친미 정권 타도를 외치는 무장 세력에 의해 유혈 사태가 발생한 상황이었습니다. 즉, 중동에서 미국의 자신감이 많이 약해져 있었습니다. 따라서 소련의 군사 행동은 미국을 크게 자극합니다. 미국은 소련이 아프간을 발판 삼아 걸프만 지역에서 영향력을 확대할지도 모른다는 불안한 '상상'을 합니다. 소련이 2차 세계대전 이후 동유럽에서 영향력을 확대한 것처럼 말입니다.

🔱 **미국 대사관 인질 사건 당시의 모습**

팔레비의 신병을 인도하라는 호메이니의 요구를 미국이 거부하자 분노한 이란 대학생들이 미국 대사관을 점거하고 직원 50여 명을 인질로 잡는 사건이 발생한다. 이 인질극은 미국의 무력 구출 작전이 실패로 돌아가며 무려 444일간 계속된다. 이 사건의 중심인물인 팔레비는 1979년 미국을 떠난 후, 이듬해 이집트에서 사망한다.

3부

석유, 시장을 열다
(1980~1989년)

20

아프가니스탄에
뿌려진 테러의 씨앗

나는 석유의 역사에서 거대한 단일성을 느낀다.
– 대니얼 예긴

1979년은 현대사에서 가장 많은 사건이 있었던 한 해였다고 해도 과언이 아닙니다. 그해에만 이란 혁명, 미 대사관 인질 사건, 메카 대사원 점거, 스리마일 원전 사고 등이 연이어 발생했습니다. 이러한 사건들은 석유 시장의 공포를 부추기며 1979년 한 해 동안 유가를 지속적으로 상승시킵니다. 특히 그해 12월에 시작된 소련의 아프간 침공은 이후 무려 10년간 지속되며 중동 정세는 물론이고 미소 관계, 소련 붕괴 그리고 석유 시장에까지 영향을 미칩니다. 이는 현대사의 중대한 사건으로 이후 냉전 종식과 테러 확산에도 큰 영향을 미칩니다.

당시 미국은 이란의 친미 정권이 혁명으로 몰락하여 중동에서의 입지가 흔들리는 상황이었습니다. 이란이라는 방파제가 사라진 상황에서 소련이 아프간을 교두보로 삼아 중동에서 영향력을 확대하지 않을까 미국은 우려합니다. 미국 입장에서는 소련의 군사 행동에 단호하고 강력하게 대응해야 했습니다. 1980년 1월 미국 대통령 지미 카터는 중동에서 미국의 국익에 반하는 행위가 있다면 '군사 행위'를 하겠다고 직접 밝힙니다.

오늘날 "군사 행위를 고려하겠다" 또는 "군사 행위도 옵션 중 하나다"라는 두루뭉술한 표현을 종종 국제 뉴스에서 볼 수 있는데, 카터의 선언은 이보다 분명하게 표현된 경고였습니다. 언론 매체나 참모진을 통하지 않고 대통령이 직접 "필요하다면 군사 행위를 하겠다"고 정제된 언어로 선언하면서 이 경고가 단순한 엄포가 아닌 외교 정책의 방향임을 분명히 합니다. 그래서 이를 '카터 독트린'이라고도 합니다.

카터 독트린은 미국이 중동 석유 질서에 얼마나 민감하게 반응하는지 보여 줍니다. 카터 독트린의 핵심은 '소련은 중동 지역으로 세력을 확장하지 말라'[1]는 것이었습니다. 이란 혁명으로 중동에서 친미 정권이 무너지기는 했지만, 그렇다고 그것이 소련이 중동에 진출할 기회는 아님을 명확히 합니다. 또한 핵심 국익인 중동에서의 기득권을 수호하겠다는 의지의 표현이기도 합니다. 자기 영역에 눈독 들이지 말라고 경고하면서, 선을 넘으면 결전을 불사하겠다고 으르렁거린 것입니다. 실제로 미국은 1991년과 2003년 중동에서 전쟁을 벌였고, 2018년 4월에는 러시아의 반발을 무릅쓰고 시리아에 대규모 공습을 감행했으니 카터 독트린도 허언은 아니었을 것입니다.

그러나 카터의 선언은 과잉 대응한 면이 있습니다. 당시 소련의 아프간 개입이 수세적인지 공세적인지 논란이 있었습니다. 즉, 소련이 아프간 사회주의 정권의 '현상 유지' 차원에서 개입한 것인지, 아니면 아프간에서 세력을 공고히 한 후 중동으로의 '영향력 확대'를 꾀할 것인지를 두고 미국 내부에서 논쟁이 있었습니다. 카터의 결론은 후자였습니다. 그는 소련의 아프간 침공이 "세계 석유 공급량의 상당 부분을 통제하기 위한 디딤돌이자 2차 세계대전 이래 '세계 평화'에 대한 가장 심각한 위협"[2]이라고 주장합니다.

결과적으로 카터는 소련을 과대평가했고 아프간을 과소평가했습니다. 소련은 중동에서 세를 확장하기는커녕 아프간의 이슬람 무장 세력 '무자헤딘Mujahidin'의 저항에 고전을 면치 못합니다. 소련은 10년 동안 전쟁을 끝내지 못합니다. 물론 이러한 결과에는 미국도 한몫했습니다. 미국은 스팅어 미사일 등 무기와 자금을 무자헤딘에 지원합니다. 심지어 CIA는 위성 사진을 통해 공격 목표를 설정해 주기도 했습니다.[3] 소련은 미군 수준으로 무장되어 있고 정신적으로는 그보다 더 잘 무장된 군대와 싸워야 했습니다. 아프간에서 소련은 엄청난 인명 피해와 물적

아프가니스탄 무장 세력 무자헤딘의 상징기

아프간에서 무함마드 타라키가 이끄는 인민민주당의 입지가 위태로워지자 소련은 아프간을 침공한다. 이슬람 무장 세력 무자헤딘은 소련의 침공에 저항했고, 미국은 각종 무기와 자금을 이들에게 지원해 주었다. 훗날 이 지원은 미국을 향한 테러의 씨앗이 된다.

손실을 입습니다. 그래서 아프간은 '소련의 베트남'으로 불리기도 합니다. 결국 오랜 소모전은 소련 붕괴의 단초가 됩니다.

미국도 무자헤딘을 지원하는 과정에서 훗날 미국을 향한 테러의 씨앗을 뿌립니다. 아프간 전쟁은 이슬람 원리주의 세력이 정신적으로 그들의 신념을 내면화하고 군사적으로 무기 체계를 발전시키는 계기였습니다. 미국은 소련군과 맞서는 이슬람 원리주의 세력을 지원하는 가운데 탈레반과 오사마 빈 라덴의 알카에다 세력을 키워 주게 됩니다. 결과적으로 미래의 적에게 무기와 자금을 지원한 것이었습니다. 훗날 오사마 빈 라덴이 미국산 타임맥스Timex 시계를 착용하고, 미군 옷을 입고서 미군과의 성전을 독려하는 모습이 TV를 통해 소개되기도 하지요.

소련은 무려 1만 5000여 명의 전사자를 내며 10년 동안 아프간에서 전쟁을 수행하였습니다.[4] 막대한 희생에도 불구하고 전쟁을 수행한데는 그만한 전략적 이유가 있었기 때문입니다. 만약 아프간에서 이슬람 원리주의 세력이 친소련 정부를 전복한다면 이슬람교도가 많은 인근의 투르크메니스탄과 우즈베키스탄도 위험해질 수 있었습니다. 종교를 인정하지 않는 공산주의 이념과 이슬람 원리주의는 결코 공존할 수 없습니다. 아프간이 무너지면 공산주의 이념에 기반을 둔 소비에트 연방 유지에 큰 위협이 되는 상황이었습니다. 더 나아가 아프간이 미국의 영향하에 들어간다면 지리적으로 코앞에 미군의 공격 미사일이 배치되어 소련 안보에 직격탄이 될 수도 있었습니다.

또한 석유 사업 측면에서도 아프간과 주변 카스피해 연안은 인도양과 페르시아만으로 가는 요충지였습니다. 대형 산유국인 소련 입장에서 이 유통로를 확보하는 것이 중요한 과제였고, 아프간은 석유 유통로의 중심에 있었습니다. 여러모로 아프간은 전략적 요충지였습니다.

이러한 지정학적 위치 때문에 아프간은 과거에도 열강의 각축장이었습니다. 19세기에도 영국과 러시아가 아프간에서 맞붙었는데, 이 대결은 '그레이트 게임Great Game'이라는 별칭으로 잘 알려져 있습니다. 당시 전성기를 누리던 영국은 러시아가 아프간을 통해 최대 식민지

인도를 위협할 수 있다고 판단하고 '과잉 대응'에 나섭니다. 당시 영국은 아프간의 수도 카불을 점령하지만 아프간 부족들에 의해 1만 6500여 명의 병력을 잃습니다. 그래서 아프간은 '제국의 무덤Graveyard of Empires'으로 불리게 됩니다.

대니얼 예긴은 석유의 역사에서 과거와 현재의 사건들 사이에 시간적·공간적 차이에도 불구하고 '거대한 단일성Oneness'을 느낀다고 했습니다.[5] 그 말을 증명하기라도 하듯, 아프간의 역사는 19세기와 20세기를 지나 2018년 시리아에서도 반복됩니다. 앞서 말했듯이 소련은 아프간의 공산주의 정부를 지원하고, 미국은 이에 대항하는 이슬람 무장 세력을 지원하였습니다. 세월이 지나 2018년 시리아 내전에서도 러시아는 반미-사회주의 성향의 바샤르 알 아사드Bashar al-Assad 정부를 지원하고, 미국은 이에 대항하는 반정부 세력을 지원합니다. 냉전 시대가 끝났음에도 시리아에서 미국과 러시아의 대리전 양상이 나타난 것입니다.

2018년 4월, 시리아 내전은 미국, 영국, 프랑스군이 시리아 정권의 화학 무기 시설 등을 전격적으로 공습하며 격화됩니다. 공습 이후 마치 제2의 냉전이 도래한 듯 미국과 러시아의 관계가 급격히 얼어붙었습니다. 시리아에 주둔한 러시아군이 피해를 입지는 않았지만, 러시아는 미국 대통령 트럼프를 '현대사의 두 번째 히틀러'라고 표현하며 강하게 비난했습니다.[6] 이 공습은 '이념'에 의한 냉전은 끝났지만 '이권'에 의한 냉전은 끝날 수 없다는 생각이 들게 합니다.

한편, 아프간 전쟁은 1989년 소련의 철군으로 끝납니다. 이후 아프간의 공산주의 정부는 4년을 더 버티지만 결국 무너지고 1996년 반미 성향의 탈레반이 권력을 장악합니다. 결과적으로 소련의 아프간 침공은 치욕적인 철군과 막대한 피해를 남기며 소련 붕괴에 영향을 미칩니다. 미국 입장에서도 탈레반과 알카에다라는 반미 세력이 이 전쟁을 통해 성장하며 훗날 9.11 테러와 아프간 전쟁 그리고 이라크 전쟁의 발단이 됩니다. 미국과 소련의 오판으로 양쪽 모두 큰 대가를 치른 것입니다.

소련의 아프간 침공 직후인 1980년, 이라크의 사담 후세인도 중대한 오판을 합니다. 이란 혁명과 아프간 전쟁이 벌어진 어수선한 상황을 틈 타 전쟁을 결심한 것입니다.

21

고유가가 산유국에
유리하지만은 않다?

수요와 공급의 법칙은 '신에 의한 법칙 Divine Law**'이다.**
- 쟈키 야마니, 전 사우디 석유 장관

1979년 이란 혁명이 촉발한 석유 시장의 불안은 1980년까지 이어집니다. 그리고 아프간 전쟁이 지속되는 상황에서 석유 시장에 큰 충격을 주는 또 다른 전쟁이 발발합니다. 1980년 9월 이라크의 선제공격으로 이란-이라크 전쟁이 시작된 것입니다. 중동의 대표적인 산유국 간의 전쟁인데다 양국이 석유 시설을 공격 목표로 삼으면서 석유 시장은 다시 한번 공포에 휩싸입니다.

　전쟁의 원인은 다양하게 제시되지만, 핵심적인 이유로 두 가지가 꼽합니다. 첫째는 이란 혁명의 확산에 대한 우려입니다.[7] 이라크 후세인 정권은 수니파에 기반합니다. 정권은 수니파지만 이라크 국민의 60퍼센트 이상이 시아파입니다. 소수의 수니파 정권이 다수의 시아파 국민을 통치해야 하는 상황이었던 것입니다. 이러한 상황에서 시아파인 호메이니가 혁명으로 정권을 잡은 것과 그 정권이 강성해지는 것은 이웃나라 이라크의 수니파 지도자 후세인에게 위협적이었습니다.

둘째는 영토 분쟁입니다. 이란과 이라크 국경 지역에 샤트 알아랍 Shatt al-Arab강이 있습니다. 이 강의 하류는 석유 수출 통로로 이용되는 매우 중요한 지역인데, 1937년 이래로 이라크가 점유했습니다. 그런데 1975년 양국 간 조약을 통해 이라크가 강 영유권의 상당 부분을 이란에 양보합니다. 양보라고 표현했지만 이라크 입장에서는 협박에 의한 강탈에 가까웠습니다. 이라크가 양보할 수밖에 없었던 이유는 인구의 약 20퍼센트를 차지하는 쿠르드족Kurd 때문이었습니다. 쿠르드족은 1차 세계대전 이후 열강이 나눈 인위적인 국경에 의해 이라크, 시리아, 터키 등에 분산되어 이후 각국에서 치열한 분리 독립 투쟁을 합니다. 그중 이라크에서 가장 격렬한 투쟁을 해 왔고 현재도 그러한 상황입니다. 1975년 이란은 이라크를 견제하고자 이라크 내 쿠르드족의 무장 독립 투쟁을 지원합니다. 이라크는 바로 이 지원의 중단을 대가로 샤트 알아랍강의 영유권을 양보했습니다. 후세인은 이 양보를 협박에 의한 강탈로 간주해 복수의 칼날을 갈다가 이란이 혁명으로 어수선해지자 전쟁

🔺 **이란-이라크 전쟁 당시 전선의 모습**

이란-이라크 전쟁은 개전 초기에 양국이 서로의 유전 지역을 공격하면서 오일쇼크 장기화의 원인이 된다. 이후 이 전쟁은 승자도 패자도 없이 무려 8년이나 지속되며, 전쟁은 시작하기보다 끝내기가 어렵다는 점을 일깨웠다.

을 결심한 것입니다.

이란-이라크전에 대한 다른 주장도 있습니다. 미국이 이라크를 부추겨서 전쟁을 유도했다는 것입니다.[8] 미국은 이란에서 친미 성향의 팔레비 왕가를 잃었습니다. 그리고 미국을 악마로 규정하는 호메이니가 그 자리를 차지했습니다. 미국은 호메이니를 축출하고 싶었고 그래서 이라크에 무기 지원을 하며 전쟁을 유도했다는 것입니다. 전쟁을 유도했다는 주장은 음모론에 불과할 수도 있지만, 전쟁 이후 서방 세계가 소극적 태도를 취했던 것은 사실입니다. 전쟁 발발 후 서방 세계는 별다른 중재 시도를 하지 않습니다. 과거 이스라엘과 아랍 간의 전쟁 때는 미국과 유엔이 적극적으로 중재 노력을 한 것과 상반되지요. 또한 미국의 경우, 이란 견제 차원에서뿐만 아니라 무기 판매 수입이 늘어나서 전쟁을 방관했다는 주장도 있습니다. 실제로 1980년대 중반 미국, 프랑스 등 서구 국가는 이라크의 주요 무기 공급원이었습니다.[9] 이 전쟁은 서구의 방관 속에서 무려 8년 동안 지속됩니다.

한편, 이 전쟁이 발발한 직후 시장은 또다시 경색되고, 석유 수입국들은 또다시 공포에 빠집니다. 석유 회사들은 실제 수요를 고려하지 않고 사재기에 나섰고 그 결과 당시 중동의 대표적 원유인 아라비안 라이트Arabian light의 현물 유가Spot Price는 42달러까지 오르며 역대 최고가를 갱신합니다.

이 시기에는 특히 일본의 조급함이 눈에 띕니다. 유럽은 일본 무역 상사들이 석유를 사재기하는 것에 불만이 많았습니다. 이 때문에 1980년 12월 IEA 회의에서 유럽공동체의 고위 책임자는 일본 정부가 일본 무역상사들의 무분별한 석유 구매를 방관하면 소니Sony와 도요타Toyota의 유럽 수출을 금지하겠다고 위협합니다. 일본은 자원이 없는 국가였기 때문에 석유 수급에 차질이 생기는 것을 여느 나라보다 두려

위했습니다.[10]

정도의 차이는 있지만 다른 수입국들도 필요 이상으로 석유를 사들이기는 마찬가지였습니다. 원유 재고가 넘쳐서 저장할 공간이 부족해 임시방편으로 유조선에 저장하기도 할 정도였습니다. 이러한 비이성적 수요가 1979~1980년의 유가를 폭등시켰습니다.

이란 혁명과 이란-이라크 전쟁 그리고 소련의 아프간 침공 등은 모두 석유 시장의 불안을 증폭시키는 요소였습니다. 그러나 이 모든 사건이 중동 지역에 한정해서 일어났고, 중동도 전반적인 석유 생산을 완전히 중단한 상황은 아니었습니다. 게다가 1970년대에 새로운 유전(북해, 멕시코만, 러시아 등)이 개발되고 1980년대 초반부터 전 세계가 경기 침체에 빠지면서 공급량이 실수요량을 앞지릅니다. 그런데도 유가가 상승했던 것입니다.

이런 지속적인 유가 상승은 1차적으로 구매자의 공포 때문이었지만 그에 못지않게 산유국의 탐욕도 큰 역할을 했습니다. 1차 오일쇼크 이후 유가의 결정 권한은 OPEC에게 있었습니다. OPEC 회원국들은 유가를 올려도 수요가 감소하지 않으니 공식 판매 가격Official Selling Price, OSP[11]을 계속 인상합니다. 1980년 OPEC의 장기전략위원회는 유가를 지속적으로 올려 5년 내에 배럴당 60달러로 만드는 계획을 세웁니다. 이란 혁명 직전 유가가 13달러 수준이었으니 60달러는 엄청난 욕심이었습니다.

여기서 중요한 것은 시장 수요가 실제 소비를 반영하지 않고 공포와 탐욕에 의해 왜곡되었다는 것입니다. 이런 시장 상황을 냉정하게 직시하며 경고한 사람이 있었으니, 바로 사우디의 석유 장관 야마니였습니다. 야마니는 1979~1980년 OPEC 회의 때마다 유가 억제를 강하게 주장합니다. "수요와 공급의 법칙은 신성한 것"이라고 말하며, 탐욕에 빠져 그 법칙을 거스르는 정책은 반드시 대가를 치른다고 경고합니다. 즉, 가격을 인위적으로 올리면 수요가 급격히 줄어서 가격이 폭락한다는 것입니다. 그러나 다른 OPEC 회원국 석유 장관들은 야마니의 주장에 전혀 동의하지 않았습니다. 야마니가 마약을 해서 정신이 이상해졌다고 말하는 석유 장관도 있을 정도였습니다.[12]

수요와 공급의 법칙은 경제학의 기본이자 시장의 작동 원리입니다. 주식 시장에도 '수급은 재료에 우선한다'는 말이 있습니다. 수요와 공급이 아닌 각종 사건과 공포 그리고 탐욕에 의해 형성된 가격은 수요와 공급의 법칙을 단기적으로 이탈할 수는 있어도 결국에는 회귀합니다.

수요와 공급의 법칙은 시장의 원리를 넘어 세상의 원리이자 역사의 수레바퀴를 굴리는 동력이기도 했습니다. 신대륙의 발견은 더 많은 공급원을 찾기 위함이었고, 열강의 제국주의 또한 더 많은 수요와 공급을 찾기 위한 노력이었습니다. 잉여 생산물로 인한 초과 공급에서 계급이 발생했고, 그것이 소멸하자 공급자와 수요자 간의 역학 관계가 바뀌었습니다. 그래서 야마니는 수요와 공급의 법칙을 '신에 의한 법칙Divine

Law'이라고 표현합니다. 어쩌면 그는 수요와 공급의 변화라는 거대한 동력이 불러올 시장의 변화를 미리 예견했는지도 모르겠습니다.

'신에 의한 법칙'은 마침내 시장을 심판합니다. 1982년, 전 세계적으로 경제 불황이 닥치고 석유 수요는 계속 감소합니다. 동시에 2차 오일쇼크 이후, 유가가 고공 행진을 하는 동안 경제성을 확보한 북해, 멕시코만, 알래스카의 석유 개발이 급진전되고, 새로운 유전의 생산량이 꾸준히 증가합니다. 결국 1982년을 기점으로 비OPEC 생산량이 OPEC 생산량을 앞지르면서 OPEC은 시장을 지배할 힘을 잃어 갑니다. 공급이 늘어나면서 이제 공급자가 구매자를 확보하기 위해 경쟁해야 하는 시장이 펼쳐집니다.

OPEC의 인위적인 고유가 정책은 비OPEC 국가의 생산량 증대를 야기하며 OPEC의 시장 지배력을 약화시켰습니다. 고유가로 인해 세계 에너지에서 석유가 차지하는 비중도 줄었습니다. 1978년에는 선진 공업국의 전체 에너지 중 석유가 53퍼센트를 차지했으나 1985년에는 43퍼센트로 축소됩니다.[13] 석유 수요가 줄면서 서서히 공급 과잉의 시대로 옮아갑니다. 또한 지속적인 가격 인상으로 OPEC 공식 가격OSP의 신뢰성과 수용성이 추락하자, 시장은 새로운 기준 유가의 등장을 요구합니다.

바로 이때 시장의 새로운 질서를 알리는 바람이 뉴욕에서 불어옵니다. 1983년 3월, 오늘날까지 유가 뉴스에서 중요하게 다루어지는 뉴욕상품거래소NYMEX의 WTI 선물 유가가 등장한 것입니다.

22

산유국은 왜 석유의
상품화를 싫어했을까?

> 유럽을 석유에 의존하게 만들고 미국이 그 석유를 확실히 통제하면,
> 유럽은 미국에 의존할 수밖에 없다는 결론이 자연스레 도출된다.[14]
> – 노엄 촘스키

1983년 3월, 뉴욕상품거래소가 WTI 선물 거래를 시작한 것은 석유 시장에 새로운 시대가 왔음을 알리는 이정표와 같은 사건입니다. 이 사건이 가지는 시대적 의미와 이후의 시장 상황을 이해하기 위해서는 지금까지의 석유 시대를 간략히 정리해 볼 필요가 있습니다.

2000년 이전의 석유 산업은 일반적으로 세 가지 시대로 구분합니다. 그 기준은 '수요와 공급'의 변화에 따른 힘의 변화인데, 수급의 변화에 따라 시장을 주도하는 주체가 달라졌기 때문입니다. 현대사에서 석유

수급 변화로 인한 역학 관계의 변화를 이해하는 것은 매우 중요합니다.

2차 세계대전 이후부터 1970년까지는 영미계 메이저 석유 회사가 압도적인 기술과 자본으로 석유 산업을 지배했던 시대였습니다. 한국석유공사가 펴낸 《석유산업의 이해》는 이 시기를 '메이저 지배 시대'라고 명시합니다. 이 시기에는 수요보다 공급이 많았습니다. 더 정확히 말하면 수요가 창출되기 전이었습니다. 따라서 석유라는 재화는 시장 개척이 필요했습니다. 주요 공급자였던 중동 국가들은 서구의 자본과 기술 없이는 석유를 온전히 생산할 수도 시장에 내다팔 수도 없었습니다. 판매 가격도 메이저 석유 회사가 정했습니다. 따라서 중동 국가들의 영향력이 미미한 시대였습니다. 영미계 메이저 석유 회사가 석유를 개발하고 시장을 개척하며 석유 시대를 엽니다.

'메이저 지배 시대'의 시장 개척과 수요 창출은 단지 메이저 석유 회사의 힘으로만 이루어지지는 않았습니다. 미국은 이 시기에 마셜 플랜을 실행하며 서유럽에 경제 원조를 시행했는데, 뉴욕대학 중동연구센터 소장을 역임한 티머시 미첼Timothy Mitchell은 마셜 플랜의 주요 목적이 서유럽의 주요 에너지를 석탄에서 석유로 전환시키는 것이었다고 설명합니다. 마셜 플랜이 제공한 자금은 정유 공장을 건설하고 산업용 석유 보일러를 설치하는 등 석탄에서 석유로의 전환을 위한 인프라 건설에 지출됩니다.[15] 마셜 플랜 기금의 10퍼센트 이상이 석유 조달에 사용되었는데, 이는 전체 기금 중 단일 용도로는 가장 큰 규모였습니다.[16] 또한 미국은 마셜 플랜을 통해 유럽에 제공한 현금 차관을 미국 기업으로부터 석유를 구매하는 데 사용하도록 합니다.[17] 촘스키는 미국의 이러한 노력이 세계 지배를 위함이었다고 주장합니다. 즉, 미국은 세계의 주요 에너지원을 석유로 바꾼 후, 석유를 지배하는 전략을 취하여 동맹국을 통제하게 되었다는 것입니다. 이를테면 미국은 중동 석유를 장악하고 호르무즈 해협과 같은 수송로의 통과를 보장함으로써 동맹국의 충성을 끌어낼 수 있었습니다.[18]

산업화의 진전과 마셜 플랜 등으로 인해 석유 수요는 급속히 증가했습니다. 지속적인 수요 증가로 인해 1970년을 기점으로 새로운 시대가 열립니다. 바로 이 시점에 잉여 생산량이 소멸하고 수요가 공급을 초과합니다. 이제 시장의 힘은 공급자인 OPEC으로 옮겨갑니다. 그래서 1970년 이후부터 1980년대 중반까지를 'OPEC 지배 시대'라 부릅니다.[19] 중동 국가들은 이 시기에 석유를 무기화해 오일쇼크를 일으키기도 하고, 외교의 지렛대로 활용하기도 합니다. 또한 우월한 시장 지위 덕분에 OPEC이 석유 판매 가격을 정합니다. OPEC 회의 때마다 석유 공식 판매 가격을 결정하는 것이 중요한 의제이자 이슈였습니다.

'OPEC 지배 시대'의 끝은 관점에 따라 1983년 또는 1985년으로 갈립니다. 1983년을 끝으로 본다면 그것을 알리는 사건은 앞에서 언급한 뉴욕상업거래소의 원유 선물 거래 개시입니다. 1985년을 끝으로 본다면 OPEC의 공식 판매 가격 제도가 유명무실해지는 1985년 말의 유가 폭락이 새로운 시대의 시작점입니다.

앞에서 설명했듯이 1983년 이전에 원유 가격은 OPEC의 공식 판매 가격이 주도했습니다. OPEC이 정한 가격을 수요자는 그대로 받아들여야 했습니다. 사우디의 주요 유종인 아라비안 라이트 등의 가격이 그 기준이었습니다. 그러나 1982년을 기점으로 비OPEC의 석유 생산량이 OPEC의 생산량을 앞지르게 됩니다. OPEC이 가격 결정권을 가졌던 시기에 유지했던 고유가가 비중동 지역의 석유 개발을 촉진한 결과였습니다.

1982년부터 OPEC은 생산량 측면에서도, 가격 신뢰성 측면에서도 시장을 지배할 힘을 상실합니다. 이제 석유 시장은 다수의 공급자와 다수의 수요자가 경쟁하는 시대로 나아갑니다. 가격의 기준도 과거 OPEC이 일방적으로 공시하던 가격에서 시장 참여자의 수요와 공급에 의해 결정됩니다. 그래서 《석유산업의 이해》는 1986년 이후를 '시장 상품화 시대'로 부르며 아래와 같이 간결하게 규정합니다.

실제 석유 수요와 공급에 따라 가격이 결정되던 시장 수급 영향력이 증대된 시기로 이에 따라 OPEC의 시장 통제력이 약화되었던 시대.[20]

이제 석유는 특수한 지위를 갖는 재화에서 시장의 원리에 지배받는 평범한 '상품Commodity'이 되었습니다. 그런데 사우디 석유 장관 야마

🔧 **뉴욕상업거래소의 전경**

1983년 뉴욕상업거래소가 원유 선물 거래를 개시하여 석유의 가격이 몇몇
거대 기업이나 산유국이 아니라 시장에 의해 결정되는 새로운 시대가 열린
다. 이는 신자유주의의 도래와도 맞물린다.

니는 석유가 상품화되는 것에 매우 부정적이었습니다. 야마니뿐만 아니라 중동 산유국 모두가 석유의 상품화를 바라지 않았습니다. 그들은 석유가 특별하기를 바랐고, 시장이 아닌 OPEC의 영향하에서 거래되기를 바랐습니다. 석유가 시장 질서로 편입된다는 것은 자유 시장을 지배하는 세력, 즉 시장과 금융을 주도하는 미국에게 석유의 자산 가치를 결정할 권한을 넘겨준다는 의미였기 때문입니다. 야마니는 OPEC이 유가 결정권을 가진 시절에 아래와 같은 입장을 밝힙니다.

석유는 차, 커피와 같은 일반적인 상품과 다르다는 것을 알아야 한다. 석유는 전략 상품이다. 너무 중요한 재화여서 현물 시장과 선물 시장의 변덕에 맡기거나 투기의 대상이 될 수 없다.[21]

그러나 상황은 야마니가 원하는 방향과 정확히 반대로 나아갔습니다. 뉴욕상품거래소의 원유 선물 거래 가격은 단시간에 석유 거래의 벤치마크로 자리 잡습니다. 이제 유가는 미국이 주도하는 거대한 금융 질서에 편입되어 실제 수요자와 공급자는 물론이고 다양한 투자자와 투기 세력 모두에 의해 결정됩니다. 이후 WTI 선물 가격은 금 시세, 금리, 다우존스 지수 등과 함께 경제 상황을 표시하는 주요 지표가 됩니다.

이렇게 석유가 시장 질서로 편입된 것은 당시 세계 정세의 영향도 컸습니다. 석유 질서를 주도하는 국가 중 하나였던 영국에서 1979년

자유 시장과 자유 경제를 신봉하는 마거릿 대처가 총리로 선출됩니다. 대처는 '철의 여인Iron Lady'이라는 별명답게 거센 반발을 무릅쓰고 시장 기능에 모든 것을 맡기는 정책을 추진했습니다. 대처는 BP의 정부 지분 (전체 중 51퍼센트)를 모두 매각하여 자국의 석유 산업을 시장에 위임합니다. 영국산 원유 또한 예외가 아니었습니다. 북해산 브렌트유의 거래도 시장 질서를 따르게 됩니다. 대처가 총리가 되고 2년이 지난 1981년 런던국제석유거래소IPE(현재 ICE)가 설립됩니다. 그리고 1988년 브렌트유 선물 거래를 시작합니다. 영국은 금융업의 나라지요. 브렌트유가는 영국의 강력한 금융업계와 융합되면서 아시아, 아프리카의 지역 유가 등 국제 유가에 강력한 영향을 미치는 벤치마크로 자리 잡습니다.

미국에서도 1981년 공화당의 로널드 레이건Ronald Reagan이 대통령에 취임하면서 대처와 동일한 지향점을 가진 경제 정책을 추진했습니다. 이른바 '레이거노믹스Reaganomics'는 세금을 줄이고 규제를 완화하는 자유방임적 정책으로 그 근간은 대처리즘과 마찬가지로 시장 경제의 확장입니다. 석유의 새로운 시대는 바로 이런 배경에서 펼쳐집니다. 아니면 역으로 석유가 시장 경제의 확장을 불러왔다고 볼 수도 있습니다. 어느 경우든 시장을 통해 이익을 확보하려는 의도가 있었습니다. 이는 다음 장에서 살펴볼 시장 상품화 시대의 이면에서 더욱 명확해집니다.

23

미국이 시장을
조종하는 법

> 자유 시장 신봉주의는 산타클로스가 존재한다는 믿음만큼이나
> 순진한 것이며 모든 정치적 편견에서 자유로운 시장은 원래 없다.[22]
> – 유발 하라리

앞서 말씀드린 바와 같이 2000년 이전의 석유사는 '메이저 지배 시대',
'OPEC 지배 시대' 그리고 '시장 상품화 시대'로 구분할 수 있습니다. 각
시대마다 유가를 정하는 주체가 달랐습니다. 메이저 지배 시대에는 메이
저 석유 회사, OPEC 지배 시대에는 대체로 OPEC, 그리고 시장 상품화
시대에는 시장이 그 주체입니다.

  시장 상품화 시대를 특징짓는 사건은 뉴욕상품거래소와 런던국제
석유거래소의 원유 선물 거래 개시였습니다. 이후 석유 거래 참여자의

범위가 대폭 넓어집니다. 뉴욕과 런던의 거래소에는 투자 은행IB, 연기금, 헤지 펀드, 트레이더 등이 참여하면서 다양한 목적으로 석유 거래가 이루어집니다. 이들은 실물 석유를 필요로 하지는 않지만 석유 거래 중개와 관련 파생 상품의 수익을 취하기 위해 석유 시장에 참여합니다.

석유가 금융 상품이 되면서 풍부한 유동성이 창출됩니다. 석유 거래자는 관련 자산을 쉽게 현금화할 수도 있고, 파생 상품을 활용하여 가격 위험을 헷지하는 등 위험을 관리할 수도 있게 됩니다. 더불어 투자, 투기 목적의 석유 거래도 활성화됩니다. 이러한 변화로 인해 석유 실물을 수반하지 않는 페이퍼 거래의 규모가 실물 거래의 비중을 압도합니다. 2014년 기준으로 전 세계 원유 생산량은 하루 9000만 배럴 수준이었습니다. 미국과 영국의 선물 거래소에서만 실물 생산량의 10배가 넘는 하루 12억 배럴이 거래됩니다.[23] 이처럼 페이퍼 거래가 실물 거래의 10~20배 수준으로 이루어지면서 석유의 금융 상품화가 정착합니다. 그 결과 석유 파생 상품 등 금융 거래가 실물 시장의 유가에 중대한 영향을 미치는 변수가 됩니다.

이와 같은 석유의 상품화로 석유가 금융 시장의 주식이나 실물 시장의 상품처럼 다양한 투자자와 수요자가 참여하는 시장에 맡겨진 것 같아 보입니다. 그래서 유가도 언뜻 보면 시장의 보이지 않는 손에 의해 결정되는 것처럼 보입니다. 그러나 전체 맥락을 보면 다른 해석이 가능합니다. 시장의 규칙을 정하고 거대 자본의 흐름을 제어하고 금융 시스템을 지배하는 주체는 미국과 영국입니다. 이 두 국가가 가진 금융 시장의 영향력, 기축 통화의 지위 그리고 정치적 영향력 등을 감안하면 자유 시장 경제의 참여자들은 시장 지배자가 정해 놓은 규칙과 범위에서 움직인다고 봐야 합니다. 유발 하라리는 《사피엔스》에서 "자유 시장 신봉주의는 산타클로스가 존재한다는 믿음만큼이나 순진한 것이며 모든 정치적 편견에서 자유로운 시장은 없다"고 주장합니다.[24] 이렇게 보면 영미계 메이저 석유 회사가 지배하는 시대로 회귀했다는 주장도 가능합니다. OPEC의 공식 판매 가격이 무력해지면서 유가가 미국과 영국이 주도하는 시장과 금융의 영향력 아래로 편입되었기 때문입니다. 앞장에서 소개한 노엄 촘스키의 말을 변형한다면 미국은 세계 지배를 위해 주요 생산물을 '시장'에 편입시키고 그 시장을 지배하는 전략을 취했다고 볼 수 있는 것입니다.

실제로 미국이 석유·가스 실물 시장과 외환 시장에 인위적으로 개입하는 일이 발생합니다. 이란 혁명과 2차 오일쇼크를 겪으면서 유럽은 에너지의 중동 의존도를 낮추려고 했습니다. 유럽이 에너지 공급원의 다변화를 위해 선택한 곳은 소련이었습니다. 1980년대 초반 서유럽은 소련에서 천연가스 수입을 대폭 확대하고자 합니다. 그리고 소련산 천연가스 운송을 위한 수송관 건설을 계획합니다.

미국 정부는 이 계획에 강력히 반대합니다. 소련산 천연가스를 수입하는 것은 소련의 외화 수입을 증대시켜 소련 경제와 군사력을 강화할 위험이 있기 때문입니다.[25] 그러나 더 중요한 반대 이유는 수송관을 통한 천연가스 공급 체계가 완성될 경우, 소련이 단일 공급자가 되어 공급 중단을 이용해 유럽에 대한 정치적 영향력을 강화할 수도 있다는 것이었습니다.[26] 천연가스 수송관이 건설되고 유럽이 그것에 의존하는 상황에서 소련이 수송관 밸브를 잠그면 유럽은 에너지 위기에 빠질 가능성이 있습니다. 유럽의 에너지 안보가 소련에 의해 좌우되는 것을 미국은 받아들일 수 없었습니다.

유럽이 소련으로부터 에너지 수입을 확대하려고 한 시도는 그 전에도 있었습니다. 1부에서 소개한 것처럼 이탈리아 Eni사의 초대 사장이었던 엔리코 마테이도 1960년대 초반에 소련산 석유 수입을 확대하고 송유관을 건설하려고 했습니다. 그리고 의문의 죽음을 당했습니다. 1980년대 들어 다시 유럽이 비슷한 시도를 하자 미국은 무역 정책으로 유럽의 계획을 저지합니다. 철강 제품과 송유관 설비 기술의 유럽 수출을 금지한 것입니다. 또한 미국의 원천 기술을 이용한 유럽 제품의 미국 수출도 제한합니다. 결국 유럽은 소련산 가스 수입량을 대폭 줄이고 노르웨이의 대형 가스전을 개발하는 것으로 계획을 변경합니다.[27]

미국은 실물 시장뿐만 아니라 외환 시장에서도 정치적 영향력을 발휘하며 자유 시장의 본질과 모순되는 모습을 보입니다. 당시 미국은 달러 강세의 영향으로 자국 상품 수출에 어려움을 겪고 있었습니다. 레이건의 감세 정책으로 재정 적자가 누적되는 상황에서 달러 강세로 무역 적자도 가중되는 상황이었습니다. 그래서 1985년 미국은 선진 5개국(미국, 영국, 독일, 프랑스, 일본)의 재무 장관을 뉴욕 플라자 호텔로 소집합니다. 그리고 달러화 강세를 해결하기 위한 '플라자 합의Plaza Agreement'를 끌어냅니다. 이 합의를 통해 엔화의 가치를 올리고 달러화의 가치를 낮추어 미국 상품의 가격 경쟁력을 제고합니다. 결국 미국은 시장 상품화 시대의 시장이라는 전장에서 전장의 범위(유럽 시장에서 소련 배제)를 정하고, 무기의 성능(화폐의 가치)도 조정했던 것입니다.

다시 OPEC의 대응으로 돌아가 보겠습니다. 앞서 살펴봤듯이 석유가 미국과 영국이 주도하는 시장에 편입된 결정적 계기는 수급의 변화였습니다. 즉, 공급 과잉의 시기로 접어들면서 OPEC이 시장에서 과점 생산자의 지위를 누리지 못하게 된 것이 컸습니다. 1982년 OPEC은 뒤늦게 생산량 쿼터 시스템을 도입합니다. 생산 쿼터를 배정하고 그 이상을 생산하지 않도록 회원국끼리 약속한 것입니다.

뉴욕에서 원유 선물 거래가 시작된 1983년 3월에 OPEC은 회원국의 생산량 쿼터를 다시 설정하고 생산량을 대폭 줄이기로 결의합니다. 새로운 시대의 도래를 알린 뉴욕의 원유 선물 거래 개시와 그것을 늦추려는 OPEC의 노력이 불과 2주의 시차를 두고 같은 해, 같은 달에 일어난 것입니다. OPEC은 쿼터 생산량 조정과 함께 공식 판매 가격도 배럴당 34달러에서 29달러로 인하했습니다.[28] OPEC 공식 가격의 영향력과 수용성을 유지하기 위한 최후의 노력이자 최초의 공식 가격 인하였습니

🔖 **플라자 합의가 이루어진 뉴욕 플라자 호텔**

1980년대에 WTI유와 브렌트유의 선물 거래 개시로 유가가 시장 질서에 편입된 것처럼 보이지만 큰 그림에서 본다면 다른 해석이 가능하다. 미국은 정치적 영향력, 기축 통화의 지위 그리고 무역 질서 등을 통해 시장 자체를 지배했다. 1985년 미국이 플라자 합의를 통해 달러 강세를 시정하도록 한 것은 그러한 모습의 단면이다. 이 시점 이후로 원유 시장에서 OPEC의 영향력도 크게 줄어든다.

다. 그러나 너무 늦었습니다.

1983년 3월 OPEC 결의 이후 사우디는 가격을 방어하기 위해 눈물겨운 감산에 돌입합니다. 그 결과 1983년부터 1985년 말까지 급격한 유가 하락을 방지할 수 있었습니다. 1983년 배럴당 30달러 내외였던 유가는 1985년 말 27달러 수준까지 완만하게 하락하며 안정적으로 유지됩니다. 그러나 이는 거의 사우디 혼자만의 노력으로 이룬 것이었습니다. 사우디의 생산량은 1980년 하루 1000만 배럴이 넘었으나 1985년에는 320만 배럴까지 감소합니다.[29] 줄어든 생산량에 비례하여 국가 수입도 감소하였습니다. 사우디는 천문학적인 국가 수입 감소를 감수하면서 유가를 방어했던 것입니다. 사우디는 이러한 솔선수범에 발맞추어 다른 OPEC 회원국도 생산량 쿼터를 준수하기 바랐습니다. 아울러 비OPEC 산유국에도 유가 폭락을 막기 위해 성실하게 노력할 것을 요구했습니다.

물량 능력이 자타공인 최강인 사우디가 다른 산유국에 지속적으로 경고했음에도 산유국의 공조는 이루어지지 않았습니다. 결국 야마니는 결단을 내립니다. 1985년이 저물어 갈 무렵, 사우디도 시장이 내모는 점유율 무한 경쟁에 출사표를 던집니다.

24

1986년과 2014년,
왜 갑자기 유가는 폭락했을까?

> 가격이 얼마가 됐든 간에 OPEC은 감산하지 않을 것이다.
> 20달러, 40달러, 50달러, 60달러 얼마든 상관없다.
> 어쩌면 세계는 유가 100달러를 다시 보지 못할 수도 있다.
> – 알리 알 나이미, 전 사우디 석유 장관

지난 60여 년간의 장기 유가 그래프를 보면 유가가 폭락하는 모습을 몇 차례 볼 수 있는데, 그중에도 현저한 수직 낙하가 두 번 정도 있습니다. 한 번은 2014년 하반기부터 2015년에 걸쳐 유가가 100달러대에서 20달러대까지 추락한 것이고, 또 다른 한 번은 1985년 말 30달러 수준에서 1986년 10달러 이하로 추락했던 사건입니다.

흥미롭게도 많은 언론 보도와 연구 자료가 두 시기 유가 폭락의 원인과 시장 상황이 비슷하다고 말합니다. 2015년 1월《월스트리트 저널》은 〈백 투더 퓨처Back to the future〉라는 기사에서 "석유가 1980년대를 재현한다Oil replays the 1980's bust"고 보도합니다.[30] 2014년과 1980년대 중반의 유가 급락이 매우 흡사하다는 것입니다. 한국은행 조사국이 발간한《국제경제리뷰》2016년 11호에서도 1980년대 중반과 당시 유가 하락기의 석유 시장 여건이 여러 면에서 유사하다고 주장합니다.[31] 또한 산업통상자원부 석유산업과도 2015년에 발표한 석유 시장 동향에 대한 보도 자료를 통해 '2014년의 유가 하락은 1980년대 중반 유가 급락기와 유사'하다고 설명합니다.[32] 이 외에도 석유 시장을 분석하는 다수 기관에서 비슷한 의견을 내놓습니다.

왜 이들 언론과 기관은 1986년과 2014년이 비슷하다고 입을 모은 것일까요? 이를 이해하기 위한 키워드가 있습니다. 바로 '시장 점유율'입니다. 앞서 말한 자료들이 공통적으로 말하는 유가 하락의 배경은 산유국의 점유율 경쟁입니다. 1986년에는 사우디가, 2014년에는 OPEC이 물량 조정을 포기하고 '점유율 전쟁'을 하면서 유가 급락이 촉발되었다는 것입니다.

그럼 왜 산유국들은 점유율에 집착하는 것일까요? 그 이유는 세 가지로 정리할 수 있습니다. 가장 쉽고 직관적으로 알 수 있는 첫 번째 이유는 점유율이 바로 국가와 국민의 부富와 직결된다는 것입니다. 중동과 아프리카 산유국은 대부분 국가 수입원을 석유에 의존하고 있습니다.

석유에만 의존하다 보니 다른 산업이 발전하지 못하는 현상, 즉 '자원의 저주' 현상이 당시 산유국에서 일반적이었습니다. 그런 나라들에게 석유 산업은 우리나라의 반도체, 자동차, 중공업에 해당합니다. 어떤 전략적인 이유가 있다 하더라도 우리나라에서 국가의 근간이 되는 주력 수출 제품의 생산량을 줄이고 공장을 쉬게 하기는 쉽지 않습니다. 산유국에 게도 점유율 상실은 국가의 부를 축소하고 정권과 체제마저 위협할 수 있습니다.

두 번째 이유는 미래의 불확실성입니다. 산유국 입장에서는 석유 감산과 그로 인한 점유율 감소가 있더라도 미래에 언젠가 그 물량만큼 더 생산하고 판매할 수 있다는 확신이 있다면 감산 결정은 좀 더 쉬울 것입니다. 그러나 그것을 장담할 수 없었습니다. 이는 사우디 석유 장관 야마니의 발언에서 엿볼 수 있습니다. 1970년대에 야마니는 "석기 시대는 돌이 부족해져서 끝난 것이 아니다"라는 말을 남겼습니다. 그의 발언은 사우디가 보유한 엄청난 석유 매장량에 기인합니다. 사우디는 다른 산유국보다 석유를 30~40년 이상 더 오래 생산할 수 있을 정도로 막대한 매장량을 가진 국가입니다. 사우디와 같은 대형 산유국의 입장에서는 당장의 점유율 축소가 미래의 점유율 확대로 돌아온다는 보장이 없었습니다. 야마니의 말대로 자국의 석유가 고갈되기 전에 석유 시대가 끝날 수도 있기 때문입니다. 30~40년 후에도 시장이 석유를 원할지 불확실하기 때문에 당장의 점유율을 확대하여 석유를 처분해야 했습니다.

이러한 이유로 사우디는 1970년대에 줄곧 시장에서 최대 생산국의 위치를 유지했습니다. 시장에 물량을 충분히 공급하면서 유가를 낮게 유지하는 정책을 고수했던 것입니다. 이를 통해 신생 산유국의 등장과 대체 에너지의 개발을 억제하면서 사우디의 점유율을 안정적으로 유지했습니다. 이러한 정책의 필요성을 야마니는 여러 인터뷰와 연설 등을 통해 역설했습니다. 이를 정리하면 아래와 같습니다.

> **우리 사우디는 현재의 생산량을 유지해도 2050년까지 파낼 수 있다. 우리 입장은 알제리나 나이지리아처럼 매장량이 많지 않은 나라와 다르다.[33] 매장량이 많지 않은 국가의 석유 장관은 생산 물량을 조절하여 고유가를 유도하는 정책을 주장할 수도 있다. 그들은 단기적인 이익이 우선이다. 그러나 고유가 정책은 석유 시대의 종말을 앞당길 수 있다. 우리의 연구 결과로는 유가가 30달러 이상이 될 경우 셰일오일과 원자력을 비롯한 대체 에너지 개발이 경제성을 갖게 된다.[34] 석기 시대는 돌이 부족해져서 끝난 것이 아니다.**

사우디의 정책 기조는 석유를 충분히 생산하면서 점유율을 확대하는 것이었습니다. 그것은 막대한 석유 매장량을 가진 사우디의 정체성이기도 했습니다.

그러나 1982년도를 기점으로 북해, 미주, 아프리카 등 비OPEC 생산량이 OPEC의 생산량을 앞지르고 전반적인 공급도 수요를 초과하게 됩니다. 게다가 1983년 WTI 선물 거래가 개시되면서 OPEC 주도의 가격 결정권도 위협받자 사우디는 긴급하게 정책을 수정합니다. 사우디가 과거와 같이 하루 1000만 배럴 수준을 시장에 공급하면 30달러 수준의 공식 판매 가격은 무력해지고 유가는 20달러 또는 10달러 이하로 곤두박질칠 것이 명백했습니다. 이 때문에 사우디는 물량을 충분히 공급하는 정책을 잠시 포기하고 급격한 감산에 돌입합니다. 감산은 최대 산유국 사우디의 정체성에도 맞지 않고 야마니의 '석기 시대 종말론' 관점에도 부합하지 않습니다. 하지만 당장의 가격 붕괴를 막고 공식 판매 가격의 영향력을 유지하기 위해서는 불가피한 조치였습니다. 1983년 말부터 1985년 말까지 사우디는 하루 1000만 배럴의 생산 물량을 300만 배럴 수준으로 줄입니다. 사우디는 국운을 걸고 이 고통스러운 감산을 실행합니다.

물론 사우디는 홀로 감산을 하며 다른 산유국을 위해 희생할 생각이 없었습니다. 다른 산유국도 사우디와 같은 현실 인식을 바탕으로 감산에 동조하길 바랐습니다. 사우디는 가격 붕괴를 막고 OPEC의 지배력을 유지하기 위해 회원국에 경고도 하고 호소도 합니다. OPEC 국가들에게 생산량 쿼터를 지키지 않는 것에 대해 지속적으로 경고하는 한편, 비OPEC국가에게 무분별한 증산을 자제해 달라고 요청합니다. 만약 사우디와 물량으로 점유율을 경쟁하겠다면 상대해 주겠다고 경고도 합니다. 그러나 그들은 오히려 사우디를 배제하고 점유율 경쟁을 펼치며 생산 쿼터를 빈번하게 위반합니다.

당시 OPEC은 회원국의 생산 쿼터 준수 여부를 감시하기 위해 회계 감사를 실시하고 있었습니다. 석유 생산량 자체는 측정과 감시가 쉽지 않으니 석유 판매로 발생한 현금과 채권의 규모를 감시했던 것입니다. 그러자 산유국은 석유를 무기, 항공기, 공산품 등 비현금성 자산과 맞바꾸는 연계 무역barter and countertrade을 하면서까지 쿼터를 위반합니다.[35] 1985년 6월 야마니는 사우디 국왕의 성명서를 대독하며 OPEC 회원국의 생산 쿼터 위반을 격렬하게 비난하고 다음과 같이 최후통첩을 합니다.

사우디는 더 이상 물량 조정자 역할을 하지 않을 것이며, 필요하다면 엄청난 양의 석유를 방출할 수 있다. 만약 회원국들이 자유 행동을 한다면, 그래서 모두가 자유로운 상황을 누려야 한다면 사우디도 자국의 이익을 지키기 위해 노력하지 않을 수 없다.[36]

2년여간 사우디는 단독으로 생산량을 줄이면서 유가를 방어했지만 천문학적인 수준의 손실만 입었습니다. 사우디의 석유 수익은 1983년 1190억 달러에서 1985년 260억 달러까지 감소합니다.[37] 사우디도 이러한 손실을 홀로 감당할 수는 없었습니다. 결국 야마니도 유가를 지지하기 위한 더 이상의 노력을 포기하기로 결단합니다. 당시의 자유 시장에서 생산량 담합은 한계가 있었던 것입니다. 마침내 1985년 12월 사우디는 막대한 매장량을 가진 최대 산유국 본래의 모습으로 돌아갑니다. 그리고 유가는 속절없이 추락하여 1985년 12월 30달러 수준에서 이듬해 7달러 수준까지 폭락합니다.

이러한 모습은 2014~2015년의 유가 폭락과 상당히 닮아 있습니다. 2014년에도 사우디가 물량 조정자 역할을 포기하고 점유율 경쟁에 돌입하면서 유가가 폭락합니다. 1980년대에 사우디가 직면했던 '감산과 점유율의 딜레마'도 그대로 재현됩니다. 세계경제포럼World Economic Forum은 2014~2015년의 시장 상황에 대해 다음과 같이 설명합니다.

한 산유국의 감산은 유가 하락을 막기에 불충분하다. 유가 하락을 막으려면 더 많은 감산이 필요하다. 그러나 너무 많은 감산을 하면 시장 점유율을 잃게 된다. 특히 부유한 북미 산유국에 점유율을 내주게 될 것이다.[38]

위의 설명처럼 2014년 OPEC의 감산은 북미, 러시아 등 비OPEC 국가들에게 점유율을 넘겨줄 수 있는 상황이었습니다.[39] 특히 미국에서는 셰일 오일이 등장하여 무서운 속도로 생산량이 증가하고 있었습니다. 이로 인해 2014년에도 물량 조정자가 없는 상황에서 점유율 경쟁이 벌어지고 유가가 폭락하는 상황이 전개된 것입니다. 2014년 12월《파이낸셜 타임스》에 소개된 사우디 석유 장관 알리 알 나이미Ali al Naimi의 발언은 1985년 야마니의 발언을 떠오르게 합니다.

가격이 얼마가 되었든 간에 OPEC은 감산하지 않을 것이다. 20달러, 40달러, 50달러, 60달러 얼마든 상관없다. 어쩌면 세계는 유가 100 달러를 다시 보지 못할 수도 있다.[40]

2014년 점유율 경쟁을 주도한 알리 알 나이미

2014년 말 셰일 오일의 증산 등으로 유가가 폭락한 상황에서도 사우디 석유 장관 나이미는 유가가 더 하락하더라도 감산하지 않고 점유율을 사수하겠다는 입장을 밝힌다. 이는 1983~1985년 그가 아람코의 사장으로 재임할 때 감산 실행으로 점유율을 크게 잃었던 경험에서 비롯된 것이었다.

나이미는 1980년대에 아람코에서 근무했습니다. 당시 사우디가 유가를 지키기 위해 감산을 했던 것의 결과, 즉 점유율 상실을 그는 기억하고 있었습니다.[41] 2014년 12월 나이미의 발언은 유가가 하락하더라도 점유율 전쟁을 불사하겠다는 결연한 의지를 보여 줍니다. 당시 유가는 60달러 수준으로 이미 크게 하락한 상태였는데도 말입니다. 이듬해인 2015년 유가는 20달러대까지 추락합니다. 그리고 그의 발언대로 우리는 현재까지 유가 100달러를 다시 보지 못하고 있습니다.

지금까지 산유국들이 점유율에 집착할 수밖에 없는 이유 두 가지와 2014년의 시장 상황까지 알아봤습니다. 산유국이 점유율에 집착하는 중요한 이유가 하나 더 있습니다. 마지막 세 번째 이유도 역시 2014년과 연결됩니다.

25

사우디가 한국 정유 회사의
최대 주주인 이유

> **강력한 이유는 강력한 행위를 낳는다.**
> – 윌리엄 셰익스피어

앞에서 사우디가 2년여의 감산을 포기하고 시장 점유율을 확대하는 정책으로 돌아오는 과정을 살펴봤습니다. 사우디는 국운을 걸고 감산 정책을 폈지만 다른 산유국은 이에 동참하지 않고 빈번하게 정해진 쿼터를 위반했습니다. 사우디로서는 국가의 근간인 석유 사업을 2년여간 중단하다시피 했지만 그 결과는 점유율 감소와 막대한 손실이었습니다. 결국 사우디도 점유율 전쟁을 선언합니다.

그런데 생산량을 늘린다고 해서 바로 점유율을 회복할 수는 없었습니다. 이미 시장은 공급이 수요를 초과한 상태였고, 대부분의 석유 수입국은 구매처와 선호 유종, 거래 방식 등을 확정해 놓은 상태였기 때문입니다. 한때 판매량과 가격을 마음대로 정했던 석유 시장의 '갑 중의 갑' 사우디가 이제 '을'의 입장이 되어 시장에서 힘겨운 노력을 합니다. 이 과정을 살펴보면 왜 산유국이 점유율에 집착하는지 알 수 있습니다.

앞에서 산유국이 점유율을 지키려는 이유 두 가지를 설명했습니다. 지금 말씀드리는 세 번째가 어쩌면 가장 강력한 이유입니다. 결론부터 말하면 점유율은 한 번 잃으면 쉽게 회복할 수 없기 때문입니다.

당시 사우디는 하루 300만 배럴 수준의 생산량을 원래 생산 수준이었던 1000만 배럴까지 늘리고자 했습니다. 그러나 갑자기 시장이 사우디의 엄청난 물량을 받아줄 수는 없었습니다. 따라서 사우디는 시장의 후발 주자로서 고객을 빼앗아야 했고, 그러기 위해서는 효과적인 마케팅 전략이 필요했습니다. 사우디가 사용할 수 있는 가장 강력한 전략은 가격이었습니다. 기존의 공식 판매 가격을 포기하고 구매자에게 매력적인 가격 결정 방식을 제시하기로 합니다. 오일쇼크가 발생했던 1970년대에 석유는 부르는 게 값이었습니다. OPEC의 공식 판매 가격은 시장이 아닌 그들만의 회의실에서 정해졌습니다. 그러나 시대는 바뀌었고 사우디는 현실을 받아들일 수밖에 없었습니다. 사우디는 공식 판매 가격이 아닌 '넷백net back'이라는 새로운 방식으로 고객을 유인합니다.

넷백은 휘발유, 등유, 경유 등의 가격을 기초로 하여 유가를 정하는 방식입니다. 이는 공식 판매 가격에 기초한 기존 거래 전통을 깨는 파격적인 방식이었습니다. 원유의 1차 소비자는 정유업체 또는 석유화학업체입니다. 원유는 최종 소비자에게 전달되는 완성된 제품이 아닙니다. 정유업체가 원유를 정제해 휘발유, 등유, 경유 등으로 가공해야만 우리가 사용할 수 있습니다. 이렇게 정제 공정을 거친 원유를 석유 제품, 또는 제품유라고 합니다. 제품유를 만드는 정유업계가 원유를 대량으로 구매해 주어야 원유 시장에서 점유율을 확대할 수 있습니다.

그런데 정유업체는 원유 가격과 제품유 가격의 차이가 일정하게 유지되어야 수익을 발생시킬 수 있습니다. 만약 원유를 구매한 직후 운송·정제 기간 동안 제품유의 가격이 하락하면 정유업체는 손실을 봅니다. 얼핏 생각하면 정제 과정에서 부가가치가 더해지기에 제품유 가격이 원유 가격보다 더 높아야 합니다. 하지만 유가는 등락을 거듭하기에 제품유가 원유보다 저렴해지는 경우가 적지 않습니다. 정유업체는 이러한 역마진 리스크(또는 정제 마진이 손익 분기점 이하로 하락할 리스크) 때문에 대량의 원유 구매를 꺼립니다. 그런데 당시 사우디가 점유율 전쟁을 선언하며 도입한 넷백 방식은 시장에서 형성된 제품유 가격을 기초로 정제 비용과 수율 등을 반영한 후 원유 가격을 정하는 방식이었습니다. 최종 제품유 가격에서 역산하여 정유업체의 마진을 확보하는 방식이었기에 정유업계는 사우디 원유를 위험 없이 대량으로 구매할 수 있게 됩니다.

사우디가 수요처 확보를 위해 이런 방식을 선택한다는 것은 제품유 시황이 좋지 않을 때 저가에 원유를 대량으로 처분하는 상황도 감수해야 함을 의미합니다. 또한 넷백은 시장에서 형성된 제품유 가격을 기초로 하는 방식이기 때문에 시장에 유가 결정 권한을 넘겨주는 결과를 가져옵니다. 결국 시장이 승리한 것입니다. 이후 사우디의 공식 판매 가격도 일방적인 고정 가격 체제를 버리고 벤치마크 유종(두바이유 등)의 가격에 할증 또는 할인 값만을 가감하는 변동 가격 방식으로 바뀝니다. 벤치마크의 가격은 시장에서 정해지기에 공식 판매 가격도 결국 시장을 수용한 것입니다.

이러한 파격적인 거래 조건에도 불구하고 사우디는 잃어버린 점유율을 회복하는 데 10년 이상 걸립니다. 1986년 이후 사우디는 점유율 회복 정책으로 돌아섰으나 1981년의 생산량인 하루 1000만 배럴 수준을 쉽게 회복하지 못했습니다. 1986년에서 1990년까지 500~600만 배럴에서 머물다가 1991년 걸프전이 발발하고 나서야 겨우 800만 배럴 수준을 회복합니다.[42] 잃어버린 점유율을 회복하는 데 10년 이상이 걸렸다고 해도 과언이 아닙니다.

이후 사우디는 점유율을 지키는 것의 중요성을 깨닫고 안정적인 수요처를 확보하기 위해 노력합니다. 사우디 국영 석유 회사인 아람코는 1988년 미국 텍사코의 정유 회사 지분 50퍼센트를 취득합니다. 그리고 이 정유 회사로 하여금 자사 원유를 지속적으로 구매하게 합니다. 미국이라는 최대의 석유 소비국에서 안정적인 판로를 확보한 것입니다. 이런 모습은 세계 5위의 석유 수입국인 한국에서도 나타납니다. 사우디 아람코는 1991년 쌍용 정유(현재 에쓰-오일S-OIL)의 지분 35퍼센트를 취득합니다. 이후 지분을 63.4퍼센트까지 늘려 최대 주주가 되면서 한국 정유 회사에 원유를 안정적으로 판매할 수 있게 됩니다.

2019년 4월에도 아람코는 또 다른 한국 정유 회사인 현대오일뱅크의 지분 17퍼센트를 매입하는 계약을 체결했습니다. 이로써 아람코는 이 정유 회사의 2대 주주가 됩니다. 이 역시 셰일 혁명으로 미국의 석유 생산량이 증가하면서 미국에 한국 시장 점유율을 내줄지도 모른다는 아람코의 우려에서 비롯되었다고 볼 수 있습니다.[43] 실제로 2016년 이후 한국의 정유 회사들은 미국산 원유 수입을 크게 늘리고 있습니다. 2018년 한 해 동안 한국은 전체 원유 수입량의 6퍼센트인 약 6000만 배럴을 미국에서 도입했습니다. 이는 2017년 대비 4배 이상 증가한 수치이고, 캐나다의 미국산 원유 도입 물량에 이어 세계에서 두 번째로 많습니다. 원유 수입에 한해서는 한국이 미국의 두 번째 중요한 고객인 것입니다. 이렇게 미국산 원유 수입이 큰 폭으로 늘어난 것은 미국의 이란 제재로 인해 이란산 원유 수입이 크게 줄었고, 미국산 WTI유의 가격이 큰 폭으로 하락해서 두바이유 등 다른 유종 대비 가격 경쟁력을 갖추었기 때문입니다. 이란은 한국이 원유를 수입하는 주요 국가였으나, 미국의 이란 제재로 2018년 4분기 한국의 이란산 원유 수입은 '0'이 됩니다. 이후 한시적인 제재 예외로 잠시 수입이 허용되기도 했으나 2019년 5

월부터 다시 이란 원유를 도입할 수 없는 상황이 지속되고 있습니다.

이란 제재와 미국의 원유 증산이 겹치는 이 시점에서 제재 요인 중 하나가 미국산 원유의 아시아 시장 점유율 확대를 위한 것이라는 추정이 나오는 것도 무리는 아닙니다. 생산량이 증가할수록 점유율 확대는 중요하고, 그것을 일반적인 '시장의 방식'으로 추진하기에는 너무 힘들고 오래 걸리기 때문입니다.

특히 사우디의 '잃어버린 점유율 10년'의 시대는 점유율 회복이 얼마나 어려운지 보여 줍니다. 그래서 오늘날에도 산유국은 점유율 상실을 극도로 기피합니다. BP의 통계 자료에 따르면 1980년대 초반 사우디가 감산하던 시기에 비OPEC 산유국은 시장 점유율을 크게 확대합니다. 이때 확대된 OPEC과 비OPEC 간의 점유율 차이는 2000년대 초반까지 쉽게 좁혀지지 않습니다.[44] 이러한 경험 때문에 2014년 하반기 유가가 급락하는 상황에서도 OPEC은 감산은커녕 오히려 증산을 통해 점유율을 확대하려 합니다. 이러한 증산 기조는 2015년까지 이어지며 그해의 유가 폭락을 초래했습니다. 당시 OPEC이 필사적으로 증산한 것은 저유가를 통해 비OPEC 산유국의 투자 능력을 고사시킴으로써 장기적으로 점유율을 확대하려는 의도도 있었습니다. 2018년 기준으로 사우디는 일 1000만 배럴 내외의 생산량을 유지하고 있습니다. 이는 2014~2016년 유가 급락기에도 감산하지 않고 점유율을 지킨 결과라고 볼 수도 있습니다.

앞서 말했듯이 1986년 사우디가 점유율을 회복하려고 절박하게 노력하는 과정에서 유가는 급격히 떨어집니다. 그런데 당시의 하락은 과도한 면이 있습니다. 사우디가 점유율 경쟁을 선언했지만 앞서 설명한 바와 같이 점유율 회복은 쉽지 않았습니다. 시장의 경직성 때문에 증산에 한계가 있었습니다. 증산은 서서히 이루어졌고 초기 증산 물량도 서방 세계에서 공급하는 물량의 3퍼센트도 되지 않았습니다. 그런데 유가는 3분의 1 수준으로 폭락합니다. 사우디의 선언 자체가 시장에 공포와 충격을 준 것입니다.

시장에서 오버슈팅은 늘 일어나지만, 그래도 항상 뜻밖의 일입니다. 당시에 예상치 못한 유가 폭락에 산유국은 패닉에 빠지고, 세계 경제를 이끌던 미국과 일본도 당황합니다. 유가 폭락이라는 충격을 경험하고 나서야 산유국은 마침내 감산 협의에 나서고, 미국과 일본 등도 경제적·외교적으로 개입합니다. 오늘날도 그렇지만 당시 화폐 경제는 석유라는 실물에 크게 기대고 있었습니다. 금융 자산의 가치도 상당 부분 석유에 연동되어 있었습니다. 미국은 자국의 석유 산업 보호와 고유가에 연동된 금융 질서 유지를 위해 유가 폭락을 방치할 수 없었습니다.

26

유가 폭락에 대처하는
새로운 자세

> **사우디가 단독으로 생산량을 줄이는 일은 없을 것이다.**
> **이 점에 대한 내 입장은 대처 여사만큼 완고하다.**
> – 쟈키 야마니, 전 사우디 석유 장관

앞에서 산유국이 점유율에 집착하는 이유 세 가지와 점유율 경쟁으로 1986년 유가가 급락했던 시장 상황을 살펴봤습니다. 당시 유가가 하락했다고 해서 모든 석유 수입국이 이를 반기지는 않았습니다. 특히 미국의 경우, 유가 하락이 자국 메이저 석유 회사의 수익성 악화는 물론이고 수많은 중소형 독립계 석유 회사의 도산을 초래할 수도 있었습니다. 그즈음 미국에서 정부가 석유 시장에 개입해야 한다는 주장이 고개를 드는데, 그 문제의 해결사 역할을 자처한 사람이 있었으니 바로 훗날 대통령이 되는 조지 H. W. 부시George H. W. Bush입니다. 당시 부통령이자 전직 석유 사업가였던 부시는 자신의 정치적 기반이자 석유 사업의 중심인 텍사스의 석유 기업들이 유가 폭락으로 도산하는 것을 손놓고 지켜만 볼 수 없었습니다. 부시는 자유 시장을 중시한 레이건 정부의 반발을 무릅쓰고 시장에 정부 개입이 필요함을 암시하며 다음과 같이 소신을 밝힙니다.

나는 국내 산업의 경쟁력 강화에 국가의 안전과 핵심적인 국익이 달려 있다고 믿고 있고, 항상 그렇게 믿어 왔다. … 유가 하락은 미국 에너지 산업을 침체시켜 미국 전체에 심각한 타격을 줄 것이라 확신한다.[45]

미국은 유가의 급등도 급락도 원하지 않았습니다. 원하는 가격 밴드, 즉 일정한 범위 내에서 통제되는 것을 원했습니다. 당시의 유가 폭락은 미국 텍사스, 오클라호마, 루이지애나 등의 석유 산업에 나쁜 영향을 미칠 뿐 아니라 금융 시스템에도 큰 위협이었습니다. 석유는 대출 상품의 담보였고 다양한 파생 상품의 기초 자산이었습니다. 유가 폭락은 대출금 회수 불능 사태와 신용 경색을 초래해 실물 경제에 악영향을 줄 수 있었습니다. 이를테면 당시 멕시코 석유업계에 자금을 대출해 준 미국의 금융 기관은 유가가 폭락하면 대여금을 회수하지 못할 수도 있었습니다. 그렇게 되면 기업들은 신규 대출을 받지 못해 정상적인 기업 활동에 제약을 받습니다. 게다가 유가 하락은 달러의 수요를 감소시켜 그 가치를 심하게 흔들 수 있었습니다.

부시는 사우디로 날아갑니다. 석유는 하나의 상품이었고 무역의 대상이었습니다. 석유라는 상품을 저가 덤핑으로 수출하는 국가에게 미국이 취할 수 있는 방법은 분명했습니다. 바로 무역의 대표적인 압박 수단인 관세입니다. 미국은 관세로 사우디를 압박합니다. 1986년 부시는 사우디를 방문해 관세 부과 의사를 밝힙니다. 관세가 부과되면 사우디는 미국 시장에서 수요처를 잃을 수 있습니다. 반면 미국의 석유 기업은 가격 경쟁력을 갖추고 자국 시장에서 점유율을 회복할 수 있습니다. 1980

조지 H. W. 부시

유가의 하락이 언제나 석유 수입국에게 좋은 소식인 것은 아니다. 외국의 석유가 저렴한 가격에 대량으로 공급될 경우 국내의 석유 및 정유 회사들이 타격을 받을 수 있기 때문이다. 그래서 텍사스 석유 기업가 출신이었던 부시는 사우디를 방문해 관세를 무기로 국내 석유 회사들을 보호하고자 했다.

년 전후 사우디의 하루 생산량 1000만 배럴 중 약 140만 배럴을 받아주던 곳이 미국이었습니다. 사우디의 최대 고객인 미국의 관세 부과는 사우디의 점유율 회복에 치명타였습니다.

아시아 시장의 큰손 일본도 관세 부과 의사를 밝힙니다. 당시 일본 경제는 전자 제품과 자동차로 전 세계를 휩쓸며 최전성기를 구가하고 있었습니다. 일본은 무역 수지의 불균형이 큰 문제로 대두되는 상황이었기 때문에 저유가를 반기지 않았습니다. 지나친 무역 수지 흑자로 미국과 유럽 등으로부터 각종 견제와 시장 개방 확대 압력에 시달리고 있었기 때문입니다. 또 하나 중요한 이유는 일본의 석유 의존도입니다. 일본은 석유 의존도를 낮추고자 꾸준히 노력하고 있었는데, 저유가로 석유 의존도가 높아지게 되면 장기적으로 일본 경제에 좋지 않다고 판단한 것입니다. 이런 이유로 일본 역시 관세 부과 의사를 밝힙니다. 단, 조건이 있었습니다. 미국이 관세를 부과하면 일본도 부과하겠다는 것입니다. 미루어 보건대 일본의 관세 부과에는 미국의 영향력이 행사된 면도 있었을 것입니다.

전 세계가 사우디의 반응을 주시하고 있었습니다. 최대 석유 수입국인 미국과 일본이 관세 부과 의사를 밝히며 생산량을 줄이고 비싸게 팔라고 요구하고 있었습니다. OPEC 회원국들도 사우디가 먼저 나서서 물량 조정자 역할을 해 주기를 요청했습니다. 이러한 세계적인 요청에도 불구하고 야마니는 결연하게 말합니다.

사우디가 홀로 생산량을 줄이는 일은 없을 것이다. 모두 다 같이 생산량을 조절하지 않으면 절대 줄이지 않을 것이다. 이 점에 대한 내 입장은 대처 여사만큼 완고하다.[46]

야마니는 완고함의 대명사인 대처를 언급하며 유가 폭락에 새로운 자세로 대처할 것임을 밝힙니다. 즉, 야마니는 공조가 전제되지 않은 감산은 고려하지 않겠다고 말합니다. 물론 사우디로서도 배럴당 10달러 이하의 유가는 예상을 한참 벗어난 것이었습니다. 이는 그들이 바라던 바가 아니었습니다. 그렇다고 사우디가 다시 약한 마음을 드러내면 감산 합의는 어려웠을 것입니다. 이러한 상황에서 위와 같은 야마니의 발언은 다 같이 죽든지 아니면 감산에 합의하고 그것을 준수하든지 양자택일을 요구하는 수사였습니다. 결국 사우디의 결연한 자세는 효과적인 리더십으로 작용하면서 감산 합의를 끌어내고 이행률도 높입니다.[47]

그러나 너무 늦었습니다. 이미 사우디는 2년의 '독박 감산'으로 인한 손실과 이후의 유가 폭락을 감수하고 난 이후였습니다. 사우디 국왕 파드가 야마니의 해임을 고려하던 와중에 야마니가 왕실을 비난하는 듯한 발언을 합니다. 1986년 9월 야마니는 자신이 한때 공부했던 미국 하버드대학 350주년 기념식에 연사로 초청됩니다. 세계를 움직이는 하버드의 명성을 과시하기 위한 연사로 영국 황태자 찰스와 함께 사우디의 야마니가 초청된 것이었습니다. 이 자리에서 그는 "우리의 석유 정책은 계획 없이 즉흥적으로 이루어진다"라고 자조적으로 연설합니다.[48] 사우디 정부를 비난하는 뉘앙스였습니다.

이 발언 등이 계기가 되어 1986년 10월 사우디 왕실은 야마니를 해임합니다. 20여 년간 사우디 석유 장관을 지내며 석유 황제라고까지 불리던 야마니는 뉴스를 통해 자신의 해임 사실을 알게 됩니다. 사우디 왕실 입장에서는 2년여간의 감산이 아무런 소득 없이 끝나고 유례없는 유가 하락이 발생한 것에 대한 책임을 물을 수밖에 없었습니다. 점유율을 내주고 득점을 노리는 야마니의 전술은 결과적으로 실패라고 볼 여지가 충분했습니다.

그러나 야마니가 남긴 족적은 컸습니다. 유가 폭락으로 모든 산유국이 공포에 빠진 상황에서 사우디는 한술 더 떠 증산 기조를 유지하겠다고 했습니다. 그 완고함은 철의 여인 대처 이상이었습니다. 유가는 1986년 내내 하락 추세를 멈추지 않았음에도 사우디는 흔들리지 않고 증산 기조를 유지합니다. 이러한 방법을 《황금의 샘》에서는 '진땀 내기 sweating'라고 표현합니다. 생산량을 줄이지 않고 버팀으로써 상대를 진땀이 날 정도의 공포에 빠뜨린다는 의미입니다. 사우디의 단호한 자세에 진땀이 난 산유국들은 1987년 이후 감산 합의를 잘 이행하게 됩니다. 그리고 유가는 배럴당 18달러 수준에서 안정됩니다. 야마니의 필사즉생必死卽生의 대처가 없었다면 감산 합의는 어려웠을지도 모릅니다. 석유 시장에서 점유율은 전쟁이고 감산 합의는 서로가 총구를 겨누는 전쟁 상황에서 동시에 총을 바닥에 내려놓자는 일종의 신사협정입니다. 석유 시장에서 감산 합의는 그만큼 힘든 일입니다.

앞에서 1986년과 2014년이 평행 이론처럼 닮았다고 했습니다. 2014년 이후의 모습도 1986년 이후와 매우 흡사합니다. 2014년 하반기에 유가가 폭락하고 2015년에 하락 기조가 계속되는 가운데에서도 사우디는 하루 1000만 배럴 수준의 생산량을 유지합니다. 다시 진땀 나는 상황을 연출한 것입니다. 그러한 상황이 2년 가까이 지속되고 나서야 OPEC과 비OPEC 국가들은 2016년 11월 감산에 합의합니다. 그리고 2017년 이후 90퍼센트 이상의 높은 감산 이행률을 보입니다.

2018년 이후에 나타난 높은 감산 이행률은 1980년대 후반을 제외하고는 이례적입니다. 2016년 11월 감산 합의가 이루어진 직후, 시장에서는 과연 1980년대 후반과 같은 감산 공조가 가능할 것인지에 의문이 많았습니다. 《황금의 샘》의 저자 대니얼 예긴조차도 2016년 4월 《파이낸셜 타임스》와의 인터뷰에서 다음과 같은 의견을 밝혔습니다.

세계 경제에 결정적 영향력을 가졌던 OPEC의 시대는 이젠 끝났다고 봐야 합니다. OPEC은 명백하게 분열된 조직입니다.[49]

예긴은 인터뷰에서 "OPEC이 유가 추세를 되돌릴 수 없을 것"이라고 예측합니다.[50] 그러나 그의 예측과 달리 2017년 이후 OPEC은 감산에 합의하고 높은 이행률을 보여 줍니다. 이것이 주요한 원인이 되어 유가는 한동안 상승합니다. 그의 빗나간 예측을 두고 '예긴도 별 수 없구나'라고 생각할 수도 있지만, 그만큼 유가 전망은 힘들고 OPEC 역시 예측하기 어려운 조직입니다.

예긴의 예측이 빗나갈 정도로 2016년 OPEC의 움직임은 예상하기 매우 힘들었습니다. 비OPEC 국가인 러시아의 공조 여부, 2015년 오바마 행정부와 핵 협상을 타결하며 제재가 풀린 이란의 참여 여부 등 변수가 많았습니다. 이란의 경우, 2016년 초 미국의 제재가 풀리면서 생산량을 제재 이전으로 회복하려는 욕구가 강했습니다. 따라서 이란의 감산 공조는 기대하기 힘들었습니다. 인도네시아도 감산 거부로 2016년 12월 OPEC 회원국 자격을 정지당합니다.

그러나 유가가 폭락하고 그것이 2년여간 유지된 것의 충격은 컸습니다. 저유가가 2년 이상 지속되면서 대다수 산유국 사이에서 감산의 에너지가 누적되고 숙성됩니다. 그리고 2016년 11월 마침내 감산 합의가 이루어집니다. 이후 사우디와 러시아가 감산에 적극적으로 나서면서 2019년 이후까지 높은 감산 이행률을 보입니다. 2019년 7월에도 사우디와 러시아는 감산을 연장하기로 합의합니다.

그러나 이와 같은 감산 공조가 언제까지 이어질지는 미지수입니다. 2018년 12월 카타르가 OPEC을 탈퇴하며 감산 대열에서 이탈합니다. 이라크 또한 감산 의무가 과중할 경우, 전후 복구 비용 충당 등을 이유로 OPEC 탈퇴 가능성을 시사했습니다.[51] 감산 공조의 핵심축인 사우디와 러시아는 2020년 3월까지 감산을 지속하기로 합의했지만, 그 이후에도 합의를 이어갈지는 알 수 없습니다. 감산이 언제까지 지속될지 모르지만 기간이 길어질수록 공조는 흔들릴 가능성이 높습니다.

한편, 1987년에 시작된 산유국의 감산 공조는 3년여간 잘 이행되다가 1990년에 이르러 흔들리기 시작합니다. 이라크와 쿠웨이트 국경에 위치하여 양국 모두가 생산이 가능한 루메일라 유전에서 쿠웨이트가 원유 생산을 늘렸습니다. 그러자 이라크는 쿠웨이트가 자국의 원유를 훔쳤다고 주장합니다. 또한 쿠웨이트가 생산 쿼터를 위반하여 역내 유가가 크게 하락했다고도 주장합니다. 당시 배럴당 18달러 내외였던 유가는 쿠웨이트의 증산으로 10달러까지 하락합니다. 생산량 쿼터 위반과 석유 자산에서 비롯된 갈등으로 중동에 전운이 감돕니다. 냉전이 끝나가는 세계의 상황과는 달리 중동에서는 긴장이 고조됩니다.

4부

석유, 오늘을 결정하다
(1990년~현재)

27

걸프전, 그 오판과
편견의 향연

> 만약 이 거대한 석유 매장지가 사담 후세인의 손에 들어간다면,
> 우리의 일자리와 삶의 방식 그리고 지구상에 있는 우리와
> 우호적인 국가의 자유는 모두 희생될 것이다.
> – 조지 H. W. 부시, 전 미국 대통령

1988년 이란-이라크전이 끝났습니다. 8년의 전쟁은 영토의 변화도, 정권의 변화도 없이 양쪽에서 100만 명 이상의 사상자만 남기고 마무리됩니다. 이라크의 사담 후세인은 바그다드에 거대한 승전 기념물을 세우지만 사실 이란이 미국의 지원을 받은 이라크를 상대로 선전했다고 볼 수 있는 전쟁이었습니다.

전쟁의 종료로 석유 시장의 불확실성은 한층 줄어듭니다. 산유국

간의 감산 공조도 순조롭게 이루어지면서 1980년대 후반 유가는 18달러 내외에서 안정됩니다. 그러나 석유 시장의 안정과 이라크의 평화도 잠깐이었습니다. 1990년 8월 후세인은 다시 전쟁을 결심합니다. 이라크는 생산 쿼터 위반 등을 문제 삼으며 쿠웨이트를 전격적으로 침공하고, 쿠웨이트는 제대로 된 저항도 못하고 점령됩니다. 후세인은 쿠웨이트가 이라크의 19번째 주가 되었음을 선포하며 그것에 역사적 정당성이 있다고 주장했습니다. 이라크와 쿠웨이트는 종교적·문화적·역사적으로 원래 한 나라였는데, 영국 등 제국주의 국가들이 인위적으로 국경을 그어 나누어졌다는 것입니다.

이라크의 쿠웨이트 점령은 중동의 헤게모니가 미국에 우호적인 사우디 중심에서 반미 국가인 이라크 중심으로 흘러갈 가능성을 낳았습니다. 이라크와 쿠웨이트의 석유 생산량을 합치면 사우디에 필적하기 때문입니다. 미국 입장에서 중동 석유의 대주주는 미국 또는 미국의 우방이어야 했습니다. 그것에 대한 도전은 용납할 수 없었습니다. 카터 독트린을 통해 이 지역에서 미국의 국익에 반하는 행위가 있으면 군사 행위를 할 것이라 선언했고 레이건도 이를 재확인했습니다. 그러나 이라크도 8년간의 이란-이라크전을 통해 실전 경험을 갖춘 100만 병력의 군대를 보유하고 있었습니다. 게다가 이라크 미사일의 사정권에는 미국의 우방인 사우디와 이스라엘이 있었습니다.

1990년 하반기 미국에서 이라크를 두고 치열한 논쟁이 벌어집니다. 전직 외교안보 관료 사이에 벌어진 브레진스키-키신저 논쟁이 대표적입니다. 당대의 외교 전략가 브레진스키는 평화적 해결을, 1970년대의 주역 키신저는 무력 사용을 주장합니다.[1] 평화적 해결을 주장하는 쪽은 무기 체계가 아무리 우수해도 이라크와 지상전을 하면 미군의 피해도 클 것이라 말합니다. 심지어 제2의 베트남전이 될 수 있다고 우려합니다. 이라크가 인접한 미국의 우방 국가 사우디와 이스라엘을 스커드 미사일로 공격하면 막대한 인명 피해가 발생할 수도 있었습니다.

반면 무력 사용을 주장하는 쪽은 후세인이 쿠웨이트를 발판으로 중동의 패자로 등극할 위험이 있음을 강조합니다. 일부 서구 언론은 후세인을 십자군 전쟁 때 원정군을 물리치고 예루살렘을 탈환한 이슬람의 영웅 살라딘에 비유하며, 그의 등장이 서구 사회 전체의 위협이 될 수 있다고 말합니다.

결국 군사 개입이 힘을 얻습니다. 무엇보다 후세인이 침략자라는 점은 분명했고 그 점이 군사 개입에 정당성을 부여했습니다. 미국 대통령 부시는 아래와 같이 후세인을 살라딘의 반열에 올리며 무력 개입의 불가피함을 이야기합니다.

> 만약 이 거대한 석유 매장지의 통제권이 사담 후세인의 손에 들어간다면, 우리 일자리와 삶의 방식 그리고 지구상에 있는 우리와 우호적인 국가의 자유는 모두 위협받을 것이다.[2]

걸프전은 부시 말대로 석유 매장지에 대한 통제권을 두고 벌인 싸움이었습니다. 부시는 거기에 세계 평화라는 명분을 얹습니다. 1990년 12월 미국의 주도로 유엔은 이라크를 향해 1991년 1월 15일까지 쿠웨이트에서 철수하지 않을 경우 군사 개입을 하겠다고 최후 통첩합니다. 이라크는 철수를 거부합니다. 미국을 비롯해 영국, 프랑스 등이 참여한 60만 이상의 다국적군이 페르시아만에 집결합니다. 한국군도 비전투요원으로 참여합니다. 미군 사령관 노먼 슈워츠코프Norman Schwarzkopf의 지휘하에 '사막의 폭풍Desert Storm'이란 작전명으로 전쟁이 시작됩니다. 1991년 1월 17일 바그다드 공습을 시작으로 2차 세계대전 이후 최대 규모의 군사 작전이 개시된 것입니다.

다국적군은 6주간 공습만 진행합니다. 미군이 90퍼센트 이상을 차지하는 지상군은 사우디 등 인접 국가에서 대기합니다. 한 달여 간의 폭풍 같은 공습이 끝난 후 대기하고 있던 지상군이 진군합니다. 지상전이 펼쳐지면 미군의 피해도 클 것이라는 예측과 달리, 다국적군은 지상전 개시 불과 4일 만에 이라크군을 쿠웨이트에서 몰아내고 전쟁을 끝냅니다. 일방적인 전쟁이었습니다. 이라크군의 T-72 탱크는 미군의 M1에이브람스 탱크의 적수가 되지 못했습니다. 당시 미 지상군 기갑중대장 맥매스터Herbert R. McMaster는 단 9대의 에이브람스 탱크를 이끌고 80여 대의 이라크 탱크를 격파하면서 은성 무공 훈장을 받습니다. 이 전투에서 미군의 피해는 전무했습니다. 이후 맥매스터는 트럼프 행정부에서 국가안보 보좌관에 오르며 북핵 문제를 다룹니다.

'사막의 폭풍' 작전은 미국의 최첨단 무기 경연장이기도 했습니다. 토마호크 미사일, 스텔스 전투기, 아파치 헬기 등이 압도적인 성능을 과시하며 이라크군이 미군의 상대가 될 수 없음을 여실히 보여 주었습니다. 이라크는 스커드 미사일을 통해 사우디와 이스라엘을 공격하려 했지만 상당수가 패트리어트 미사일에 격추됩니다. 이 장면은 CNN을 통해 방송되면서 미군 무기의 우수성을 세계에 각인합니다. 이후 한국에서

걸프전 당시 쿠웨이트 상공을 날아가는 미군의 F-15e 전투기

이라크 후세인 정권이 쿠웨이트를 점령하자, 미국은 2차 세계대전 이후 최대 규모의 군사 작전을 실행한다. 미군을 중심으로 한 다국적군의 압도적 화력 앞에 이라크군은 지상전 개시 100여 시간 만에 패퇴한다. 이후 중동은 미국의 절대적인 영향하에 새로운 질서로 재편된다.

패트리어트 도입을 추진하기도 했습니다. 후세인의 군대는 미국을 상대할 수 없었습니다. 이라크군에서 10만~20만 명의 사상자가 발생한 것으로 추정되고 군 체계도 와해된 반면, 미군 사망자는 150명 수준이었습니다. 걸프전에서 미국은 압도적인 힘을 증명합니다.

이렇게 미국이 일방적으로 화력을 사용할 수 있었던 배경에는 당시 국제 정세도 한몫을 했습니다. 이라크는 국제 사회의 우군이 없었습니다. 앞서 살펴본 1956년 수에즈 위기의 경우, 이집트에게는 소련이라는 든든한 우군이 있었습니다. 그래서 영국과 프랑스를 상대로 수에즈 운하를 국유화할 수 있었습니다. 미국은 소련과의 대립을 의식해 이집트의 행위를 묵인합니다. 그러나 걸프전 당시 소련은 연방 해체를 앞둔 극심한 혼란기에 있었습니다. 독일의 베를린 장벽이 무너진 상태였습니다. 중국은 천안문 사태의 혼란 속에 있었고 아직은 강국으로 굴기하기 전이었습니다. 견제할 다른 세력이 없었기에 미국은 일방적인 화력을 부담 없이 펴부을 수 있었습니다.

후세인도 미국과 전면전을 하게 될지 알았다면 쿠웨이트 점령을 고려하지 않았을 것입니다. 그는 몇 가지 이유로 치명적인 오판을 했습니다. 20세기 이후 발발한 8개의 주요 전쟁을 분석한 미국의 정치학자 존 스토신저John G. Stoessinger는 전쟁의 주요 원인으로 지도자의 '오판'을 꼽습니다. 한국전쟁 발발 직전 소련과 북한은 미국이 선포한 애치슨 라인에서 한반도가 제외되자 미국이 한반도의 공산화까지는 용인할 것이라고 오판합니다. 걸프전 직전 후세인의 오판도 이와 비슷한 면이 있습니다. 그는 미국의 주요 관심 국가는 사우디이므로, 미국이 사우디를 위해 전쟁을 할 수는 있어도 쿠웨이트를 위해 전쟁을 하지는 않으리라고 판단합니다. 중동판 애치슨 라인은 쿠웨이트를 비껴간다고 생각한 것입니다. 그런데 이러한 오판의 원인을 미국이 제공했다는 주장도 있습니다. 이라크가 쿠웨이트를 침공하기 직전 후세인은 이라크 주재 미국 대사 에이프릴 글래스피April Glaspie를 만납니다. 이 자리에서 글래스피는 후세인에게 이렇게 말합니다.

> **우리는 이라크와 쿠웨이트 사이의 국경 분쟁에는 입장이 없다. 우리는 당신들이 남쪽에 거대한 병력을 배치한 것을 알고 있다. 보통 그런 것은 우리 소관이 아니다.[3]**

후세인은 글래스피 대사의 발언을 쿠웨이트 침공에 대한 미국의 용인으로 받아들였다고 합니다.[4] 글래스피와의 대화에서 후세인의 오판과 편견도 엿볼 수 있습니다. 후세인은 이란-이라크전에서 50만 명 이상의 사상자를 감수했지만, 미국은 "하나의 전쟁에서 1만 명 이상의 희생자도 감수할 수 없는 국가"라고 말합니다.[5] 이 발언에서 이라크군이 미군을 상대로 1만 명 이상의 사상자를 낼 수 있다는 후세인의 오판과 미국이 그것을 감내할 수 없을 것이라는 편견도 읽을 수 있습니다.

이외에도 미국이 개입하지 않으리라는 후세인의 판단에는 나름의 계산이 있었습니다. 미국은 전통적으로 '역외 균형 전략Offshore Balancing'을 펴 왔습니다. 말이 어렵지만 쉽게 표현하면 '멀리 떨어져서 Offshore' 친미 국가와 반미 국가 간의 '힘의 균형Balancing'을 통해 직접 개입을 최소화한다는 것입니다. 적대국을 우방국으로 제압하고, 반대로 적대국의 위협을 통해 미국에 대한 우방국의 정치적·경제적 의존도를 높입니다. 어찌 보면 동양의 이이제이以夷制夷 계책과 닮았습니다.

2008년 12월, 오바마 행정부의 출범을 앞두고 《뉴스위크》는 〈역외 균형 전략으로의 복귀A Return to Offshore Balancing〉라는 기사를 게재합니다. 이 기사는 새로 출범하는 오바마 정부는 공약대로 이라크 주둔 미군을 철수하고, 냉전 시절 추구했던 역외 균형 전략으로 복귀할 것이라 예측하며 그 이유를 세 가지로 정리했습니다. 첫 번째로 역외 균형 전략을 취하면 인명 피해와 물적 손실을 동반하는 군사 개입을 최소화할 수 있다는 점을 꼽습니다. 두 번째로 직접 개입은 역내의 민족주의를 고조시켜 테러 위험을 높이는 반면, 역외 균형 전략은 이러한 위험을 줄인다고 말합니다. 마지막으로 클린턴 행정부가 구사했던 이란과 이라크를 모두 봉쇄하는 이중 봉쇄Dual Containment 전략이 효과적이지 않음이 증명되었기 때문에 이란과 이라크가 상호 견제하도록 하는 역외 균형 전략으로 돌아갈 수밖에 없다고 이야기합니다.[6] 이 기사에서 언급하지는 않았지만, 역내 세력 균형에 의한 긴장 유지는 미국 방위 산업에도 유리합니다. 방산업체는 완전한 평화도, 전쟁으로 인한 수요국의 경제 붕괴도 원치 않았습니다. 적당한 긴장의 지속은 꾸준한 무기 수요의 전제 조건이었습니다.

걸프전 직전 후세인의 계산으로는 미국은 역내 세력 균형 차원에서 이라크를 건드릴 수 없었습니다. 이라크의 이웃나라 이란은 이슬람 혁명 이후 철저한 반미 국가로 돌아섰습니다. 지금도 그렇지만 당시 이란은 미국을 '대악마'로 규정하고 있었습니다. 그러한 이란과 이라크는 8년간 처절한 전쟁을 했습니다. 그 전쟁을 통해 이라크는 반미, 반서구 사상을 가진 이란 혁명이 사우디 등 이웃나라로 확산되는 것을 막는 방파제 역할을 했습니다. 미국도 첨단 무기를 이라크에 판매하며 간접적으로 이라크 편에 섰습니다. 만약 미국이 쿠웨이트 침공을 구실로 이라크를 붕괴시킨다면 이란과 이라크 사이의 역내 세력 균형이 깨지면서 이란이 중동의 최강자로 군림할 가능성이 생깁니다. 이란의 세력 확대는 미국이 중동에서 가장 원하지 않는 시나리오였습니다.

바로 이러한 이유 때문에 미국은 걸프전에서 이라크군을 궤멸시키고도 후세인 정권을 유지했다고 볼 수 있습니다. 후세인 정권이 무너지면 이라크 국민 구성상, 이란과 같은 시아파 정권이 들어설 가능성이 높았습니다. 후세인 정권은 수니파지만, 이라크 국민의 과반수는 이란과 같은 시아파였기 때문입니다. 이라크에서 시아파 정권이 들어선다면 이란-이라크-시리아로 이어지는 시아파 벨트가 수니파의 사우디를 압도하면서 역내 균형이 깨질 수도 있었습니다. 사우디의 석유가 자신의 영향하에 있는 것이 미국의 핵심 이익임을 생각하면 이는 매우 큰 리스크였습니다.

역내 세력 균형 차원에서 후세인은 자신의 수니파 정권을 미국이 내버려 둘 것이라고 판단합니다. 이는 반은 맞고 반은 틀린 결과를 낳습니다. 미국은 전면 개입을 선택하여 이라크군을 궤멸하지만 후세인 정권을 무너뜨리지는 않았습니다. 미국은 미군의 화력에 정신 차린 후세인이 고분고분해지면 중동에서 균형을 잡기가 오히려 수월해지리라고 판단했을 것입니다. 그러나 이는 미국의 오판이었습니다. 그 오판은 10여 년이 지난 후 다시 전쟁이 일어나는 요인이 됩니다. 결국 2003년 후세인은 정권을 잃고 처형됩니다.

미국은 2003년 이라크전 이후 이 지역에 군대를 주둔시키며 친미 민주주의 정부가 들어서길 기대했지만 그 또한 실패로 돌아갑니다. '군사적 점령'과 점령 후 '행정적 통제'는 전혀 다르다는 것을 생각하지 못했습니다. 결국 오바마 행정부는 막대한 비용과 피해를 뒤로하고 이라크에서 미군을 철수시킵니다. 이런 점에서 미국의 이라크 정책도 오판과 실수의 연속이었습니다. 이란-이라크전에서 이라크를 지원했지만 이란을 굴복시키지 못했고, 이후 이라크와 두 차례 전쟁을 치렀지만 뜻대로 통제하지 못했기 때문입니다.

그러나 1991년의 상황에 한해서 본다면 중동에서 미국의 힘은 압도적이었고 냉전의 승자도 미국이었습니다. 바야흐로 미국의 시대가 도래하는 듯했습니다.

28

미국이 세계화와 자유 무역을
선택한 배경

> **청바지를 입은 자들이 어찌 '미국에게 죽음을!'이라고**
> **외칠 수 있단 말입니까?**[7]
> – 1999년 테헤란의 이란 여학생이 《뉴욕타임스》 기자에게

걸프전이 발발한 1991년, 현대사에서 중요한 또 하나의 뉴스가 전해집니다. 그해 12월 25일, 소련의 마지막 공산당 서기장이자 당시 대통령이었던 미하일 고르바초프Mikhail Gorbachev가 소비에트 연방 해체를 선언한 것입니다. 이로써 미국-소련 양극 체제가 무너지고 미국이라는 초강대국이 주도하는 단일 질서의 시대가 열립니다. 냉전 종식이라는 새로운 상황을 맞이한 미국은 선택에 직면합니다.

컬럼비아대학 역사학 교수 앨런 브링클리Alan Brinkley는 미국이 세

계 유일의 초강대국으로 떠오른 새로운 상황에서 두 가지 대처 방안을 떠올렸다고 합니다. 하나는 미국의 힘과 자원을 '국내 문제'에 집중하는 것이고, 다른 하나는 세계 각 지역에서 공산주의와 싸우던 힘을 '해당 지역에서 미국의 지역적·경제적 이익'을 지키기 위해 사용하는 것입니다.[8] 간략히 말해 힘의 방향을 내부 또는 외부 어느 쪽으로 돌리느냐의 선택이었습니다. 브링클리는 미국이 후자를 택했고, 그 결과 중동의 위험한 정세에 뛰어들었다고 말합니다. 한마디로 '미국 우선America First' 인지, 아니면 '세계 우선World First'인지의 기로에서 미국은 후자, 즉 미국 주도의 세계화를 선택했다는 것입니다.

1990년대의 화두는 단연 '세계화Globalization'였습니다. 세계화는 냉전의 승리자가 된 미국이 주도하는 새로운 규칙이었습니다. 과거 양극 체제하에서는 두 초강대국 중 어느 쪽도 상대방 영향권에 있는 지역을 침범하지 않았습니다.[9] 처칠의 말처럼 '철의 장막Iron curtain'이 세계를 둘로 나누고 있었습니다. 경제적으로도 시장은 대체로 나누어져 있었습니다. 그러나 새로운 세계 질서는 세계화라는 이름으로 자유 시장의 규칙을 전 세계에 확산시켰습니다. 세계화는 기본적으로 영국과 미국이 1970~1980년대 추구한 신자유주의에 기반을 두고 있습니다. 세계화를 통해 정부 역할 최소화, 규제 완화, 민영화, 자유 무역 등으로 대표되는 신자유주의적 경제 질서가 구축됩니다.

세계화는 자본의 힘이 작용하는 무대를 확장했고, 그 힘이 석유 자원에까지 닿는 것은 산유국의 입장에서 달갑지 않았습니다. 2차 세계대전 이후 영국과 미국이 산유국과 가장 힘겹게 싸웠던 문제는 산유국의 석유 자산 국유화였습니다. 앞에서 다루었듯이 1953년 이란의 모사데크가 축출된 이유는 그가 이란 내의 석유 자산을 일방적으로 국유화했기 때문입니다. 베네수엘라 대통령 우고 차베스Hugo Chavez도 1999년 취임 후 반미·반세계화의 입장을 분명히 하며 자국의 석유 자산을 국유화합니다. 이로 인해 미국과 갈등을 겪었고, 그 결과 경제 제재와 자본 철수 등으로 인해 자국의 석유 산업이 몰락하는 상황을 맞았습니다. 1970년대 산유국들이 오일쇼크와 함께 추진했던 것도 국유화였습니다. 이 시기에 이라크 석유 회사Iraq Petroleum Company가 국유화되었고, 리비아의 석유 자산도 카다피에 의해 절반 이상이 국유화됩니다. 심지어 미국이 사우디에 세운 석유 회사 아람코마저 사우디의 국영 기업이 되었습니다.

서구의 시각에서 보면, 산유국이 자국의 석유 자산을 정부의 통제하에 두는 국유화는 낡은 민족주의적 자세였고 반세계화의 움직임이었습니다. 그래서 서구권의 역사가들은 1970년대를 '자원 민족주의'와 '석유 무기화'라는 말로 설명하기도 합니다. 서구 중심적인 표현입니다. 동해 바다에 거대한 유전이 발견된다면 한국 정부라도 그것을 국유화해서 정부가 통제하는 국영 기업에 생산과 판매를 위임하고 싶어할 것입니다. 설령 외국 메이저 석유 회사가 유전 발견 과정에서 기여했다 할

지라도 외국 기업의 몫은 최소화하려 할 것입니다. 반면 외국 기업은 유전 발견을 이유로 소유권이나 막대한 로열티를 주장할 것입니다. 그 과정에서 분쟁이 발생할 수도 있습니다. 이러한 분쟁의 본질적 원인은 민족주의라기보다 자본주의입니다. 다만 분쟁의 주체가 기업이 아니라 국가나 정부일 때 민족주의는 결집의 도구로 따라올 뿐입니다.

석유 자원이 시장이 아닌 산유국 정부의 손 안에 있으면 서구는 자본의 힘을 활용할 수 없습니다. 자본의 힘을 극대화할 수 있는 것은 세계화였습니다. 세계화를 설명한 《렉서스와 올리브 나무The Lexus and the Olive Tree》의 저자 토머스 프리드먼Thomas L. Friedman은 한 나라가 세계화 시대의 경제 규칙을 준수하기로 하면 황금의 구속복golden straightjacket을 입게 된다고 이야기합니다. 황금의 구속복은 대체로 민영화, 정부 축소, 관세 인하, 자본 시장 규제 완화 등으로 구성됩니다.[10] 세계의 생산물을 자본의 힘으로 공유할 수 있도록 최적화된 장치들입니다. 이런 조건에서 가장 큰 힘을 발휘할 수 있는 주체는 거대 다국적 기업입니다. 거대 다국적 기업은 정부의 힘이 축소되고 자본의 흐름이 자유로워진 상황에서 수익과 비용을 세계 곳곳으로 이동시킬 수 있습니다.

세계화의 주요한 흐름 중 하나는 산업 분야를 막론한 거대 다국적 기업의 등장이었습니다. 이 흐름을 석유 기업이 주도합니다. 1990년대 후반부터 메이저 석유 회사들의 초대형 인수합병이 잇따라 이루어지면서 엑손모빌, 셰브런, BP, 토탈Total과 같은 초대형 다국적 석유 기업이

등장합니다. 먼저 BP부터 보겠습니다. BP 사장 존 브라운John Browne
은 1995년 취임 직후부터 미들급 섬나라인 영국의 회사 BP가 살아남
으려면 대형화하든지 아니면 죽든지 둘 중에 하나라고 단정했습니다.[11]
그리고 그 시기를 호시탐탐 노리다가 1998년 금융 위기 시점에 맞추어
기업 합병을 추진합니다. BP의 첫 타깃은 모빌이었습니다. 모빌은 미국
의 석유왕 록펠러가 세운 스탠더드 오일의 뉴욕 분사였습니다. 미국은
뉴욕의 석유 회사를 영국에게 넘겨주기는 싫었는지 이 협상을 결렬시킵
니다. 그 대신 BP는 아모코Amoco를 잡습니다. 아모코는 스탠더드 오일
의 인디애나주 분사였습니다. 1998년 12월 한국이 외환 위기의 여파로
휘청거릴 때 약 53조 원 규모의 역대급 인수합병이 성사됩니다. 이듬해
4월 BP는 당시 파산 위기에 처했던 아르코Arco까지 약 30조 원에 인수
하면서 현재와 같은 슈퍼 메이저 석유 기업의 면모를 갖추게 됩니다. BP
는 '시장에서 곡소리가 날 때 매수하라'는 격언을 충실히 실행합니다.

　　이후 이어진 엑손과 모빌의 합병은 급속히 진행됩니다. BP가 아모
코를 인수한 가격이 거래 가격의 기준으로 활용되면서 엑손과 모빌의
주주를 설득하기 쉬워진 것입니다. 결국 1911년 반독점법에 의해 해체
된 미국 1, 2위 석유 회사가 1999년에 다시 합쳐집니다. 이렇게 탄생한
엑손모빌은 《포천》 500대 기업 중 월마트Wallmart와 함께 1, 2위를 다
투는 회사가 됩니다. 2000년 10월에는 셰브런이 텍사코와 합병하여 새
로운 셰브런으로 재출발합니다. 같은 해에 프랑스의 토탈도 자국 석유

기업 엘프Elf와 합치면서 5대 메이저 석유 기업 중 한 자리를 차지합니다.

초대형 다국적 석유 기업은 세계화가 펼쳐 놓은 세계라는 무대에서 석유라는 자산에 대한 지배력을 확보할 수 있었습니다. 이 시기에 서구 자본이 특히 집중했던 곳은 중앙아시아였습니다. 냉전 시기에 중앙아시아는 미국이 감히 넘볼 수 없는 소련의 영역이었습니다. 아제르바이잔, 투르크메니스탄, 카자흐스탄 등은 막대한 석유 매장량에도 불구하고 미국 기업의 진출이 막혀 있던 곳이었으나 소련이 해체되면서 새로운 황금의 샘으로 떠오릅니다.

중앙아시아는 지정학적으로도 매우 중요했습니다. 앞에서 설명한 바와 같이 이 지역은 19세기에 '그레이트 게임'이라는 이름으로 대영제국과 러시아가 각축하던 곳이었습니다. 소련이 붕괴하자 이곳에서 새로운 그레이트 게임이 열립니다. 과거와 달리 총칼이 아닌 시장에서 자본으로 벌이는 경쟁이었습니다. 경쟁의 목적은 이곳에 매장된 석유 개발권과 운송 수단 등의 확보였습니다. 1990년대에 미국, 유럽, 중국, 러시아 등이 중앙아시아의 석유 사업권을 놓고 벌인 경쟁은 '뉴 그레이트 게임New Great Game'이라 불리기도 합니다.[12]

이 새로운 그레이트 게임에서 영미계 메이저 석유 기업은 아제르바이잔, 카자흐스탄 등지에서 대규모 석유 사업권을 따냅니다. 특히 1994년 9월 아제르바이잔의 석유 개발을 위해 BP, 셰브런, 엑손모빌 등이 컨소시엄을 구성해 아제르바이잔 국영 석유 회사 소카르Socar와

냉전 종식 이후, 미국은 자본의 힘을 극대화할 수 있는 세계화를 추진한다. 세계화는 세계를 하나의 시장으로 만들고, 초대형 다국적 기업을 등장시킨다. 이러한 흐름에서 석유 기업들은 인수합병을 거치며 5대 메이저 석유 기업으로 재편되었고, 이는 현재까지 이어지고 있다.

생산물 분배 계약PSA을 체결합니다. 이 계약은 '세기의 거래'로 불리는데, 그만큼 역사적·정치적·경제적으로 중요한 의미가 있습니다.[13] 이 계약으로 아제르바이잔 바쿠Baku 유전 개발에 서구 석유 기업이 참여할수 있게 됩니다.

아제르바이잔의 바쿠와 인근 지역은 1920년 러시아 볼셰비키군이 점령한 이후로 소련 석유 산업의 출발점이자 주무대였습니다. 2차 세계대전 중에는 석유 매장지라는 전략적 중요성 때문에 히틀러가 집중적으로 공략했지만 점령하지 못한 곳이었습니다. 이곳의 점령 실패는 나치 독일이 2차 세계대전에 패배한 주요한 원인으로 꼽힙니다. 세계화의 물결을 타고 과거 러시아와 나치가 탐냈던 바쿠가 서구 석유 기업의 무대로 변모한 것입니다.

중앙아시아는 해안과 접하지 않은 내륙에 있기 때문에 이곳의 석유 사업이 서구에 의미가 있으려면 거대한 송유관이 필요했습니다. 그래서 1990년대 중반부터 중앙아시아와 유럽을 잇는 송유관 건설이 추진됩니다. 이 송유관은 당시 세계 최대 규모(총연장 1774Km)였기에 막대한 자본 투자가 필요했는데, BP와 셰브런과 같은 영미계 메이저 석유 기업이 뛰어듭니다. 1993년 송유관에 대한 기초 문서가 서명된 이후, 12년의 준비와 건설 기간 끝에 2005년 아제르바이잔의 바쿠에서 시작하여 조지아의 트빌리시Tbilisi를 거쳐 터키의 지중해 연안 도시 제이한Ceyhan을 연결하는 BTC 송유관이 완공됩니다. 중앙아시아의 석유가 서구의 자본과 기술로 만들어진 운송 수단을 거쳐 서구에 수출되는 '세계화'의 한 형태가 실현된 것입니다. 미국으로서는 중동 석유 의존도를 낮추면서 유럽 동맹국에 석유를 공급하는 통로를 하나 더 마련합니다. 이로써 미국은 유럽에 영향력을 미칠 수 있는 카드 하나를 더 손에 넣습니다. 영국의 BP가 이 송유관의 최대 지분(30.1%)을 확보하여 운영권을 손에 넣는 모습은 19세기 영국이 세계 경영을 하던 때에 수에즈 운하의 최대 주주로서 운영권을 행사하던 모습을 떠오르게 합니다.

세계화는 기본적으로 해외에 매력적인 이권이나 생산물이 있어야 동력을 얻습니다. 넓게 보면 인류 최초의 세계화는 정화의 대원정이나 콜럼버스의 신대륙 발견이 이루어진 15세기라고 볼 수 있습니다. 당시 중화 사상에 빠져 있던 중국은 중국 바깥의 것에 매력을 느끼지 못하면서 정화의 원정 이후 더 이상 세계화를 진행하지 않습니다. 반면 유럽은 신대륙 발견을 통해 경제적 이익을 추구하면서 정복적인 세계화를 진행합니다. 당시 유럽인에게 인도와 일본 같은 동방은 향신료와 황금 등 매력적인 생산물이 가득한 곳이었습니다.

1990년대 미국은 세계 각지에서 얻을 수 있는 정치적·경제적 이익이 많았고 이것이 세계화의 주요한 동력이었습니다. 미국 입장에서 여전히 '세계는 넓고 할 일은 많았던 것'입니다. 특히 소련에서 떨어져 나온 중앙아시아 지역은 신대륙이나 다름없었습니다. 역사의 운율을 맞추기라도 하듯 20세기 말의 중앙아시아 석유는 15세기의 황금과 향신료처럼 세계화의 중대한 동력이 됩니다. 또한 그때나 지금이나 해상권을 장악한 나라가 패권국이 되었는데, 해상권의 장악은 곧 생산물의 장악이기 때문입니다. 미국은 전 세계 해상권을 장악한 상태에서 중앙아시아 내륙의 해상권이라 할 BTC 송유관의 건설과 운영에도 관여하며 미국이 주도하는 단일 질서를 공고히 했습니다.

이렇게 1990년대의 석유 시장은 미국의 지배하에서 안정기에 접어드는 듯했습니다. 미국은 세계화와 자유 무역의 흐름 속에서 구소련의 유전 지대였던 중앙아시아의 신생 국가를 미국 자본의 영향하에 두기 위해 치열한 노력을 기울입니다. 이 과정에서 중국과 러시아가 반발했지만 큰 흐름을 거스를 수는 없었습니다. 그러나 중동과 중앙아시아까지 뻗어 나가는 미국의 영향력에 대한 반발 자체가 사라진 것은 아니었습니다. 미국에 대한 강한 저항은 여러 단체와 결사로 나타납니다. 그리고 그들 중 가장 눈에 띄는 세력은 중동과 중앙아시아를 연결하는 아프간을 거점으로 활동합니다. 바로 오사마 빈 라덴의 알카에다Al-Qaeda와 탈레반Taliban입니다.

9.11 테러는 정말
'문명의 충돌'이었을까?

세계화에 대해서는 부정적 시각과 긍정적 시각이 공존합니다. 부정적 시각에서는 세계화가 출발선도 체급도 다른 국가 간에 국경 없는 경쟁을 통해 소수의 승자와 다수의 패자를 만든다고 주장합니다. 또한 빈곤을 고착화시키고 국가 간 빈부의 격차를 확대합니다. 그러나 미국의 2000년대를 이끌었던 부시와 오바마는 정치와 경제를 자유화하고 세계화할수록 세계는 평화와 번영을 이룬다고 주장합니다. 또한 환경과 인구 문제와 같이 개별 국가 영역에서 해결할 수 없는 문제가 많아졌습니다. 기후 변화에 공동으로 대응하기 위해서는 국가 간 협약이 필요하고 국제 분쟁과 난민에 대해서도 공동의 대처가 필요합니다. 두 시각 모두 일리가 있지만 교통과 통신의 발달은 세계화가 정치적·경제적 의도라기보다 자연스러운 흐름처럼 받아들여지게 하는 면이 있었습니다. 그래서인지 세계화는 2000년대 이후까지 꾸준히 시대의 흐름으로 자리 잡습니다. 한국에서도 1993년 문민정부가 들어서며 세계화를 국정 과제로 추진합니다.

중동과 아랍은 세계화에 대해 다른 태도를 취했습니다. 물론 1991년 걸프전으로 미국이 강력한 힘과 의지를 보여 주면서, 중동에서 국가나 정부 차원의 저항은 줄어듭니다. 이란의 호메이니, 이라크의 후세인 그리고 이집트의 나세르와 같은 사례는 찾아보기 힘들어졌습니다. 소련까지 해체되면서 미국 주도의 세계화는 더욱 확고한 흐름이 됩니다.

그러나 이슬람 세계에서 미국에 대한 거부감이 사라진 것은 아니었습니다. 전쟁과 혁명으로 표면화되지는 않았지만, 세계화가 진행될수록 원리주의 성향을 지닌 이슬람교도의 분노도 커집니다. 그들은 아랍이 경제적·문화적으로 미국의 영향을 받고 있다는 현실에 분노합니다. 무엇보다 걸프전 직전 미군이 아랍 땅에 들어오면서 분노에 불이 붙습니다. 그러한 분노가 응집되어 나타난 결과는 개인 또는 집단이 폭력을 도구로 미국의 영향력에 대항하는 것이었습니다.[14] 즉, 이슬람 무장 세력이 성장합니다. 1980년대 무자헤딘과 헤즈볼라에 이어 1990년대에 알카에다 그리고 2000년대 이후에는 IS로 알려진 극단주의 무장 단체 '이슬람 국가Islamic State'가 등장합니다. 이들은 정면으로 미국과 겨룰 수 없었고 국가도 아니기 때문에 전쟁을 벌일 수도 없었습니다. 취할 수 있는 군사적 옵션은 테러였습니다.

2000년대 가장 충격적인 테러의 장본인은 아이러니하게도 미국에 가장 우호적인 국가 사우디에서 등장합니다. 바로 오사마 빈 라덴입니다. 그의 조국 사우디는 미국의 핵심 우방이자 가장 원리주의적인 국가이기도 합니다. 지금도 사우디 여성은 아바야(머리부터 덮는 검은 망토 모양 의상)로 온몸을 가려야 하고, 남성 보호자 없이는 외출이 불가능합니다. 2018년 이전까지는 운전도 불가능했습니다. 또한 사우디는 수니파의 맹주국으로서 이슬람의 심장인 메카와 메디나가 있는 나라입니다. 원리주의 성향이 강하고 엄격한 이슬람 문화를 고수한다는 점에서 이란과 비슷합니다. 사우디는 수니파, 이란은 시아파의 수장으로서 서로 중동의 패권을 차지하려 한다는 점에서도 두 나라는 공통점을 갖습니다. 그러나 미국과의 관계는 극명하게 다릅니다. 사우디와 달리 이란은 미국을 악마로 규정하며 철저한 반미 정책을 취하고 있습니다.

이란도 1979년 이전까지는 미국과 우호 관계를 유지했습니다. 그당시 호메이니가 친미적인 이란 정권을 맹렬하게 비난했듯이, 빈 라덴도 친미적인 사우드 왕가를 축출해야 할 대상으로 규정합니다. 빈 라덴 역시 호메이니처럼 조국에서 추방당했습니다. 호메이니는 1979년 이란으

로 돌아와 이슬람 혁명을 통해 이란을 반미 신정 국가로 돌려 세우지만,
빈 라덴은 사우디로 돌아가지 못하고 전 세계를 떠돕니다. 그러나 빈 라
덴은 호메이니보다 더 강렬하고 충격적인 21세기의 한 장면을 만듭니
다. 바로 2001년 9.11 테러입니다.

빈 라덴이 미국을 상대로 지하드(성전)를 결심한 계기는 미군의 사
우디 주둔이었습니다. 미군 주둔은 항상 민감한 문제였습니다. 1945년
사우디가 석유의 중심지로 떠오르기 시작할 때, 미국은 그곳에 군대를
주둔시킵니다. 주둔 규모는 독일과 일본을 제외하면 세계에서 가장 컸
습니다. 그러나 이 미군 기지는 1962년까지만 운영할 수 있었습니다.[15]
사우디에 미군이 주둔하는 것을 지도자도, 국민도 받아들일 수 없었기
때문입니다. 비슷한 시기에 호메이니도 이란에서의 미군 지위에 대해 문
제를 제기하다가 해외로 망명합니다. 그로부터 28년이 지난 1990년,
이라크가 쿠웨이트를 침공하자 약 50만 명의 미군이 이슬람의 양대 성
지인 메카와 메디나에 다시 들어옵니다. 외국 군대가 주둔한다는 것은
민족주의 시각에서 굴욕이었습니다. 특히 이교도의 군대가 이슬람의 심
장과도 같은 성지에 주둔한 것은 목숨을 건 지하드의 이유가 됩니다.

빈 라덴은 1988년 테러 조직 알카에다를 결성하였습니다. 그는 알
카에다와 자신이 지원했던 아프간의 무자헤딘 전사들을 활용하면 미군
의 도움 없이도 침략자 이라크를 물리칠 수 있다고 주장합니다. 그리고
구체적인 계획이 담긴 60페이지 분량의 제안서를 사우디 정부에 전달합

니다. 그러나 그 계획은 받아들여지지 않았습니다.[16] 빈 라덴은 1990년 사우디의 왕자를 만나 "당신들은 주인인 미국의 말을 듣고 있다. 나는 이슬람 군대의 사령관이다. 나는 오직 알라만을 두려워한다"[17]고 말합니다. 이렇게 사우드 왕가를 미국의 종복agent이라 규정한 빈 라덴은 이후 사우디에서 쫓겨나다시피 하며 1991년 수단으로 건너갑니다.

1990년 걸프전을 위해 미군이 사우디에 주둔한 이후, 빈 라덴의 알카에다는 반미 조직으로 성격을 굳힙니다. 그는 수단을 거점으로 알카에다를 운영하면서 건설업 등의 수익 사업으로 자금을 확보하고 미국에 대한 테러를 실행합니다. 1993년 빈 라덴은 수단에서 소말리아 내 미군에 대한 공격을 지원하여 블랙호크(UH-60) 헬기 2대를 떨어뜨립니다. 같은 해 알카에다는 CIA 직원 2명이 사망한 미국 CIA 청사 총기 난사 사건, 미국 시민 6명이 사망한 월드 트레이드 센터 지하 주차장 폭탄 테러 등에도 관여합니다. 미국은 테러의 배후에 알카에다가 있다는 것을 파악하고 수단 정부로 하여금 빈 라덴에게 거처를 제공하지 말라고 압력을 행사합니다. 결국 빈 라덴은 수단에서도 추방됩니다.

빈 라덴의 다음 행선지는 아프간이었습니다. 1996년 5월, 빈 라덴은 아프간으로 건너가게 되고, 그곳에서 탈레반을 이끄는 지도자 물라 오마르Mullah Omar를 만납니다. 미국은 수단 정부가 빈 라덴을 추방하면 그의 다음 행선지가 아프간이 될 수 있다고 예상했습니다. 그러나 그곳이 빈 라덴의 새로운 반미 투쟁과 테러의 거점이 되고, 그로 인해 장기간의 전쟁을 하게 될 것이라고는 예상하지 못했습니다. 아프간은 여러 여건상 빈 라덴의 활동을 제약할 수 있는 곳이었습니다. 당시 아프간은 1989년 소련군 철수 이후 내전 상태에 있었습니다. 구정부군, 지역 무장 군벌, 종교 세력이 아프간의 통치권을 두고 치열하게 다투는 중이었습니다. 그 과정에서 아프간의 칸다하르 지역에서 성장한 수니파 원리주의 성향의 무장 집단 탈레반은 사우디와 파키스탄의 지원을 받아 다른 세력을 제압하며 가장 유력한 세력으로 부상합니다.

탈레반이 애초부터 미국과 정면으로 대결할 의도를 가진 단체였던 것은 아니었습니다. 탈레반 지도자 오마르는 아프간 장악을 1차 목표로 삼았고 그 과업도 쉽지 않았기 때문입니다. 1996년 탈레반은 아프간의 수도 카불을 점령하며 강력한 세력으로 부상하지만, 아프간의 북부는 과거 정부 세력 등이 점령하고 있었고 이들은 1997년 6월 반反탈레반 연합인 북부 동맹을 결성합니다.

이러한 내전의 와중에 탈레반이 빈 라덴을 받아들이기는 했지만, 그와 적극적으로 연합할 것이라 생각하기는 힘들었습니다. 탈레반 입장에서는 사우드 왕가를 적으로 규정한 빈 라덴을 비호하면 가장 중요한 후원자를 잃을 수도 있었습니다. 게다가 탈레반은 과거 미국으로부터 스팅어 미사일을 비롯한 무기와 자금을 공급받으며 소련과 싸우기도 했습니다. 수니파의 맹주국 사우디와 세계화의 주도국 미국의 입장에서 수니파이자 반사회주 성향의 탈레반이 아프간을 통치하는 것은 나쁘지 않은 지역 안정화의 방향이었습니다. 당시 미국 정계에서는 향후 탈레반이 반미의 이란 모델보다는 친미의 사우디 모델을 따를 것이라 예측하기도 했습니다.[18]

친미 성향의 사우디 정부와 파키스탄 정부의 지원을 받는 탈레반과 철저한 반미를 지향하는 빈 라덴의 공존은 상상하기 어려웠습니다. 실제로 오마르는 빈 라덴을 사우디에 넘길 계획을 갖고 있었습니다. 1996년 8월 오마르는 사우디 정보국의 수장 투르키에게 빈 라덴을 송환할 수 있다는 입장을 밝힙니다. 다만 사우디도 탈레반도 빈 라덴이 알카에다의 수장이라는 점을 의식해서 적당한 시기를 찾지 못하고 있었습니다.

그사이 매우 흥미로운 장면이 펼쳐집니다. 아프간에 온 빈 라덴은 CNN, ABC 등 서구 언론과 빈번하게 인터뷰하며 이슬람의 목소리를 대변하기 시작합니다. 이 과정에서 더부살이 처지였던 빈 라덴이 오히려 탈레반을 상징하는 인물이 된 듯한 착시 효과를 일으키며 대미 성전의 중심 인물로 떠오릅니다. 그는 아프간에 온 지 3개월 지난 1996년 8월 '두 개의 성지를 점령한 미군에 대한 지하드 선언'을 서구 언론을 통해 발표합니다. 그는 이 발표를 통해 미군에 대한 테러는 아랍인의 합법적인 권리이자 도덕적인 의무라고 주장합니다. 같은 해 CNN과의 인터뷰에서는 이슬람의 분노를 표출하며 죽음을 무릅쓰고 미국과 싸워 그들을 쫓아내겠다는 결의를 표현합니다.[19]

사우디의 메카는 이슬람교도라면 평생 한 번은 방문해야 하는 말

그대로 이슬람의 메카입니다. 그곳에 기독교의 군대가 주둔한다는 것은 이슬람의 공분을 사기에 충분했습니다. 그런 상황에서 상당수의 이슬람교도의 불만을 빈 라덴이 서구 언론을 통해 대신 표출한 것입니다. 빈 라덴은 언론을 통해 종교적이고 도발적인 발언을 지속하면서 탈레반을 상징하는 인사가 됩니다.

빈 라덴은 미디어의 힘을 잘 알고 있었습니다. 이슬람 세계에 잠재되고 억압된 욕구를 파악하고, 그것에 호소하며 자신을 그에 맞게 이미지화합니다. 또한 언론 플레이를 통해 이슬람 공통의 의제를 선점하며 반미 투쟁의 헤게모니를 장악합니다. 오마르는 빈 라덴의 이러한 대외 활동에 분노하며 언론 접촉을 자제하라고 요청하지만 이미 빈 라덴은 오마르의 통제 범위를 벗어난 상태였습니다. 게다가 탈레반도 '아프간 내전 주도 세력'이 아니라, '반미 지하드의 중심 세력'이라는 새로운 정체성으로 전 세계에 인식됩니다.

이러한 전략으로 빈 라덴은 수십 년간 누적되어 있던 이슬람의 반서구 정서를 자신의 자원으로 가져옵니다. 이슬람 세계에 빈 라덴이라는 인물을 각인시키며 알카에다는 새로운 조직원을 충원했고, 무장 세력 네트워크와 후원 체계도 확립했습니다. 물론 이러한 시도는 정작 탈레반 입장에서는 불편하고 위험한 것이었습니다. 따라서 오마르는 적절한 시점에 빈 라덴을 사우디에 넘겨주겠다는 입장을 수정하지 않습니다. 그러나 바로 그 시점에 빈 라덴은 대담한 테러를 기획하며 자신의 입지를 강화합니다.

1998년 8월 7일 케냐 수도 나이로비의 미국 대사관 정문으로 트럭 한 대가 돌진합니다. 폭탄을 가득 실은 트럭은 대사관 정문과 충돌 후 폭발했습니다. 이 테러로 미국인 12명을 포함해 213명이 사망합니다. 알카에다가 주도한 최초의 대형 테러였습니다. 미국의 클린턴 행정부는 이를 알카에다의 소행으로 파악하고 빈 라덴을 제거하기로 결정합니다. 빈 라덴의 거처를 확인한 후, 1998년 8월 17일 아라비아해에서 75대 의 토마호크 미사일을 아프간으로 발사합니다. 그러나 이 미사일 공격 은 실패로 끝났습니다. 미국의 공격에서 살아남으면서 빈 라덴의 입지 는 더부살이에서 탈레반의 핵심 인물로 바뀝니다. 빈 라덴은 사우디로 압송될 뻔한 절체절명의 위기에서 대담한 테러를 감행하고 미국의 미사 일 공격을 이겨내며 상황을 반전시킵니다. 자신의 통치 지역을 공격받 은 오마르도 입장을 바꿔 빈 라덴에게 은신처를 지속적으로 제공합니 다. 미국은 이후에도 빈 라덴을 체포하기 위해 노력하지만 번번이 실패 합니다.

탈레반의 비호 아래 빈 라덴은 오랫동안 구상한 테러를 치밀하게 진행합니다. 바로 2001년 9.11 테러입니다. 빈 라덴의 야심은 미국의 정치·경제·국방의 중심을 동시에 타격하는 것이었습니다. 대형 여객기 4대를 납치해 2대는 미국 자본주의의 상징인 월드 트레이드 센터를, 1 대는 미국 국방부 건물인 펜타곤을, 그리고 마지막 1대는 백악관을 공

격하겠다는 구상을 합니다. 훗날 백악관을 겨냥한 1대의 여객기는 승객
들의 용기 있는 저항으로 실패하지만 3대는 테러에 성공합니다.

9.11 테러는 미국에서 여객기를 탈취하여 동시다발적으로 진행되
었기 때문에 서방 문화와 영어에 익숙한 인력이 필요했습니다. 즉, 서방
에서 나고 자랐거나 유학한 무슬림 학생들이 큰 역할을 합니다. 특히 함
부르크 그룹이라 불리는 함부르크 유학생들이 9.11 테러를 행한 여객
기에 탑승하고 있었습니다. 미국에 대한 증오로 뭉친 이들은 영어에 능

⚓ **오사마 빈 라덴**(왼쪽)**과 물라 오마르**(오른쪽)

빈 라덴은 미군 주둔을 허용한 사우디 왕실을 비난하다가 조국 사우디에
서 쫓겨난다. 이후 수단을 거쳐 아프간으로 건너가는데 그곳에서 탈레반의
지도자 오마르를 만난다. 두 사람은 목표와 이해관계가 다름에도 제휴를
맺었고, 은신처를 얻은 빈 라덴은 아프간을 미국 테러의 거점으로 삼는다.

통했고, 비행기 조종 능력과 같은 기술적 역량도 갖추고 있었습니다.[20] 엘리트이면서 서구 문화에 익숙하고 미래가 유망한 이들이 끔찍한 테러를 주도한 것입니다. 이들의 분노는 종교적 분노 또는 유럽에서 무슬림으로 겪어야 했던 개인적 경험에서 비롯된 분노일 수 있습니다. 그러나 테러의 보다 보편적이고 근본적인 출발점은 팔레스타인 문제였고, 그이후로 진행된 석유로 인한 갈등과 분쟁, 부패와 빈곤은 거대한 반서구 정서의 양분이 됩니다.

조국에서 추방되어 세계를 떠돌던 빈 라덴이 미국 중심부를 공격한 테러의 지도자가 된 가장 큰 이유는, 그가 반서구 정서의 구심점이 되었기 때문입니다. 9.11 테러 이후 이슬람에 대한 관심이 높아지면서 걸프전과 9.11 테러 등을 '문명의 충돌'로 보는 시각도 있었습니다. 1996년에 출간된 새뮤얼 헌팅턴Samuel P. Huntington의 저서 《문명의 충돌The Clash of Civilizations》은 국가 간 전쟁의 원인은 이념이 아니라 전통, 문화, 종교 때문이라고 설명합니다. 그의 책은 9.11 테러 이후 더 유명해집니다. 그러나 걸프전과 9.11 테러에서 나타난 이슬람과 서구의 갈등은 문명의 충돌로 설명이 안 되는 부분도 있습니다.

서구와 다른 문화권인 일본은 서구에 대한 증오는커녕 근대 이후 '탈아입구脫亞入歐'를 외치며 서구화를 추진했습니다. 한국의 경우 반미 정서나 반미 담론이 있기는 했지만, 대중은 서구 문화의 핵심인 기독교를 적극 수용했습니다. 또한 서구를 '서구 선진국'이라 관용적으로 통칭하고, 해마다 한국인 노벨상 수상자에 집착하는 국내 언론의 모습에서도 한국인의 서양에 대한 태도를 읽을 수 있습니다. 확실히 반감보다는 동경에 가깝습니다.

한국은 오히려 동일 문화권인 중국과 일본에 더 강한 반감을 보입니다. 중국과 일본에 의한 침탈의 역사가 있었기 때문일 것입니다. 이런 점에서 문화의 이질성이 충돌을 부르는 주된 요소는 아닙니다. 만약 한국에서 서구 제국주의 약탈의 영향과 피해가 분명했다면 서구 문명을 대하는 태도는 지금과 같지 않았을 것입니다.

이와 같은 점에서 서구를 향한 이슬람의 증오는 마키아벨리의 설명으로 더 잘 이해할 수 있습니다. 마키아벨리는 인간의 본성을 냉철하게 통찰한 《군주론The Prince》에서 군주가 미움을 받지 않기 위해서는 무엇보다 타인의 재산에 손을 대지 않아야 한다고 주장합니다. 왜냐하면 "인간이란 어버이의 죽음은 쉽게 잊어도 재산의 상실은 좀처럼 잊지 못하기 때문"[21]입니다. 종교적 차이는 증오를 불러올 수 있고, 종교가 가진 맹목성은 무력 사용의 주요 원인이기도 합니다. 그러나 9.11 테러에서 나타난 분노의 기원 그리고 지금까지 이어지는 이슬람과 서구의 반목에서 가장 중요한 부분은 제국주의 시절부터 이어진 침탈의 역사입니다.

중동과 아랍은 20세기 석유 개발의 역사에서 부의 상당 부분을 서구가 빼앗아 갔다고 여깁니다. 그들이 아랍의 '토지'라고 여기는 팔레스타인 지역에 이교도의 국가를 건설한 것도 테러의 주요 이유입니다. 땅과 석유는 가장 중요한 부의 원천이었습니다. 헌팅턴조차도《문명의 충돌》에서 걸프전을 "문명과 문명 사이의 전쟁으로 결국 세계 최대의 유전을 서구의 군사력에 안보를 위탁하는 사우디아라비아 등의 아랍 토후국이 관리할 것인지 아니면 반서구적인 국가들이 관리하느냐를 둘러싼 대립"이라고 정의합니다.[22]

2003년 미국 갤럽이 이라크 바그다드 거주자를 대상으로 '미국의 이라크 침략 의도가 무엇인가?'를 물었을 때 54퍼센트의 응답자가 석유(43%) 또는 석유에서 발생하는 부(11%) 때문이라고 대답합니다.[23] 이라크 국민은 미국과의 두 차례 전쟁이 석유에서 비롯되었다고 인식하고 있는 것입니다. 이란에서도 호메이니가 미국을 '대악마'라고 부르며 적대시한 것도 석유에서 비롯합니다. 1907년 영국인 윌리엄 녹스 다아시가 이란에서 최초로 석유를 발견한 이후로, 영국은 이란에서 막대한 석유 이익을 챙겼지만 이란 정부와 국민에 돌아간 몫은 상대적으로 적었습니다. 이 때문에 1951년 이란 총리 모사데크는 앵글로-이란 석유 회사를 일방적으로 국유화하고 이에 분노한 영국과 미국은 모사데크를 축출하고 팔레비에게 권력을 쥐어 줍니다. 팔레비 왕정 체제에서도 막대한 석유 생산이 이어졌지만 여전히 이란 국민은 경제난에 시달렸고, 이는 서구에 대한 분노로 이어집니다. 1990년 빈 라덴을 분노케 한 미군의 사우디 주둔도 헌팅턴의 표현처럼 세계 최대의 유전을 누가 지배할 것인지를 놓고 벌인 대립 때문이었습니다.

2018년 이후에도 트럼프 행정부는 이란 제재를 통해 이란산 석유의 수출을 금지했습니다. 이 모습은 1951년 이란의 모사데크가 앵글로-이란 석유 회사를 국유화하자 영국이 해군 함대를 파견하며 이란산 석유의 수출을 금지했던 모습의 재현입니다. 서구는 지속적으로 중동의 석유에 관여했고, 그것이 갈등과 분쟁의 시작이자 원형이었습니다. 그리고 이러한 갈등과 분쟁은 이슬람 신앙과 결합하여 이슬람 세계 공통의 반서구 정서를 형성합니다. 빈 라덴은 바로 이 부분을 파고들었습니다. 미국의 강력한 힘이 세계화로 나타나는 시기에, 빈 라덴은 이슬람 세계의 반서구 정서를 대변하며 그 정서를 자신의 자원으로 가져옵니다. 미디어의 힘을 이용해 자신을 반미 지하드의 상징으로 만들고, 결국 미국의 심장부를 공격하는 테러를 수행합니다. 그가 지원하고 육성한 무장 세력의 머릿속에는 석유 이익이 들어 있지 않을지 몰라도, 그들을 키운 인프라의 8할은 석유를 빼앗긴 공동체의 증오였습니다.

석유가 대외 정책의 결정 요소라는 점은 미국도 마찬가지입니다. 촘스키는 "중동에 석유가 없다면 미국은 중동에 대해 남극만큼도 관심을 가지지 않을 것"이라고 말합니다.[24] 미국의 대외 정책에서 상대국이 민주 정권인지 독재 정권인지도 석유 이익 앞에서는 중요한 문제가 아닌 듯 보입니다. 미국은 이익을 좇아 민주 정권을 무너뜨리고 독재 정권을 지원하는 모습도 보여 주었습니다. 앞장에서 소개한 BTC 송유관은 아제르바이잔의 바쿠에서 출발합니다. 이 송유관을 건설하기 위해 미국은 아제르바이잔의 부패한 세습 독재 정권을 지원했습니다. 반면 이란의 모사데크는 서구 의회의 전통을 따라 민주적인 방식으로 선출된 총리였지만 미국의 이익에 반했기 때문에 축출되었습니다.

2001년 출범한 부시 행정부의 대외 정책의 중심에도 석유가 있었습니다. 당시 미국은 석유 확보를 최우선으로 추구했습니다. 9.11 테러가 발생하던 시기에 미국의 정책 그룹은 그들의 미래 전망을 근거로 외국 석유의 확보를 절박하게 주문합니다. 다음 장에서 미국 대외 정책의 근원적 동기가 석유라는 것이 더욱 명확해집니다.

30

석유 생산 예측은
틀리더라도 알아야 한다?

> **NEPD는 대통령이 에너지 안보를**
> **무역과 외교의 최우선 순위에 둘 것을 권고한다.**
> – 2001년 미국 국가에너지정책 개발연구단NEPD의 보고서 중에서

21세기를 맞이하고 미국이 테러와의 전쟁을 치르는 중에도 세계화는 그 동력을 잃지 않습니다. 2000년대 초반의 세계화는 앞선 시기보다 석유가 더 큰 동기로 작용했습니다. 2001년 대통령에 취임한 아들 조지 부시는 취임 직후 석유에 대한 장기적인 전망을 시도합니다. 2001년 부시는 부통령 딕 체니Dick Cheney를 의장으로 하는 에너지 태스크포스를 구성합니다. 체니는 미국 석유 시추 회사 대표를 지냈고, 1991년 걸프전

당시에는 국방 장관이었습니다. 체니가 책임자가 된 태스크포스 명칭은 '국가에너지정책 개발연구단National Energy Policy Development Group(이하 NEPD)'으로 미 국무부, 재무부, 내무부 등이 대거 참여했습니다.

이 그룹은 국가 에너지 정책에 대한 보고서를 작성하는데, 2001년 5월 완성된 이 보고서에 따르면 2020년의 미국 원유 생산량은 하루 510만~580만 배럴 수준으로 감소합니다. 반면 원유 소비량은 하루 2580만 배럴까지 증가합니다. 즉, 미국이 향후 자국 소비량의 20퍼센트도 생산하지 못할 수 있다고 전망한 것입니다. 미국의 에너지 안보뿐만 아니라 패권, 나아가 존립마저 흔들 수 있는 심각한 예측 결과였습니다. 보고서는 미국 내 생산량 감소로 중동 석유 의존도가 더 높아질 것이고, 따라서 걸프 지역에 미국의 '사활적 이익vital interest'이 걸려 있다고 표현합니다.[25] 이런 예측이 있었음을 생각하면 미국이 영국과 함께 이라크전을 수행하고 중동 정세에 깊숙이 관여한 것은 당연한 결과입니다. '사활적 이익'이 걸린 중동 석유가 특정 정치 세력의 영향하에 들어가면 미국에 치명적인 결과를 초래할 수 있기 때문입니다.

석유와 관련된 것은 모두 예측하기 어렵습니다. 유전을 찾기 위한 탐사는 최첨단 장비와 인력을 동원해도 성공률이 30퍼센트를 넘기 힘듭니다. 유가 변동, 생산량 그리고 석유의 종말에 대한 예측까지 석유에 대해서 인류는 늘 오판을 해 왔습니다. 석유 앞에서는 누구도 교만할 수 없습니다. 미국의 대외 정책이 쉽게 바뀌는 것은 이러한 예측의 어려움도 한몫합니다.

　미국의 대외 정책, 특히 세계화냐 자국 중심주의냐의 선택에서 석유는 매우 중요한 요소입니다. 그런데 미국이 세계화를 한창 추진하던 2001년의 에너지 정책 보고서는 자국의 원유 생산량이 세계 최고 수준으로 증가할 것을 전혀 예측하지 못했습니다. 오히려 감소할 것이라 추정합니다. 심지어 셰일 오일의 생산량이 눈에 띄게 증가하기 시작한 2010년 이후에도 예측하지 못했습니다. 2012년 발간된 미국 에너지정보국Energy Information Administration(이하 EIA) 연례 보고서는 2020년의 원유 생산량을 불과 하루 670만 배럴 수준으로 전망했습니다.[26] EIA는 2014년 보고서에서 2020년의 생산량 추정치를 하루 955만 배럴로 수정하지만[27], 미국은 그 예상치를 크게 초과하여 이미 2017년에 하루 900만 배럴을 돌파했습니다. 2018년에는 하루 1100만 배럴 수준을 기록하면서 사우디와 러시아를 제치고 세계 최고 수준에 도달합니다. 이러한 추세는 앞으로도 지속되어 미국이 당분간 세계 최대 산유국 지위에 있을 것이라는 관측이 지배적입니다.

　금세기 최고 대박에 가까운 셰일 혁명이 임박할 때까지 미국은 그것을 제대로 예측하지 못했습니다. 셰일 혁명 이후의 국제 질서를 전망한 피터 자이한Peter Zeihan의 저서는 원제가 'Accidental Superpower'입니다.[28] '돌발적으로 혹은 우연하게 등장한 초강대국'으로 번역할 수 있습니다. 또한 하버드대학 행정대학원 교수 메건 오설리번Meghan O'Sullivan은 2017년 10월 셰일 오일이 미국을 어떻게 변화시킬지를 다룬 책을 내며, 그 제목을 '뜻밖의 횡재'라는 의미의 'Windfall'로 정합니다. 셰일 혁명으로 미국이 세계 최대의 석유 생산국이 된 것이 기대 이상의 횡재라는 것입니다. 오설리번은 이 책에서 2008년까지만 해도 세계적인 에너지 전문가들이 '비전통 석유unconventional oil'의 폭발적인 생산을 전혀 예견하지 못했다고 말합니다.[29]

NEPD의 에너지 정책 보고서는 2008년보다 훨씬 이른 2001년에 작성되었습니다. 따라서 이 보고서 곳곳에는 미국이 에너지 위기에 처할 수 있다는 다급함이 묻어납니다. 보고서는 미국 에너지 안보를 위해 국제적인 협력 관계를 강화할 것을 주문합니다. 또한 에너지 안보를 무역과 외교 정책에서 최우선 순위로 삼아야 한다고 역설합니다. 그런데 그 세부 내용은 매우 시장 친화적이고 신자유주의적인 세계화의 논리를 그대로 따르고 있습니다. 이를테면 에너지 기업과 관련한 '규제'에 대해 전반적인 재검토가 필요하고, 재검토할 때 에너지 안보를 고려해야 한다고 주장합니다. 또한 사우디, 카타르, UAE와 같은 중동 국가에 대한 미국 기업의 직접 투자가 용이하도록 정부 주도의 노력을 요청하는가 하면 심지어 러시아에 대해서도 같은 내용을 요구합니다.[30] 당시 추진 중이었던 중앙아시아의 BTC 송유관의 건설에 대해서도 적극적인 지원을 요구하는 등 전 세계를 아우르는 세계화 정책을 요구합니다.

부시 행정부의 정책은 이 보고서의 주장에서 벗어나지 않았습니다.

2001년 과거 적성국이었던 중국의 WTO 가입을 허용하고, 2003년 이라크 전쟁을 통해 바그다드를 점령한 후 미군을 주둔시킵니다. 2005년에는 중앙아시아를 가로지르는 BTC 송유관을 완공합니다. 또한 전 세계적으로 FTA가 체결되는 가운데 2007년 한국도 미국과 FTA를 체결합니다.

그러나 미래는 보고서가 예측한 대로 흘러가지 않았습니다. 그러자 미국은 상당수의 정책을 번복합니다. 한미 FTA는 재협상이 추진되었고

⚓ **조지 W. 부시**(왼쪽)**와 토니 블레어**(오른쪽)

미국의 부시 대통령과 영국의 블레어 총리는 2001년 각각 다른 경로로 비슷한 내용의 보고서를 받아들었다. 모두 자국이 에너지 위기에 처할 수 있으니 그에 대비해야 한다는 내용이었다. 이 보고서들은 훗날 잘못된 것으로 판명되었지만 2000년대 초반 영국과 미국의 국제 정책을 이해하는 데 중요한 요소 중 하나다.

이라크 주둔 미군은 철수합니다. 2018년 이후 지속되고 있는 미중 무역 전쟁의 본질도 미국이 중국을 WTO에 가입시켰던 세계화 정책의 번복이라 볼 수 있습니다. WTO 가입으로 중국은 미국이라는 큰 시장에 진출할 수 있었습니다. 그 결과 세계화의 최대 수혜자가 되었는데, 이는 미국 입장에서 달갑지 않았을 것입니다. 중국이 미국의 패권 경쟁자로 떠오른 것은 어쩌면 세계화 정책의 가장 큰 비용입니다. 중국은 WTO 가입 이후 유례없는 경제 성장을 누렸고, 그에 따라 석유 수요도 급증합니다. 2004년부터 2008년까지 중국의 경제 성장률은 연평균 11.6퍼센트를 기록합니다.[31] 같은 시기 한국의 경제 성장률이 3~5퍼센트였음을 생각하면 폭발적인 성장이라 할 수 있습니다.

한편, 부시 행정부가 출범한 2001년 영국의 블레어 내각도 석유의 미래에 대해 미국과 비슷한 예측을 합니다. 영국 출신의 지질학자들로 이루어진 석유고갈분석센터Oil Depletion Analysis Centre는 5~10년 이내에 석유 공급이 절정에 이르고 이후 감소할 것이라는 보고서를 블레어 내각에 제출합니다. 석유 공급 피크가 임박했고 이를 지나면 세계가 심각한 석유 위기를 겪을 것이라고 예상합니다.[32] 이렇게 영국과 미국이 같은 시기에 같은 위기를 느끼는 상황에서, 이듬해 블레어가 부시에게 "무슨 일이든 당신과 함께하겠다"라는 메모를 보내며 이라크 전쟁을 함께 수행하겠다는 의지를 보인 것은 자연스런 수순이었습니다.

2002년 11월 영국의 《가디언》은 〈왜 블레어는 맞춰 주려 하는

가? Why Blair is an appeaser?〉라는 제목의 기사를 통해 블레어가 비난과 정치적 위험을 감수하며 부시에 협조하는 이유를 설명합니다. 이 기사는 영국에게 남은 시간은 5~10년뿐이라는 석유고갈분석센터의 보고서를 소개합니다. 석유 위기가 임박하고 미국이 세계 에너지를 통제하는 상황에서, 블레어 내각은 미국과 연합하여 중동 석유에 대해 소수 지분이라도 확보하는 것이 최선이라 판단했다는 것입니다.[33] 이 기사는 영국의 역할을 '악어 이 사이에 남겨진 고기 조각을 먹는 새'에 비유합니다. 결국 블레어는 2003년 3월 '부시의 푸들Bush's poodle'이라는 비난을 감수하며 유엔이 반대하는 이라크 전쟁을 함께 수행합니다. 1991년 걸프전이 그랬던 것처럼 영국과 미국은 압도적인 군사력으로 26일 만에 이라크를 점령합니다.

앞서 말했듯이 이라크 전쟁 후 미국은 이라크에 미군을 주둔시킵니다. 그런데 오히려 전쟁 자체보다 점령 후 주둔 기간 동안 훨씬 더 많은 사상자가 발생합니다. 주둔 비용도 천문학적인 수준이었습니다. 이라크 전쟁부터 철수까지 약 8년여의 기간 동안 약 4500명의 미군이 사망합니다.[34] 이라크 전쟁에 투입된 비용은 약 8000억 달러(약 900조 원)에 이릅니다.[35] 이라크 전쟁 전에 있었던 아프간 전쟁 비용 등을 포함하면 그 비용은 2배 이상으로 증가합니다. 이라크 전쟁은 유엔도 반대했고 영국과 미국의 입장에서 큰 소득이 없었던 데 반해 그 비용과 손실은 컸습니다. 이 전쟁은 9.11 테러에 대한 대응으로 시작되었지만 테러를 주도한 빈 라덴은 사우디 국적이었고 테러 가담자의 과반수가 사우디인이었습니다.[36] 9.11 테러와 이라크의 연결 고리는 약했습니다. 또한 이라크에 대량 살상 무기가 숨겨져 있다는 구실도 세계를 설득하지 못했습니다.

결국 이 전쟁이 수행된 것은 석유 공급에 대한 불안 때문이었습니다. 당시 미국의 석유 생산이 급감할 것이라 예측되는 상황에서 석유 공급지인 중동 한복판에 미국을 적대시하는 국가가 있는 것이 불안했던 것입니다. 이탈리아 Eni사의 부사장과 하버드대학 선임 연구원을 역임한 마우게리는 '거세 공포'를 이야기합니다. 1911년 처칠이 해군 함대 연료를 석유로 전환한 이후, 서구 사회에서 석유 공급이 줄어들지 모른다는 불안감이 마치 거세를 당할 수 있다는 공포로 작용했다는 것입니다.[37] 국가는 생식기가 없습니다. 따라서 거세 공포는 석유를 잃으면 힘과 지위를 잃을 수도 있다는 두려움을 뜻합니다. 실제로도 석유가 없다면 현재 미국이 세계 무대에서 누리고 있는 지위를 생각할 수 없습니다.

한편, 2003년 이라크 전쟁부터 2008년 여름까지 유가는 거침없이 상승합니다. 영국과 미국의 에너지 업계와 학계는 석유 고갈을 이야기하고 있었고, 중국은 거침없이 경제 성장을 이어가며 석유 수요를 늘려갔습니다. 2003년 30달러 내외의 유가는 2008년 7월 150달러까지 치솟으며 유가 200달러 시대가 도래할 것 같은 분위기가 형성됩니다. 바로 그때 유가는 갑자기 수직 하락합니다. 2008년 미국에서 금융 위기가 터진 것입니다.

31

금융 위기가 전 세계로 퍼진
숨겨진 이유

**상대를 지배하는 두 가지 방법이 있는데,
하나는 무기로 하는 것이고 다른 하나는 빚으로 하는 것이다.**
– 존 애덤스, 미국 제2대 대통령

2008년 미국발 금융 위기는 세계화와 신자유주의의 흐름에 역풍으로
작용합니다. 유럽과 미국에서 세계화에 대한 여러 가지 불만이 고개를
들며 반세계화의 움직임이 확산됩니다. 금융 위기 이후 서구의 경제 성
장률은 2000년대 초반보다 1퍼센트포인트 이상 낮아지고 실업률은 크
게 높아집니다.[38] 여기에 더해 유럽에서 중동 난민 문제가 불거지고 이
민자들이 일자리를 잠식한다는 불만이 커집니다. 이러한 불만은 브렉시
트와 트럼프의 등장으로 대변되는 반세계화 정책의 출현을 재촉합니다.

이렇게 흐름이 완전히 바뀐 주된 요인 중 하나는 훗날의 셰일 혁명이었지만, 그 시작점에는 금융 위기가 있었습니다.

언뜻 보면 2008년 금융 위기는 석유와 연관이 없어 보입니다. 당시 금융 위기는 서브프라임 모기지론(비우량 주택 담보 대출)에서 촉발되었으니 석유가 직접적인 요인이라고 할 수는 없습니다. 그러나 한 가지 주목해야 할 부분은 당시 서브프라임 모기지론에서 시작된 '미국 내' 금융 위기가 '전 세계' 금융 위기로 확산되었다는 것입니다. 미국 내 부동산 가격 하락에서 시작된 소동이 어떻게 전 세계로 확산되었는지 그 구조에 대해 생각해 봐야 합니다. 시작은 주택 담보 대출의 부실이었지만 확산은 전혀 다른 차원에서 이루어졌습니다.

서브프라임 모기지론 사태는 상환 능력이 낮은 사람에게까지 높은 금리로 자금을 대출해 준 미국 금융계의 탐욕이 1차 원인입니다. 이후 부동산 가격이 하락하면서 원금과 이자를 상환하지 못하는 사람이 많아진 것입니다. 그런데 당시 미 연방준비제도이사회(이하 연준) 의장이었던 벤 버냉키Ben S. Bernanke에 따르면 서브프라임 모기지론의 상환 불능으로 인한 손실은 사실 전 세계 금융 위기를 불러올 정도로 큰 규모는 아니었다고 합니다. 그것은 시황이 나쁜 하루 사이 주식 시장에서 발생하는 손실과 비슷한 규모였습니다.[39] 더욱이 서브프라임 모기지론은 '담보' 대출입니다. 최소한 담보가 있습니다. 결국 당시 위기의 본질은 손실의 규모가 아니었습니다. 더 중요한 원인은 금융의 개방성과 확산성이었습니다.

당시 서브프라임 모기지론을 취급하던 미국 금융업계는 고객에게 대출해 주고 받게 될 원금과 이자에 대한 권리를 증권화하여 그것을 다른 금융 기관에 판매합니다. 증권 판매로 금융업계는 다시 고객에게 대출할 자금을 마련합니다. 이렇게 서브프라임 모기지론이 뭉쳐진 증권에 신용평가사는 AAA등급을 부여합니다. 비우량 증권에까지 우량 등급을 부여한 것인데, 여기에는 보험사의 역할이 컸습니다. AIG와 같은 세계적인 보험사가 다양한 파생 상품을 통해 서브프라임 모기지론과 연관된 증권에 문제가 생길 경우 대신 지급을 약속했습니다.[40]

보험과 금융 공학이 동원된 신용 보강 장치로 우량 등급을 받은 증권은 리먼 브러더스를 포함한 글로벌 금융 기관 사이에서 수없이 거래됩니다. 그래서 어떤 증권과 금융 상품에 서브프라임 모기지론이 포함되어 있는지 모를 정도로 곳곳에 지뢰처럼 자리 잡습니다. 서브프라임 모기지론은 자주 거래되고, 다른 여러 상품과 연계될수록 채권의 출처와 부실 여부를 파악하기 힘들었기에 대량의 관련 파생 상품 손실을 낳습니다.

당시 증권업을 활발하게 하던 리먼 브라더스도 서브프라임 모기지론이 부실화되면서 그것과 연계된 파생 상품 손실로 인해 2008년 9월 파산합니다. 이후 서브프라임 모기지론에 조금이라도 연관되어 있다면 그 상품을 매각하거나 거래를 중지하려는 움직임이 전 세계로 확산됩니다. 글로벌 금융 서비스 회사였던 리먼의 파산은 글로벌 금융 시스템 전체에 엄청난 충격을 줍니다. '리먼 쇼크'가 글로벌 금융 위기가 된 것은 금융의 세계화를 통해 전 세계의 금융 시스템이 연결되어 있었기 때문입니다. 미국 내 위기가 유럽과 아시아 등으로 확산된 것은 미국의 주택 가격 하락 때문이 아닙니다. 그것은 미국이 자본의 경계를 없애고 전 세계 금융 시장을 개방하여 달러라는 국제 통화에 연계시킨 것에서 출발합니다. 리먼이 파산하기 전에 이미 서브프라임의 영향은 유럽에 퍼져 있었습니다. 2007년 8월 프랑스 최대 은행 BNP파리바가 서브프라임 부실과 신용 경색을 이유로 관련 펀드의 상환을 중단했습니다. 달러라는 국제 통화로 전 세계 금융 시스템이 연결되어 있었다는 점이 미국 내 위기를 전 세계로 확산시킵니다. 그렇기에 당시 미 연준의 해결책도 간단했습니다. 금융 시스템에 달러라는 '국제 통화'를 충분히 공급하는 것입니다.

금융을 움직이는 핵심 요소인 신용이 무너져 융통이 막힌 상태에서 미 연준이 대신 거래를 하고 달러를 지급했습니다. 금융 위기 이후 전 세계 은행들은 유동성을 확보하고자 현금처럼 보유하고 있던 미 국채를 내다 파는데, 미국은 이를 사들이면서 달러를 공급합니다. 국채뿐 아니라 주택저당증권과 기업 어음도 사들였고, 유럽 은행들에게는 통화 스왑을 통해 달러를 공급했습니다. 양적 완화quantitative easing로 불리는 일련의 조치였습니다. 연방 기금 금리도 낮게 유지했습니다. 마치 연준이 헬리콥터에서 달러를 뿌려대듯 전 방위로 달러를 공급하면서 금융 위기가 금융 붕괴로 이어지지는 않습니다.[41] 글로벌 금융 위기는 달러라는 국제 통화를 공급할 수 있는 미국의 능력으로 안정을 찾아갑니다.

여기서 미국의 입장에서 금융의 역할을 살펴볼 필요가 있습니다. 왜 패권국 미국은 외국에 금융 시장 개방을 요구하고 전 세계 금융계가 하나의 시스템으로 작동하게 했던 것일까요?

먼저 금융의 본질적 속성부터 살펴보고자 합니다. 유발 하라리는 《사피엔스》에서 중세 이후 인류의 생산성이 급격히 향상되고 과학이 발전할 수 있었던 주된 요인으로 '신용에 기반한 금융'을 꼽습니다. 그의 설명은 명쾌합니다. 금융이 도입되기 전에는 일류 제빵사가 될 수 있었던 젊은이의 재능도 세상에 기여하지 못하고 사장되기 일쑤였습니다. 제빵 기구나 빵 재료를 살 돈을 마련하기 쉽지 않았기 때문입니다. 그런데 금융의 발전은 그 제빵사가 꿈을 이루게 합니다. 어떤 금융가가 그 제빵사의 능력을 믿고 자본을 투자해 빵을 만들 재료와 시설을 갖추면 제빵사는 자신의 능력을 한껏 발휘할 기회를 얻기 때문입니다.[42] 요컨대 금융은 '재능과 자원의 불균형을 해소'함으로써 무덤으로 가야만 했던 인류의 수많은 잠재 재능을 실현합니다.

유럽에서는 15세기 피렌체의 메디치Medici 가문에서 근대적인 금융업이 시작되었습니다. 메디치가는 무역과 상업으로 쌓은 부를 효과적으로 관리하고자 복식 회계를 확립하여 근대 금융과 회계의 출발점이 됩니다. 이후 유럽에서는 위대한 예술가도 과학자도 건축가도 이 금융가의 도움을 받을 기회를 얻습니다. 그래서 금융 자본이 아니었으면 사장되었을 수많은 재능과 노력이 위대한 업적을 남깁니다. 아이작 뉴턴이 운동 법칙을 발견하지 못하고 제임스 와트가 증기 기관을 개량하지 못했을지라도 금융업이 존재하는 한 제2의 뉴턴과 제2의 와트가 비슷한 시기에 반드시 나왔을 것입니다. 뉴턴이 받은 장학금과 와트가 받은 투자금은 다른 누군가에게로 갔을 것이고, 그로 인해 과학의 발전은 계속되고 산업혁명은 일어났을 것입니다. 역사에 수많은 2등이 존재했지만 기억되지 않을 뿐입니다.

유럽의 금융은 신대륙 발견에도 기여합니다. 스페인 여왕 이사벨 1세는 콜럼버스의 항해라는 불확실한 사업을 후원하여 신대륙의 발견을 가능하게 했습니다. 이사벨 1세는 모두가 반대하는 고위험 투자를 뚝심 있게 밀어붙였고, 콜럼버스는 신대륙 발견이라는 고수익으로 보답했습니다.

그런데 금융은 믿음과 기대라는 두 가지 인간 심리에 기반합니다. 이사벨 1세에게는 콜럼버스에 대한 믿음이 있었습니다. 그리고 그가 큰 수익을 가져올 것이라는 기대가 있었습니다. 금융은 최소한 원금은 회수할 수 있다는 믿음과 투자한 돈이 더 크게 돌아올 것이라는 기대가 있어야 성립합니다. '금융 기관이 돈을 빌려준다'는 뜻의 '여신與信'이란 단어는 믿음信을 뜻하는 글자를 포함합니다. 불확실한 가능성을 믿는 것입니다. 그 믿음에 대한 대가로 자본은 종종 놀라운 보상을 합니다. 믿는 자에게 복이 있음을 보여 주는 수많은 사례 속에서 신용이 창출되고 금융이 성장했습니다. 금융을 통한 기회와 성취는 자본주의의 큰 장점입니다. 그리고 그것이 인류의 생산성과 진보에 기여했음은 부인할 수 없습니다.

그런데 금융 자본은 다른 기능도 있습니다. 《21세기 자본Capital in the Twenty-First Century》의 저자 토마 피케티는 18세기 이후 "자본 수익률(r)이 실물 경제 성장률(g)보다 지속적으로 높았다(r〉g)"고 주장합니다. 그리고 그것이 심각한 부의 불평등을 초래했다고 말합니다. 그는 이러한 불평등을 초래하는 현대 금융 자본주의를 통제하기 위해 글로벌 자본세를 부과해야 한다고 말합니다.[43] 이후 그는 자신의 이론으로 모든 경제적 불평등을 설명할 수는 없다며 한발 물러섭니다. 그러나 피케티의 이론이 아니라도 정도의 차이가 있을뿐 자본 소득이 발생하고 자본이 실물 경제의 상당 부분을 가져간다는 것은 주지의 사실입니다. 즉, 금융은 실물 경제에서 발생한 '부를 이전하고 재분배'하는 기능이 있습니다. 피케티의 주장처럼 실물 경제가 성장하는 속도보다 더 빠르게 자본이 커지면, 전체 생산물 중 자본 소득자가 가져가는 비중이 커집니다.

이러한 현실은 오늘날 미국에서 더 강화되어 금융업이 제조업을 파괴하고 있다는 주장도 제기됩니다. 《파이낸셜 타임스》의 칼럼니스트 라나 포루하Rana Forooha는 미국 경제에서 금융 및 금융 활동이 비대해지면서 생산 활동을 위한 대출보다 투기 행각이 기승을 부리고 있다고 주장합니다. 이 때문에 금융업이 제조업을 병들게 한다는 것입니다. 포루하는 애플의 혁신이 사라진 이유도 애플이 혁신보다 투자 은행처럼 자산 투자에 더 신경 썼기 때문이라고 말합니다. 그는 미국에서 금융업이 미국 경제의 단 7퍼센트를 차지하면서 전체 기업 수익의 25퍼센트를 가져간다고 말합니다.[44] 이러한 내용을 담은 그의 책 제목은《메이커스 앤드 테이커스Makers and Takers》입니다. 만드는 사람Makers과 거저먹는 사람Takers이 따로 있다는 의미이자, 금융의 마법 같은 '부의 이전' 능력이 거저먹는 자의 비중을 비정상적으로 크게 만든다는 것입니다.

금융을 통해 제공된 자본은 그 대가로 자원과 노동으로 창출된 가치를 요구합니다. 유발 하라리가 사용한 제빵사의 예에서 한 걸음 더 나가 보겠습니다. 제빵사는 빵을 만들어 수익을 창출합니다. 하지만 수익 중 일부는 자본을 대준 금융가에게 이자 또는 배당의 형태로 나눠 줘야 합니다. 즉, 금융 자본에는 투자와 대부에 대한 보상으로 제빵사의 '부를 이전'할 수 있는 기능이 있습니다. 이것은 금융 자본의 본질적 속성입니다. 이를 활용할 수 있는 미국의 금융 자본과 다국적 기업은 자본 시장 개방에 긴밀한 이해관계를 가지고 있기에 자본 시장 개방과 세계화를 정책으로 요구합니다.[45] 국제 통화의 확립과 금융의 세계화는 거대 자본이 부를 효과적으로 이전하는 환경을 마련해 주기 때문입니다.

물론 투자에는 상당한 위험이 따릅니다. 투자가 보상으로 돌아오려면 불확실한 믿음이 현실화되는 과정을 거쳐야 합니다. 수많은 투자 기회 중에서 옥석을 가려야 하고, 때로는 번지르르한 말과 계획이 헛것으로 변하는 과정도 목도해야 합니다. 그러나 시장 질서를 주도하는 패권국의 입장은 조금 다릅니다. 패권국은 불확실한 믿음에 의존하지 않습니다. 시장 질서를 움직이는 패권국의 대부는 이미 검증되고 우량한 재능, 자원, 기업을 대상으로 합니다. 국제 정치의 영향을 받는 금융 시스템에서 투자에 대한 보상은 합리적인 기대와 믿음이 아니라 시장의 조종과 통제에서 발생할 수 있습니다. 2001년 노벨 경제학상 수상자이자 전 세계은행 부총재인 조지프 스티글리츠Joseph E. Stiglitz는 "시장은 정치에 의해 규정된다"고 말합니다. 그는 경제 게임의 규칙은 정치에 의해 결정되는데, 정치는 본인에게 혜택을 주는 방향으로 규칙을 만든다고 주장합니다.[46] 앞서 살펴본 플라자 합의나 석유 시장을 조정하기 위한 미국의 개입은 이를 방증하는 사례입니다.

투자는 정보의 싸움이기도 합니다. 시장에서 남이 모르는 정보 하나가 투자의 성공으로 직결되기도 합니다. 그런데 금융 시장을 지배하고 거대 자본을 통제하는 패권국은 스스로 중요 정보의 생산자가 될 수 있습니다. 패권국의 의도와 계획이 시장에 큰 영향을 주기 때문입니다. 또한 패권국은 이른바 '글로벌 스탠더드'에 맞추어 시장과 기업의 투명성을 높이라고 요구합니다. 이를 통해 선진 금융 자본은 상대의 정보도 알고 내 계획도 아는 지피지기知彼知己의 상황에서 시작합니다. 금융이 세계화되고 금융 시장이 개방될수록 자본 소득을 창출할 유리한 기회를 갖는 것입니다.

또한 달러는 전 세계의 결제와 교환 통화로 사용되는 환경에서 손쉽게 순환할 수 있습니다. 2차 세계대전 이후 OPEC 등 산유국은 메이저 석유 회사와 석유 수익 분배에서 더 많은 몫을 가져가기 위해 투쟁했습니다. 그래서 1차 오일쇼크 이후 중동으로 흘러가는 달러가 급격히 늘어납니다. 미국은 이를 되돌릴 메커니즘, 즉 금융의 리사이클링financial recycling이 필요했습니다. 뉴욕대학 중동연구센터 교수 티머시 미첼은 유출된 달러의 흐름을 되돌리는 금융 리사이클링에 가장 적합한 재화는 무기였다고 말합니다.[47] 일반적인 식품, 의류, 자동차 등의 소비재나 기계, 장치 등의 내구재는 일정량을 구매하면 효용성이 한계에 도달하여 더 이상의 추가 구매가 잘 일어나지 않습니다. 그러나 무기는 실제 필요나 사용을 염두에 두고 구매하는 상품이 아니기 때문에 일반적인 상업적 한계의 제약을 받지 않습니다. 중동 산유국은 더 강한 무기가 나올 때마다 구입을 원했고, 군수 창고에 무기가 넘치는 상황에서도 더 많은 무기를 사들였습니다. 주요 산유국인 사우디, UAE, 이라크 등은 현재 미국의 주요 무기 수입국이기도 합니다. 중동에서 전쟁과 갈등은 무기 수요를 꾸준히 창출했습니다. 이렇게 산유국이 벌어들인 달러는 무기를 구입하거나 국채를 매입하는 데 지출되면서 다시 미국으로 돌아가는데, 이러한 금융 리사이클링은 금융의 세계화와 달러 통화 시스템하에서 가능했습니다.

그런데 무기 판매보다 더 지속적이고 효과적인 '부의 이전' 장치는 앞서 말한 자본 수익률(r)입니다. 시장에서 정치적 · 경제적 영향력과 정보력 등을 활용할 수 있는 패권국은 수익률 게임에서 구조적으로 우위에 섭니다. 따라서 산유국으로 유출된 달러가 되돌아 오지 않더라도 이를 충분히 상쇄할 수 있습니다. 금융의 '부의 이전과 재분배' 기능이 여전히 유효하기 때문입니다.

물론 산유국도 석유 수출을 통해 막대한 자본을 형성합니다. 그래서 그들 또한 거대 자본의 주체가 되어 높은 자본 수익률을 추구합니다. 사우디는 국부 펀드를 운용하며 자본 수익률이 높은 전 세계 유망 사업과 부동산에 투자합니다. 아부다비의 왕자 만수르는 영국 프리미어 리그의 구단 맨체스터 시티를 소유하고 있고, 러시아의 석유 사업가인 아브라모비치도 첼시의 구단주입니다. 2018년에는 사우디 왕세자 빈살만이 맨체스터 유나이티드의 인수를 추진한다는 소식이 전해지기도 했습니다. 이렇게 오일머니는 국부 펀드를 통해 유망 자산이나 스포츠와 같은 수익성 좋은 사업에 투자되는 경우도 있습니다.

하지만 산유국은 여러 가지 이유로 미국보다 자본 수익률이 높을 수 없습니다. 토마 피케티는 최대 산유국인 사우디의 경우, 오일머니를 통해 엄청난 자본을 형성할 수 있지만 국가의 안전과 체제 보장을 미국에 위탁한 이상, 불가피하게 수익률이 낮은 미국 국채에 투자할 수밖에 없다고 이야기합니다. 이를테면 1990년 이라크가 쿠웨이트를 침공했을 때, 미국이 이를 몰아내지 않았다면 이라크는 다음으로 사우디를 위협했을 것이고, 그 위협에 이란이 동참했다면 사우디는 절체절명의 위기에 빠졌을 것입니다. 그래서 피케티는 사우디가 미국 국채를 매입하며 낮은 자본 수익을 감내하는 것은 불합리하지 않다고 말합니다.[48] 이러한 외부 위협이 아니더라도 사우디는 석유 생산의 요충지이기 때문에 미국에 반하는 정권이 들어서면 인위적인 레짐 체인지regime change(정권 교체)를 당할 수 있습니다. 이란의 모사데크나 이라크의 후세인처럼 말입니다.

결과적으로 사우디 국부 펀드의 수익률은 2~3퍼센트에 지나지 않는데, 이는 상당한 비중의 금액이 미국 채권에 투자되었기 때문입니다.[49] 피케티는 불평등한 자본 수익률의 예로 미국 대학의 기금 수익률을 제시합니다. 미국 대학들은 기금 운용을 통해 1980년에서 2010년 사이에 8퍼센트 이상의 실질 수익률을 기록합니다.[50] 또한 산유국이건 비산유국이건 달러가 국제 통화인 이상 외채 상환, 외환 시장 안정, 통화 정책 등을 위해 상당한 규모의 달러를 보유해야 합니다. 특히 한국과 같이 급격한 외화 유출에 대한 트라우마가 있는 경우, 외환 보유고를 높게 유지하려는 경향이 있습니다.[51]

이와 같이 미국을 제외한 대다수의 나라들은 대규모의 달러를 낮은 수익률로 투자하거나 보유해야 하는 구조적인 상황입니다. 이러한 현실에 피케티의 이론을 적용하면 외국의 자본 수익률은 발권국의 자본 수익률을 능가할 수 없고 그것이 지속되면 부의 편중은 심화됩니다. 이러한 구조에서 미국은 산유국에서 석유를 확보하고, 그 비용은 자본 수익률의 차이를 통해 최소화할 수 있습니다.

정리하면 2008년 금융 위기는 미국 내 주택 가격의 하락에서 시작했지만 그것이 글로벌 위기로 확산된 데는 달러라는 국제 통화와 이에 기반한 금융 세계화에 근본적인 원인이 있었습니다. 미국에게 금융 세계화는 금융 리사이클링 시스템이 효율적으로 작동하기 위한 전제 조건이었고, 동시에 그것은 수익률 게임에서의 우위를 점하며 실물 경제에서 발생한 부를 효율적으로 이전할 수 있는 환경을 마련해 주었습니다. 그러한 구조하에서 미국은 석유라는 역외의 부를 최소의 비용으로 도입합니다. 그런데 석유와 2008년 금융 위기의 밀접한 관련성은 여기서 그치지 않습니다.

32

사우디, 달러의 시대를
지켜주다

> 달러의 가치를 유지시킨 것은 각국이 국제 교역에서
> 큰 부분을 차지하는 필수 자재, 무엇보다 석유를 구매하는 데
> 미국의 통화를 이용해야 했다는 점이다.
> – 티머시 미첼,《탄소 민주주의》

앞서 살펴본 바와 같이 2008년 금융 위기는 달러가 국제 통화로 거래
되는 현실에서 출발했습니다. 국제 통화로서 달러의 등장은 1944년으
로 거슬러 올라갑니다. 1944년 미국 뉴햄프셔주의 소도시 브레튼우즈
Bretton Woods에 44개국 대표가 모여 전후 통화 질서와 금융 제도를 논
의합니다. 이 회의 이전부터 미국 재무부 소속 해리 덱스터 화이트Harry
Dexter White와 영국 경제학자 존 메이너드 케인스John M. Keynes는 전

4부 석유, 오늘을 결정하다(1990년~현재)

후 통화와 금융 질서를 협의했습니다. 그리고 1944년 결론에 이릅니다. 브레튼우즈 회의에 미국 대표 화이트와 영국 대표 케인스가 참석한 가운데 달러를 국제 통화로 하되 금의 가치에 고정시킨다고 결정합니다. 이 원칙에 기초하여 브레튼우즈 체제가 출범합니다. 환율 유지와 전후 복구 지원을 위해 국제통화기금IMF과 국제부흥개발은행IBRD도 함께 설립됩니다.

당시 미국은 세계 최대의 금 보유국이었습니다. 전 세계 금의 절반 이상인 약 6억 온스를 보유하고 있었습니다.[52] 막대한 금 보유량을 바탕으로 미국은 달러의 가치를 금의 가치로 표시하기로 합니다. 미국은 금 1온스의 가치를 35달러에 고정하고 이 비율로 달러와 금을 교환해 주겠다는 '금 태환'을 약속합니다. 이로써 달러는 금과 교환할 수 있는 증서가 되고, 국제 통화의 지위를 가지게 됩니다.

브레튼우즈 체제는 기본적으로 금이 화폐 가치의 근거가 되는 '금본위제Gold standard'의 성격을 가집니다. 다만, 금이 직접 화폐로 쓰이지 않고 금과 '교환'이 가능한 달러를 국제 통화로 하기에 '금환 본위제Gold exchange standard'라고도 합니다. 금 태환 약속을 통해 달러는 금에 준하는 안전 자산의 지위에 올라섰고, 이를 기초로 브레튼우즈 체제가 출범합니다. 금융 세계화의 시작입니다.

이 브레튼우즈 체제는 1960년대 후반부터 위기를 맞습니다. 미국은 서유럽 경제 지원 계획인 마셜 플랜과 베트남전 수행 등으로 막대한 달러를 해외에 풀어야 했습니다. 브레튼우즈 체제하에서 서유럽과 일본이 경제를 재건하며 세계 경제 규모도 커집니다. 또한 서유럽과 일본 등이 미국과의 교역에서 달성한 무역 수지 흑자는 달러의 과잉 유출을 불러옵니다. 그런데 미국 내 금의 규모는 한정되어 있어서 금 태환을 유지할 수 없는 상황에 이릅니다.

이에 따라 1971년 닉슨은 달러의 금 태환 포기를 선언하며 전후 통화 질서를 이끌어 온 브레튼우즈 체제의 종말을 고합니다. 닉슨의 선언은 달러의 국제 통화 지위를 흔들 수 있었습니다. 더 이상 금이 달러를 뒷받침하지 않았습니다. 유럽과 일본이 경제력을 키워 달러 수요를 줄인다면 달러의 시대가 저물 수 있었습니다. 이때 위기에 빠진 달러를 구하는 흑기사가 등장합니다. 바로 사우디입니다.

닉슨이 금 태환 중단을 선언한 1970년대 초반은 석유 소비가 급증하던 시기였습니다. 2부에서 살펴본 바와 같이, 당시는 석유 수요의 급속한 증가로 산유국의 이익이 급증하던 시기였습니다. 이때 닉슨은 석유의 결제 통화로 달러만 사용해 줄 것을 사우디 왕실에 요청합니다.[53] 미국 재무 장관 윌리엄 사이먼William Simon이 1974년 사우디 국왕 파이살을 방문하여 석유 판매로 벌어들인 달러로 미국 국채를 대거 매입해 달라고 부탁합니다.[54] 우선 브레튼우즈 체제하에서 누적된 국제 수지 적자를 해결하고자 한 것입니다. 사우디가 이를 받아들이면서 미국은 브레튼우즈 체제에서 발생한 달러의 과잉 유출 상황을 해결합니다.

이후 사우디는 석유의 결제 통화도 달러로 통일합니다. 여기에는 키신 저 주도로 양국 간 밀약이 있었다는 주장도 있습니다. 사우디는 더 나아가 OPEC 내의 주도적인 지위를 이용해 OPEC의 다른 회원국들도 석유 결제 통화를 달러로 통일하도록 유도합니다.[55] 이후 중동의 석유 결제 통화는 대부분 달러로 고정됩니다.

금 대신 석유라는 교환 수단을 확보한 달러는 국제 통화 지위를 유지합니다. 세계 각국은 석유를 구매하려면 자국 통화를 달러로 교환해야 했기에 달러의 수요와 가치는 유지되었습니다. 석유는 보편적 가치가 있는 자원이었습니다. 석유가 금보다 거래량은 오히려 더 많았습니다. 그래서 경제학자 프리드리히 하이에크Friedrich Hayek는 닉슨 쇼크 이전부터 금 본위제를 '국제 상품 본위제International commodity standard'로 대체할 것을 주장하기도 했습니다.[56] 이 주장에는 화폐의 가치가 금보다 석유와 같은 상품에 의존하는 면이 크다는 인식이 있습니다.

화폐는 홀로 가치를 가질 수 없습니다. 그저 종이나 금속에 불과한 화폐는 약속이나 질서에 의해 가치를 가집니다. 브레튼우즈 체제에서는 금 태환 약속이 달러 가치의 기반이었습니다. 이후 달러가 국제 통화로서 30년 가까이 기능했기 때문에 금 태환 중단 선언이 바로 달러의 몰락으로 이어지지는 않았을 것입니다. 금 태환은 심리적 요인으로만 작용하고 실제 달러의 유통은 미국의 정치적·경제적 힘에 기반한 면도 분명 있습니다. 그러나 금 태환 중단은 장기적으로 달러의 기축 통화 역할에 많은 제약과 도전을 불러왔을 것입니다.

오늘날 달러는 금과 직접적인 연관이 없지만 기축 통화로서 힘을 발휘하고 있습니다. 현대 문명의 가장 중요한 재화인 석유가 달러로 거래되기 때문입니다. 현재 달러는 금에 의존하지 않고 스스로 가치를 지니는 화폐고, 그래서 오늘날의 통화 질서를 '달러 본위제'라고도 합니다. 그런데 달러 본위제의 한 축은 석유입니다. 최대 산유국 사우디가 달러를 거부했다면, 또는 사우디가 다른 정치 세력의 손에 넘어갔다면 세계

⚓ **닉슨 쇼크 당시 미국 재무 장관을 지낸 윌리엄 사이먼**

1974년 7월 미 재무 장관 사이먼은 사우디 국왕 파이살을 방문하여 미국 국채를 대거 매입해 달라고 요청한다. 당시 미 대통령 닉슨이 사이먼에게 "빈손으로 돌아올 생각은 아예 말라"고 할 정도로 미국은 절박한 상황이었다. 사우디는 미국의 요청을 수락했고 이후 석유 결제 통화도 달러로 통일한다. 이는 닉슨 쇼크로 위기에 빠진 달러의 가치를 지켜주었다.

4부 석유, 오늘을 결정하다(1990년~현재)

의 통화 질서는 달라졌을지도 모릅니다. 패권을 향한 다툼은 유사 이래 있었고, 그 싸움에서 화폐 질서는 핵심적인 부분이기 때문입니다.

사우디도 달러가 종잇조각이 되는 것을 원치 않았습니다. 사우디는 막대한 석유 판매 수익을 화폐화하여 안전하게 저장할 장소가 필요했습니다.[57] 달러가 종이가 되어 버리면 가장 큰 피해를 보는 나라 중 하나는 사우디였습니다. 따라서 1971년 '닉슨 쇼크Nixon Shock'에 따른 달러 시스템의 붕괴를 원치 않았습니다. 게다가 미국의 군사력이 제공하는 체제의 안전도 포기할 수 없는 이익이었습니다.[58] 당시 사우디 왕실은 외국의 위협은 물론이고, 내부적으로도 안전을 장담할 수 없었습니다.

이웃나라 이란에서 이슬람 혁명이 일어나 팔레비 왕가가 축출된 두 가지 배경을 사우디는 똑같이 공유하고 있었습니다. 첫째, 서구 자본이 자국의 석유 사업에 관여하고 있었고 둘째, 이슬람의 성지로서 강한 원리주의 성향이 있었습니다. 사우디는 수니파의 맹주국이자 이슬람의 양대 성지 메카와 메디나가 있는 곳입니다. 강한 이슬람 전통 때문에 서구 문명에 반발을 가진 이들이 많았습니다. 빈 라덴이 조국 사우디를 떠나 사우드 왕가를 비난하는 모습은 혁명에 성공했던 호메이니가 외국에서 이란의 팔레비 왕가를 비난했던 모습과 다르지 않습니다. 사우드 왕가 입장에서 미국과의 결탁은 안보와 체제 보장에 중요했습니다.

이러한 점 때문에 미국과 사우디의 관계를 부부 사이에 비유하기도 합니다.[59] 1933년 사우디에 미국 석유 회사가 세워진 이후부터 미국과 사우디는 공동 운명체였습니다. 당시 설립된 석유 회사는 두 나라의 아이가 됩니다. 이름도 양쪽 부모 이름에서 따와 Arabian-American Oil Company, 줄여서 아람코Aramco입니다. 아이의 친권은 미국에 있었지만, 닉슨 쇼크가 있던 1970년대 이후 사우디로 친권이 조금씩 넘어가면서 지금은 사우디의 국영 석유 회사입니다. 미국은 아람코를 장부 가치로 사우디에게 넘겼습니다.[60] 가족 같은 거래입니다. 미국은 다른 국가가 사우디 근처에 오는 것도 용납하지 않습니다. 가족 같은 보호입니다. 이러한 배경에서 카터 독트린이 나왔고, 걸프전과 이라크전이 수행되었습니다. 한마디로 미국이 주도하는 전후 통화 및 금융 질서에서 사우디는 핵심적인 내조 혹은 외조를 하고 미국은 사우디와의 관계를 소중하게 지켜 갑니다.

그렇다면 왜 미국은 달러를 국제 통화로 유지하며 세계 경제를 끌어가려고 했을까요? 앞서 살펴본 바와 같이 금융은 부를 이전하는 기능이 있습니다. 그러나 브레튼우즈 회의가 열리던 1944년, 유럽은 폐허 상태였습니다. 자본의 자유로운 출입을 통해 부를 이전하는 것은 당시 상황에서 불가능했습니다. 오히려 산업 기반 시설과 석유 생산량 등 부의 원천은 미국에 있었기에 교류를 통해 얻는 것이 고립을 통해 얻는 것보다 큰지 확실치 않았습니다. 그런데 전후 미국의 판단은 고립주의로 나아가면 지속적인 경제 성장이 어렵다는 것이었습니다.[61]

1929년 대공황의 교훈은 생산력과 구매력을 함께 확대하지 않으면 미국 내 제조업이 성장할 수 없다는 것이었습니다. 해외 시장이 확대되려면 유럽 경제를 빠른 속도로 복구해야 했습니다. 시장 확보 차원에서뿐만 아니라, 자원 확보 차원에서도 고립주의는 답이 아니었습니다. 1부에서 살펴본 바와 같이 지질학자 드골리에가 아라비아반도의 석유 매장량을 조사하고 '인류 역사상 최고의 포상'이라고 말한 시기가 바로 1944년이었습니다. 막대한 자본을 투자하여 중동 석유를 개발할 나라도 미국을 제외하고는 없었습니다.

금융 자본은 부를 이전하는 기능도 있지만, 앞서 살펴본 바와 같이 잠재 재능과 매장 자원을 생산으로 이어지게 하면서 전체 파이를 키우는 기능도 있습니다. 당시 유럽은 폐허가 되었어도 경험과 역량은 남아 있었습니다. 즉, 우수한 생산 잠재력을 갖추고 있었습니다.

제빵사의 예로 돌아가 보겠습니다. 여기서는 제빵사가 사는 마을을 세계로 가정하겠습니다. 그리고 '나'는 이 마을에서 제일 부유하고 힘이 세다고 가정합니다.

나는 이웃 제빵사가 훌륭한 제빵 능력을 가지고 있다고 생각합니다. 한때는 나보다 더 잘 나가기도 했고 더 능력을 인정받은 적도 있었습니다. 하지만 지금 그는 이웃과 심하게 싸워 재산을 탕진했습니다. 제빵 기구와 재료도 모두 잃은 상태입니다. 그러나 나는 그가 경험이 많고 역량도 갖춘 것을 알고 있습니다. 그래서 돈을 조금 빌려주면 금방 일어설 것이라고 생각합니다. 그가 제빵사로서 능력을 회복하고 돈을 벌게 되면 내 가게에 와서 내가 만든 물건을 사갈 것입니다. 그럼 내 매상도 올라갑니다. 그를 돕는 것은 결국 내게 도움이 됩니다. 또한 그가 내 물건을 살 때 내가 발행한 쿠폰을 쓰게 합니다. 나는 내 쿠폰을 열심히 모으는 그가 잘됐으면 좋겠습니다. 어차피 그는 내가 지배하는 시장에서 내 쿠폰으로 거래하고 있기 때문입니다. 쿠폰의 가치도 장기적으로 내가 정할 수 있습니다.

또한 나는 그가 만든 빵이 필요합니다. 빵을 재료로 더 부가가치가 높은 햄버거나 케이크를 만들 수 있기 때문입니다. 이는 고급 기술입니다. 그래서 중간 재료인 빵보다 햄버거와 케이크가 더 인기 있고 비쌉니다. 나는 더 많은 돈을 벌 수 있습니다. 제빵사가 잘되기를 바라지만 그가 나보다 더 잘 벌면, 그것은 곤란합니다. 그때는 빵을 자유롭게 거래하지 못하게 하거나 빌려준 돈의 이자를 더 받아낼 것입니다. 한 가지 걱정은 제빵사가 케이크 기술을 훔쳐보거나 독학으로 익히는 것입니다. 나도 더 열심히 혁신하려 하지만 걱정이 좀 됩니다. 아직은 내가 기술적 우위에 있으니 시장에서 나를 이기지는 못합니다. 또한 빵을 만들 때 쓰는 연료는 내가 관리하고 있기 때문에 저 친구가 내게 대들지 못합니다. 겨울에 연료가 없으면 참 살기 힘듭니다.

그런데 이 마을에 신경 쓰이는 이가 한 명 있습니다. 그 사람은 나와 사상이 다르고, 자신이 대장이라며 위협합니다. 그를 대할 때에도 제빵사는 큰 힘이 됩니다. 제빵사도 거구의 그 사람이 신경 쓰인다 하니 함께 무술을 연습해야겠습니다. 이왕이면 그 집 앞에서 함께 힘자랑을 하려 합니다.

1944년 브레튼우즈 회의 이후, 미국은 1947년부터 마셜 플랜으로 불리는 서유럽 경제 원조를 실행합니다. 1949년에는 북대서양조약기구 NATO를 통해 미국과 서유럽의 집단 안보 체제도 만들어집니다. 마셜 플랜은 공산주의 체제의 확산을 막는 목적도 있었지만 유럽 경제를 빠르게 부흥시켜서 미국이 주도하는 '확대 재생산 체제'에 시동을 거는 목적도 있었습니다.[62]

당시 미국은 1, 2차 세계대전의 전장이 되지 않으면서 전쟁 특수를 누렸습니다. 잉여 자본을 축적하였고 압도적으로 많은 금을 보유했습니다. 이러한 상황 덕에 통화 질서를 주도할 뿐 아니라 축적된 자본도 활용할 수 있게 됩니다. 미국의 잉여 자본이 국내에 머물 경우 지속적인 성장을 하기 힘들지만, 외국에 투자하면 외국의 생산력이 증가합니다. 생산량 향상은 높은 구매력으로 이어져 미국의 성장을 다시 돕는 선순환 구조, 즉 '확대 재생산 체제'가 작동합니다.

이 확대 재생산 체제는 시장 경제의 효율성 그리고 금융 자본이 부여하는 기회와 성취 속에서 지난 세기 훌륭하게 작동했습니다. 달러 기반의 확대 재생산 체제는 지속적으로 파이를 키우고 냉전에서도 승리합니다. 미국은 체제 대결에서 승리했을 뿐만 아니라 체제 내에서도 최강자의 자리를 굳힙니다. 서울대학 교수 김태유와 김대륜은 《패권의 비밀》에서 20

세기가 미국의 세기가 된 것은 '확대 재생산 체제의 생산력'과 '기술의 우위' 덕이었다고 정리합니다.[63] 미국은 이웃 제빵사가 빵을 만드는 것을 도와주어 전체적인 부를 증가시키고, 동시에 그 빵을 중간 재료로 하여 더 부가가치가 높은 케이크와 햄버거를 만들어 냈다는 것입니다.

그런데 21세기 이후 상황이 변합니다. 금융은 확대 재생산이 아닌 부의 이전에 더 집중합니다. 고도 성장기가 끝나면서 더 이상 예전 같이 부를 재생산하는 능력을 보여 주지 못합니다. 확대 재생산이 한계에 부딪혔는데, 금융은 지나치게 비대해져서 오히려 제조업의 성장을 저해합니다. 미국의 금융은 실패하고 다른 국가들은 기술 격차를 좁혀 옵니다. 특히 중국은 기술을 모방하기도 하고 새롭게 발전시키기도 하며 제조업을 급속히 발전시킵니다. 특히 인공지능과 5G 통신기술 등 이른바 4차 산업혁명을 끌어갈 분야에서 미국의 우위를 위협할 만한 발전 속도를 보이고 있습니다. 과거에 일본도 '모방의 천재'라고 불리며 경제를 발전시켰지만 한계가 있었습니다. 그러나 중국은 일본보다 위협적입니다.

더욱이 중국은 금융 시장을 완전히 개방하지 않았기 때문에 미국의 금융 통제에서 한발 비껴서 있습니다. 일본은 미국을 위협하는 경제 대국이 된 후 '잃어버린 20년'을 겪었지만 중국의 향후 20년은 어떤 방향으로 전개될지 모를 일입니다. 이러한 불안감을 안고 미국은 2008년 금융 위기 이후 세계화가 올바른 전략인지 고민합니다.

그런데 이러한 고민을 덜어 주는 뜻밖의 상황이 연출됩니다. 미국의 횡재라고 부를 수도 있는 이 새로운 상황은 아이러니하게도 금융 위기가 중요한 역할을 합니다. 금융 위기 이후 미국은 초저금리 기조를 장기간 유지하면서 '혁명' 내지는 '붐'이라고 부를 수 있는 미래 사업에 낮은 금리로 자본을 제공합니다. '재능과 자원의 불균형을 해소'하는 금융의 혜택으로 셰일 벤처는 끊임없는 도전을 했고, 마침내 '셰일 오일'이 쏟아지기 시작한 것입니다.

33

셰일 혁명이 불러온
새로운 세계

사업가 중에서 조지 미첼만큼
세계를 변화시킨 일을 한 사람은 거의 없다.
- 《이코노미스트》 2012년 7월 기사 중에서

앞에서 2001년 부시 행정부의 국가에너지정책 보고서를 소개하면서
그 예측이 완전히 빗나갔다고 했습니다. 이 보고서는 2020년까지 원
유 생산량이 하루 510만~580만 배럴 수준으로 감소한다고 예상했습
니다. 2018년의 실제 생산량은 그 예측치의 이미 2배에 달했기 때문
에 형편없이 틀린 보고서가 된 것은 맞습니다. 그런데 전통적인 원유
conventional oil 생산량만을 놓고 본다면 이는 빗나간 예측이 아닙니다.
오히려 장기 예측에서 높은 정확도를 보였습니다.

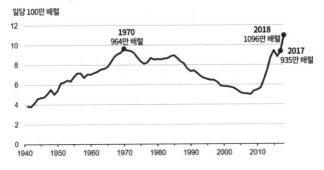

미국 원유 생산(1940~2018)

일당 100만 배럴

1970
964만 배럴

2018
1096만 배럴

2017
935만 배럴

🏊 **1940~2018년까지 미국의 원유 생산량** (출처: EIA(미 에너지 정보국))

미국의 원유 생산량은 1970년부터 2000년대 후반까지 일부 해를 제외하고
지속적으로 감소하다가 2010년 이후 셰일 오일의 생산으로 급증한다. 미
국의 원유 생산량 변화는 단순히 석유 시장 변화에 그치지 않고, 미국 대외
전략의 결정 요소로 작용해 왔다.

이 보고서가 놓친 변수는 바로 셰일 오일이었습니다. 2018년 미국
의 셰일 오일 생산량은 하루 600만 배럴을 넘어섰습니다. 그 결과 원유
생산량 총계는 하루 1100만 배럴에 육박하며, 미국은 세계 최대의 산유
국 지위에 오릅니다. 그런데 미국 주류 그룹은 2001년에 이러한 예측을
할 수 없었습니다. 당시 셰일 오일을 생산할 만한 새로운 기술의 미래
가 불투명했기 때문입니다. 셰일 오일을 생산하는 핵심 기술인 '프래킹
fracking'은 보고서가 나오고 약 10년이 지난 2010년 전후부터 본격적
으로 사용됩니다.

셰일 오일의 새로운 전기는 텍사스의 석유 중소기업 회장인 조지 미첼George P. Mitchell에 의해 마련됩니다. 그는 '수압 파쇄법hydraulic fracturing'을 통해 셰일층에서 가스와 원유를 생산하는 데 성공합니다. 석유石油는 그 이름대로 '돌'에서 만들어지고 '돌'에서 나옵니다. 석유를 생성하는 암석을 근원암source rock이라고 하는데, 전통적인 원유는 자신이 생성된 근원암을 떠나 암석을 타고 흐르다가 트랩 구조를 만나면 멈춥니다. 일반적으로 돔처럼 생긴 배사 구조에 원유가 집적되고, 바로 이곳에 시추하면 원유가 올라옵니다.

반면, 셰일 오일은 원유가 셰일이라는 근원암에서 만들어진 후, 그대로 머문 상태로 존재합니다. 전통적인 원유와 셰일 오일의 큰 차이점은 전자는 근원암을 떠나 석유 트랩의 저류암에 집적되는 반면, 셰일 오일은 근원암 입자 사이에 그대로 머물러 있다는 것입니다. 따라서 석유를 암석에서 분리하는 과정이 훨씬 더 어렵습니다. 이 어려운 일을 미첼이 수압 파쇄법으로 해낸 것입니다.

수압 파쇄법이 성공하기 전까지 모두가 헛돈 쓰지 말라며 미첼을 말렸습니다. 미첼의 기업보다 더 큰 기업들이 셰일에서 원유나 가스를 생산하려고 했지만 모두 실패했던 상황이었습니다. 지질학자인 친아들 토드 미첼Todd Mitchell까지도 극구 말리지만 미첼은 포기하지 않습니다.[64] 50년에 가까운 노력 끝에 미첼은 1998년 물과 혼합물을 고압으로 분사하여 셰일 암석에 균열을 내서 원유를 뽑아내는 '수압 파쇄'라는 방법을 개발합니다.

이 기술이 중요하기는 하지만 이것만으로 충분하지 않았습니다. 전통적인 원유는 대체로 좁은 석유 트랩에 모여 있습니다. 따라서 수직으로 시추하여 원유가 있는 지점에 도달하면 됩니다. 그러나 셰일층은 지하에 수평으로 넓게 퍼져 있습니다. 수직으로 시추한 후에 방향을 바꾸어 셰일층을 따라 수평으로 굴착해야 합니다.

2001년에 데본 에너지Devon Energy는 미첼의 회사를 합병합니다. 그리고 자사의 '수평 시추' 기술을 수압 파쇄 기술과 결합합니다. 이 두 가지 기술이 합쳐지면서 수압 파쇄를 수평으로 길게 적용하며 셰일에서 원유를 추출하는 것이 가능해집니다. 이 둘을 합쳐서 프래킹이라고 합니다.[65] 합병으로 인한 시너지의 좋은 예라 하겠습니다.

미첼이 수압 파쇄를 고안하지만 2000년대 초반까지 그의 방법이 크게 성공할 것이라 생각한 사람은 별로 없었습니다. 기술 개발에 성공하는 것과 그 기술이 상용화되는 것은 다른 문제였습니다. 암스트롱의 달 착륙과 그것이 상용화되어 달로 대형 여객기를 보내는 것이 다른 문제이듯, 개인의 성공이 다수의 성공을 담보하지는 않습니다. 따라서 석유업계에서 이 기술을 게임 체인저나 혁명으로 보는 시각은 거의 없었습니다.

2005년 미국의 석유 전문가이자 아들 부시 행정부에서 에너지 정책 입안에 참여했던 매슈 시몬스Matthew Simmons는 프래킹의 등장에도 불구하고 어두운 전망을 내놓습니다. 그는 《사막의 황혼Twilight in the Desert》이라는 저서를 통해, 사우디의 석유 생산이 곧 감소할 것이며, 이로 인해 미국에 원유 공급 부족 사태가 닥칠 것이라 주장합니다.

그의 책이 발간되자 《뉴욕 타임스》의 칼럼니스트 존 티어니John Tierney는 시몬스에게 1만 달러 내기를 공개적으로 제안합니다. 시몬스의 주장대로라면 2010년 유가는 배럴당 200달러를 넘어야 했습니다. 그래서 2010년 연평균 유가가 200달러를 넘을 것인지 아닐지를 두고 양쪽이 공개 베팅을 합니다. 5년 후 2010년 유가는 평균 80달러 수준이었습니다. 티어니가 이긴 것입니다.[66] 이러한 일화처럼 당시 미국 석유 사업계나 주류 언론에서 셰일 오일의 영향력이나 파급력은 논란의 대상이었고 부정적 시각이 더 많았습니다. 2010년 이후 발간된 EIA의 연례 보고서는 수압 파쇄법이 시도되는 상황임에도 그것이 초기 단계에 있다는 이유로 매우 낮은 수준의 추정치를 발표합니다.

셰일 오일 기술의 상용화에 한 축을 담당한 것은 다름 아닌 2008년 금융 위기였습니다. 미 연준은 금융 위기 수습을 위해 양적 완화를 추진합니다. 특히 2009년부터 2015년까지 0~0.25퍼센트의 초저금리 기조를 유지합니다. 이 시기에 프래킹의 가능성을 본 셰일업체들이 저금리로 자금을 조달하면서 우후죽순처럼 생겨납니다. 이들은 '프래커Fracker'라고 불리면서 미국 전역에서 셰일 오일의 생산을 시도합니다. 모든 산업이 그러하듯 초기에는 투자비가 많이 들어갑니다. 그런데 마침 연준이 셰일 산업이 자리를 잡고 혁명으로 불리는 시기까지 초저금리를 유지합니다. 미국 금융은 21세기 최대의 부가가치 사업이 될 수 있는 셰일 산업에 베팅한 듯 낮은 금리로 자본을 장기간 제공한 것입니다. 때마침 2011년부터 유가도 100달러를 돌파합니다. 금리와 유가가 셰일 산업의 성장을 돕습니다.

셰일 산업의 가시적인 성과는 2011년경부터 나타납니다. 프래킹의 적용이 확대되면서 셰일 오일의 생산이 눈에 띄게 증가합니다. 2012년 EIA는 셰일 오일이 향후 하루 200만 배럴까지 생산될 것이라고 예측합니다.[67] 2018년 실제 생산량의 3분의 1 수준으로 낮게 예측한 것이지만, 200만 배럴이면 북유럽의 석유 부국 노르웨이의 생산량과 비슷한 수준입니다. 2012년 7월 《이코노미스트》는 미첼을 '프래킹의 아버지'로 소개합니다. 그리고 '비즈니스맨 중에서 조지 미첼만큼 세계를 변화시킨 일을 한 사람은 거의 없다'고 보도합니다.[68] 2014년이 되자 혁명이라는 단어가 자연스럽게 등장하고 셰일은 붐이 됩니다.

새로운 석유의 등장에 중동 산유국은 긴장합니다. 셰일 붐이 일어난 2014년 중반 이후 OPEC 산유국은 원유를 증산합니다. 당시 OPEC의 증산에는 저유가로 셰일 오일의 등장을 하루라도 늦춰 보겠다는 의도가 있었습니다.[69] 물론 가장 중요한 이유는 셰일 오일이든, 비OPEC 원유든 점유율을 뺏기지 않겠다는 의도였습니다. OPEC의 증산으로 2014년 유가는 폭락하고, 결국 많은 수의 셰일업체들이 도산합니다.

그런데 2014년의 유가 폭락과 셰일업체의 도산을 미국이 의도적으로 방기했다고 볼 수도 있습니다. 이 시기에 미국은 셰일 혁명을 현실로 받아들입니다. 오바마 행정부는 지난 40여 년간 금지했던 원유 수출 금지를 해제합니다. 오일쇼크가 발생한 1970년대 이후 40여 년간 금지된 미국산 원유 수출이 2015년부터 허용된 것입니다. 지속적인 원유 생산 증가를 확신했다고 봐야 합니다.

2014년 미국은 셰일 혁명의 속도를 조절해야 했습니다. 2011년부터 매년 눈에 띄게 셰일 오일의 생산이 증가하는데, 이는 마냥 좋은 일이 아니었습니다. 석유가 생산된다고 해서 그 물량이 모두 운송, 정제, 소비될 수는 없기 때문입니다. 소비 문제는 수출을 통해 일부 해결한다고 해도 운송 문제는 해결할 방법이 없었습니다. 석유는 대부분 송유관으로 수송되므로 송유관이 증설되지 않으면 운송할 방법이 없습니다. 드넓은 미 대륙의 내륙에서 생산된 석유를 정제 공장이나 항구가 있는 해안으로 운송해야 하는데, 도로나 철도로는 일부만 옮길 수 있습니다. 유조차 수만 대가 밤을 새워 달려도 넓은 미 대륙을 가로질러 석유를 수송하는 것에는 한계가 있습니다.

한국에서도 울산과 여수에서 생산된 휘발유, 경유 등은 대부분 남북으로 길게 뻗은 남북 송유관을 통해 운송됩니다. 좁은 한국에서도 남북과 동서를 가로지르는 송유관이 있고, 이를 관리하고 운용하는 기관인 대한송유관공사[70]가 있습니다. 수천 개의 유전이 존재하는 드넓은 미 대륙에는 엄청난 수의 송유관이 존재합니다. 문제는 이 송유관이 이미 목에 차 있을 정도로 포화 상태였다는 것입니다. 그래서 미국이 일부러 셰일 혁명의 속도 조절을 위해 유가 폭락을 유도 내지는 방기했다는 시각도 가능합니다. 물류 체계가 갖추어지지 않은 상태에서 생산량 증대는 무의미하기 때문입니다. 현재 미국은 셰일 오일에 맞춘 인프라 개선 작업을 진행 중입니다. 2020년 이후에 송유관 시설 확충이 마무리될 것으로 보입니다.[71]

미국이 최대 원유 생산국으로 등극한 2018년과 그 이전의 10여 년간 생산 기술의 눈부신 발전과 생산량의 급격한 변화가 있었습니다. 하버드대학 행정대학원 교수 메건 오설리번은 셰일 혁명을 다룬 《윈드폴 Windfall》이라는 저서를 통해 최근 10여 년의 변화는 매우 급진적이고 생소한 것이었으며, 그래서 이 변화의 영향력이 잘 이해되지 않고 있다고 주장합니다. 석유의 국제적·경제적 영향력은 예나 지금이나 비슷한데 그 영향력이 과거에는 잘 연구된 반면, 오늘날 셰일 혁명이 어떻게 세상을 바꿀지에 대한 이해는 부족하다는 것입니다.[72] 그러면서 그는 셰일 오일로 인한 미국의 에너지 풍요가 국제 정치를 뒤집어 놓을 것이라고 주장합니다.

실제로 셰일 혁명의 영향은 2017년 이후부터 명확해지고 있습니다. 셰일 오일의 급증이 미국의 정치적·경제적 태도에 영향을 주고 있음을 세계가 목도하고 있습니다. 미국은 중동 정책에 더 과감해졌고, 동맹국에게는 더 많은 비용을 청구하고 있습니다. 2017년 말 미국은 예루살렘을 이스라엘의 수도로 선언했습니다. 2018년 이후에는 이란과 기존 핵 합의를 파기하고 더욱 엄격한 핵 합의를 요구하고 있습니다. 셰일 오일로 강해진 경제 체력을 바탕으로, 출혈을 감수하며 중국과 무역 전쟁을 지속하고 있습니다.

해외 주둔 미군을 철수 혹은 감축해야 한다는 의견도 제기됩니다. 국제정치학의 석학 존 미어샤이머John J. Mearsheimer는 2016년 7월 《포린어페어스Foreign affairs》에 〈역외 균형 전략이 필요한 상황The Case for Offshore Balancing〉이라는 제목의 논문을 기고합니다. 이 글에서 미어샤이머는 유럽과 중동에 주둔한 미군을 철수해야 한다고 주장합니다. 발을 빼고 균형을 추구하는 역외 균형 전략을 실행하라는 것입니다. 이 논문에서 놀라운 것은 독일 주둔 미군마저도 철수해야 한다는 주장입니다. 과거 냉전 시절 독일과 일본은 미국의 '거대한 체스판'에서 가장 중요한 말이었습니다. 두 경제 대국은 반드시 미국의 동맹으로 남아 있어야 했습니다. 그중 하나라도 자유 진영에서 이탈하면 미국의 패권에 커다란 위협이었습니다.

미어샤이머에 따르면 지금의 상황은 그때와 같지 않습니다. 유럽에서는 독일과 러시아를 포함하여 어느 국가도 지역 패권 세력으로 부상할 수 없습니다. 따라서 미군을 주둔시키지 않고 멀리 떨어져서 균형을 잡을 수 있습니다. 설령 미국이 발을 빼서 분쟁이 발생하더라도, 지금 상황에서는 그것이 미국의 이익을 위협하지 않습니다. 같은 맥락에서 중동의 석유 공급 중단이 미국에게 치명적이지 않다면 미군이 그곳에 주둔하며 비용을 감수할 이유는 약해졌습니다. 그러니 매년 수십억 달러를 써가며 유럽과 중동에 미군을 유지할 필요가 없다는 것입니다.[73] 실제로 2018년 12월, 트럼프는 내전 중인 시리아에서 미군을 철수하겠다고 선언합니다.

요컨대 유럽과 중동에서 경제적·군사적 패권을 가질 만한 국가가 없고, 지역 분쟁이 미국의 이익을 위협할 가능성도 줄었습니다. 그러므로 미국은 힘을 빼고 유럽과 중동을 관리해도 됩니다. 이렇게 말할 수 있는 것은 2010년 이후 10년도 안 되는 짧은 기간에 미국의 원유 생산량이 2배 이상 급증했기 때문입니다. 운동 경기에 비유하자면 미국은 셰일오일로 대량 득점에 성공한 상황입니다. 점수 차이가 많이 나는 상황에서 감독은 주전을 빼고 경기를 운영해도 됩니다. 미어샤이머는 역외 균형 전략이 "미국의 전통적 힘에 기반한 자신감"의 발로라고 합니다. 그런데 과거에 없던 그 자신감이 오늘날 발현되는 이유는 부와 힘의 원천인 석유가 미국에서 쏟아지고 있기 때문입니다.

세계 현대사는 기-승-전-석유 혹은 석유-승-전-결의 역사였습니다. 오일쇼크, 세계화, 자유 무역, 테러, 금융 위기, 초저금리 그리고 오늘날 미국의 고립주의까지 현대사의 핵심 국면에서 석유는 늘 주요한 결정 요인으로 작용했습니다. 그렇게 석유는 오늘을 결정했습니다.

내일을 결정할 석유

'부'와 '힘'을 다투는 것은 인간 역사의 기본적인 모습입니다. 부의 확대와 힘의 우위를 통해 처칠이 말한 '지배적인 위치'를 확보하는 것이 국가의 이익과 존망을 결정하기 때문입니다. 그 시도가 다른 명분으로 포장되기도 하지만 결국 근본적 의도는 부의 확대 또는 힘의 우위였습니다. 그런 측면에서 1차 세계대전 이후부터 오늘날까지 세계사의 중심에 석유가 있는 것은 당연합니다. 석유가 부와 힘의 결정 요인이기 때문입니다.

석유를 잃는다는 것은 에너지를 잃는다는 의미를 넘어 '힘'을 잃는다는 의미입니다. 그 때문에 미국은 2차 세계대전 이후, 중동 문제에 개입하며 이 지역의 석유 질서에 개입했습니다. 초기에는 세븐 시스터즈라는 기업체로, 이후에는 시장과 통화 질서로 통제를 이어 왔습니다. 때로는 전쟁도 불사하며 석유 이권을 사수했습니다.

이러한 역사를 고려하면 미국의 셰일 혁명은 중요한 의미가 있습니다. 인류 역사에서 자원 수급의 변화 또는 잉여 생산물의 출현과 소멸은 중대한 전환점이었습니다. 아마니는 수요와 공급 법칙을 '신에 의한 법칙'이라고 했습니다. 이 책의 2부에서 다루었듯 잉여의 소멸은 1970년대 석유 질서를 흔들며 새로운 시대를 도래하게 했습니다. 2014년 이후의 석유 수급 변화는 과거의 잉여 생산물의 출현과 소멸이 그러했듯 국제 정치와 세계 경제를 뒤집어 놓을 수 있습니다. 2018년 미국은 세계 제일의 산유국이 되었습니다. 그리고 이 새로운 상황은 미국을 이전과 다른 나라로 만들고 있습니다.

지금 미국은 '사활적 이익'이 걸린 해외 석유도 없을 뿐 아니라, 목숨을 걸고 막아야 할 이념도 없습니다. 과거에 미국은 자국민을 희생시키는 전쟁을 감수하더라도 공산주의와 싸워야 했고 그 과정에서 동맹국의 협조를 절실히 필요로 했습니다. 한국도 예외는 아니어서 한반도에서 미군이 피를 흘렸고, 한국군도 미국의 전쟁에서 싸웠습니다. 미국은 동맹국의 이탈과 공산주의 확산을 막기 위해 마셜 플랜이나 중남미 원조를 통해 경제 발전도 지원했습니다. 큰 비용이지만 패권 유지를 위한 불가피한 지출로 받아들였습니다.

그러나 이제 미국은 더 이상 이념을 위해 싸울 필요가 없습니다. 소련은 무너졌고 중국은 자본주의 경제 체제에 편입되었습니다. 어떤 학자는 자본주의와 민주주의의 승리를 '역사의 종언'으로 표현하는데, '역사의 종언'만큼이나 '동맹의 종언'도 가까워지는 상황입니다. 물론 과장된 표현입니다. 그러나 적어도 동맹의 재평가가 이루어질 만한 상황입니다.

또한 과거의 미국은 수입 석유 의존도가 높아 중동 석유 통제에 막대한 비용을 투입했습니다. 통제에 실패했을 때 오일쇼크라는 큰 충격을 경험해야 했습니다. 그런데 셰일 혁명은 미국이 석유를 자급할 수 있을 것이라는 전망을 열어 주었습니다. 트럼프 행정부는 다시 '미국 우선America, First!'을 외치며 보호 무역으로 회귀하는 모습을 보입니다. 해외에서 얻을 수 있는 것 중 가장 가치 있는 자원이었던 석유가 이제는 자국 내에서 풍부하게 생산되고 수출까지 가능해졌습니다. 그러니 세계화의 매력은 떨어질 수밖에 없습니다. 파리 협약에서 탈퇴하고 WTO에서도 탈퇴 가능성을 시사하고 있습니다. 동맹국에게는 무임승차하지 말라며 해외 주둔 미군의 감축 혹은 철수를 추진하려 합니다.

　중동 석유를 시장에 안정적으로 공급하는 일은 이제 미국보다 유럽이나 일본 같은 석유 수입국에게 더 절실한 사안이 되었습니다. 한국도 마찬가지입니다. 한국은 중동 석유에 석유 공급의 70~80퍼센트 이상을 의존합니다. 그러나 미국은 절반 이상의 석유를 자급하고 수입 물량 중에서도 중동산 석유가 차지하는 비중은 약 20퍼센트 정도입니다.[1] 물론 미국은 셰일오일이 쏟아져도 중동 석유에 대한 영향력을 완전히 포기할 수 없습니다. 일정 수준의 영향력 유지는 필요합니다. 중국이 일대일로 정책을 통해 이 지역에서 영향력을 확보하면 미국의 패권 유지에 위협이 될 수 있기 때문입니다.[2] 그렇다고 해도 미국이 중동에 대해 과거와 같은 절박함을 갖고 있지는 않습니다. 당장 이란이 호르무즈 해협을 봉쇄하면 직격탄을 맞는 것은 아시아의 수입국이지 미국이 아닙니다.

　이와 같은 새로운 에너지 상황으로 인해 석유에 대해 각자도생各自圖生의 상황이 연출될 가능성이 높아지고 있습니다. 셰일 오일의 등장은 석유 시대를 연장함과 동시에 우리 스스로 에너지 안보를 더 무겁게 다루어야 할 필요성을 높이고 있습니다.

2018년 사우디 언론인 자말 카슈끄지Jamal Khashoggi가 피살되었는데, 이 사건에 사우디 왕실이 연루되었다는 의혹이 제기되었습니다. 그리고 그것이 사실이라면 미국이 사우디를 제재할 수 있다는 소식이 전해졌습니다. 사우디 왕실은 이에 반발하며 제재 조치가 있을 경우, 그보다 더 강한 대응으로 미국에 맞서겠다는 입장을 밝힙니다. 이에 대해 《뉴욕 타임스》는 2018년 10월 16일 〈사우디는 레버리지가 없다Saudi Has No Leverage〉라는 제목의 기사를 냅니다. 이 기사는 사우디가 미국에 대항할 수 없다고 말합니다. 그 주요한 이유는 미국의 석유 생산량이 사우디보다 많기 때문이기도 하지만, 무엇보다 사우디의 석유와 경제가 미국과 긴밀하게 얽혀 있어 어떠한 시도도 자충수가 되기 때문입니다.[3] 가령 사우디가 석유를 무기화하여 공급을 중단해도 사우디의 최대 정유 공장이 미국에 있는 이상 그 피해는 사우디가 입는다는 것입니다. 이 기사는 한국도 언급합니다. 한국에 사우디가 대주주인 정제 공장이 있어서 석유를 통한 어떤 제재도 사우디의 이익을 해치게 된다는 점에서 한국과 미국은 같습니다. 이러한 점에서 한국의 정유사들 지분의 상당 부분을 미국과 중동 회사가 가지고 있는 것은 에너지 안보 차원에서 바람직할 수도 있습니다.[4]

이 책 3부에서 보았듯이 1980년대에 사우디는 안정적인 시장 점유율을 유지하기 위해 미국의 정유 회사 지분을 사들였습니다. 1990년대에는 한국 정유 회사 지분도 취득하였습니다. 미국의 가장 큰 정유 회사인 모티바Motiva는 사우디 아람코의 소유입니다. 대니얼 예긴은 공급자가 안정적인 수요자를 찾고 수요자는 안정적인 공급자를 찾으려는 욕구가 있기 때문에 이러한 결합은 양쪽 모두의 입장에서 안정성을 확보하는 방법이라고 말합니다.[5]

위와 같은 이유로 비산유국이 산유국과의 접점을 석유 산업 전반에 걸쳐 넓혀 가는 것이 에너지 안보를 확보하는 길입니다. 석유 확보를 각자도생해야 하는 상황이라면 더 앞선 기술과 실력으로 산유국과의 접점을 늘려가야 합니다. 미국과 중동과 동남아 산유국에서 석유 자산의 지분 관계에서뿐만 아니라, 한국의 인력과 기술이 그들의 이해관계에 복잡하게 얽히는 것이 장기적으로 우리의 에너지 안보를 지키는 길입니다. 어차피 한국은 석유를 반드시 수입해야만 합니다. 그렇다면 산유국과의 사업 관계를 강화해서 한국의 비용이 그들의 비용이고, 한국의 이익이 그들의 이익인 구조가 전략적으로 바람직합니다. 그렇지 않다면 석유 시장에서 일방적으로 수입만 하는 의존 관계에서 더 많은 것을 내주어야 할지도 모릅니다.

2008년 7월 유가가 배럴당 150달러에 육박하며 급등한 시기가 있었습니다. 마치 유가 200불 시대가 도래할 것처럼 석유 시장이 과열되고 있었습니다. 이와 같은 상황에서 장기적으로 유가가 60~80달러 사이에서 안정될 것이라고 주장한 한국의 학자가 있습니다. 당시 서울대학 산업공학과 교수 김태유는 《연합뉴스》와의 인터뷰에서 고유가가 지속될수록 셰일 오일 등에 대한 투자가 증가할 것이기 때문에 장기적으로 유가는 100달러 이하로 내려갈 것이라고 주장합니다.[6] 그의 말대로 셰일 오일의 등장 이후 유가는 100불을 넘기지 못하고 있고 대부분 60~80달러 사이에서 움직였습니다. 자원 공학자이면서 경제학자인 김태유의 융합된 시각은 정확했습니다.

이 인터뷰에서 그는 석유 수입국으로서 한국이 취할 수 있는 최상의 대응으로 탐사 기술 개발을 꼽습니다. 산유국과의 접점을 꾸준히 확대하기 위해서는 김태유의 조언처럼 석유를 탐사하고 개발하는 역량을 꾸준히 늘려야 합니다. 산유국은 막대한 오일머니로 한국 정유 회사 지분을 확보할 수 있습니다. 그러나 한국이 그런 방식으로 산유국과의 접점을 확대하기에는 자본 지출 규모가 너무 큽니다. 결국 인력과 기술을 활용할 수밖에 없습니다. 산유국의 탐사와 개발 그리고 생산 단계에 우수한 역량으로 참여하고 주도적인 역할을 할 수 있다면, 경제적·전략적으로 석유가 없다는 문제 상황에 현명하게 대처할 수 있습니다.

2004년 대우인터내셔널이 미얀마 바다에서 탐사에 성공합니다. 이 탐사의 성공과 이후 진행된 가스전 사업은 한국이 산유국과의 관계에서 추구할 수 있는 모범 사례입니다. 이 사업은 광권 계약 체결부터 탐사 활동, 가스전 발견, 개발, 그리고 생산에 이르기까지 한국 인력이 주도적으로 진행했습니다. 서구와 일본 회사들이 실패하고 떠난 지역에서 이루어낸 성과였기에 한국 자원 개발의 새로운 지평을 열었다고 평가받습니다.[7] 우리나라의 자원 개발이 추구해야 할 모습은 이러한 모습일 것입니다.

셰일 오일의 등장과 생산 기술의 발전 등으로 2019년 이후 석유 공급이 확대될 가능성이 있습니다. 단기적인 수급 상황만을 본다면 구매자 주도의 시장이 만들어질 가능성이 높아졌습니다. 그러나 단기적인 수급 전망으로 에너지 안보를 결정해서는 안 됩니다. 에너지 안보는 긴 안목으로 현재 세대와 미래 세대를 놓고 고민하고 해결해야만 하는 문제입니다. 이 책의 프롤로그에서 말한 문제를 다시 이야기하고자 합니다. 우리나라는 석유가 나지 않습니다. 그런데 우리나라는 세계 5위의 석유 수입 대국입니다.

오늘을 결정한 석유의 시간은 여전히 내일로 흐르고 있습니다.

주

프롤로그

1 "Global 500", *Fortune*, 2018, http://fortune.com/global500/list/

2 정진홍,《완벽에의 충동》, 21세기북스, 2006, p.206에서 변형.

1부 석유, 오늘을 열다

1 Daniel Yergin, *The Prize*, Simon & Schusters UK, 1991, p.14.

2 대니얼 예긴,《황금의 샘》, 김태유·허은녕 역, 라의눈, 2017.

3 노엄 촘스키·질베르 아슈카르,《촘스키와 아슈카르, 중동을 이야기하다》, 강주헌 역, 사계절, 2009, pp.103~104.

4 Daniel Yergin, *The Prize*, p.375.

5 Leonardo Maugeri, *The Age of Oil*, Lyons press, 2008, pp.54~55(국

역본: 레오나르도 마우게리 저, 《당신이 몰랐으면 하는 석유의 진실》, 최준화 역, 가람기획, 2008).

6   Daniel Yergin, *The Prize*, p.383.

7   "Chilcot report: What Blair said to Bush in memos", *BBC*, 2016.7.6.; 토니 블레어 총리의 메모를 공개한 칠콧 리포트는 존 칠콧Sir John Chilcot이 위원장이었던 영국 이라크 조사위원회가 영국의 2003년 이라크전 참전의 타당성 여부와 그 의사결정 과정을 분석한 보고서로 2016년 7월 발간되었다.

8   "'I will be with you whatever': read Blair's secret 2002 memo to Bush on Iraq", *The Washington Post*, 2016.7.16.

9   《영국 개황》, 외교부 유럽국 서유럽과, 2013, p.143.

10   Mostafa Elm, *Oil, Power, and Principle in Iran: Iran's Oil Nationalization and Its Aftermath*, Syracuse University Press, 1994, p.161.

11   Henry Kissinger, *Diplomacy*, Simon and Schuster, 1994, p.43. 키신저는 이 책에서 영국과 미국은 역사적·언어적·문화적으로 연대가 있고 이러한 배경으로 두 나라의 관계는 특수한 속성special nature이 있다고 설명한다. 이러한 특별한 관계 속에서 양국은 자본주의 진영의 핵심적인 동맹이자, 2차 세계대전 이후 중동 석유의 공동 관리자가 된다.

12   Daniel Yergin, *The Prize*, p.433.

13   윌리엄 엥달, 《20세기 세계사의 진실》, 서미석 역, 도서출판 길, 2007, pp.141~142.

14 Leonardo Maugeri, *The Age of Oil*, p.66.

15 위의 책, pp.67~68.

16 위의 책, pp.68~69.

17 Teddy Ng·Kristin Huang, "China and Iran carry out naval exercise near Strait of Hormuz as US holds drill with Qatar", *South China Morning Post,* 2017.6.19.

18 Leonardo Maugeri, *The Age of Oil*, p.95.

19 Daniel Yergin, *The Prize*, p.473.

20 David A. Nichols, *Eisenhower 1956: The President's Year of Crisis Suez and the Brink of War*, Simon & Schuster, 2012, p.188

21 S. Victor Papacosma and Mary Heiss eds, *NATO in the Post-Cold War Era: Does It Have a Future?*, Palgrave Macmillan, 1995, p.285.

22 Henry Kissinger, *Diplomacy*, p.547.

23 위의 책, pp.547~548.

24 위의 책, p.547.

25 송민순,《빙하는 움직인다: 비핵화와 통일외교의 현장》, 창비, 2016, p.513.

26 "Remembering Eni's Founder", *Eni.com*, 2017, https://www.eni.com/en_IT/company/eni-history/remembering-eni-founder.page?lnkfrm=asknow.

27 Leonardo Maugeri, *The Age of Oil*, pp.88~89.

28 Daniel Yergin, *The Prize*, p.512.

29 Leonardo Maugeri, *The Age of Oil*, pp.90~91.

30 윌리엄 엥달,《20세기 세계사의 진실》, pp.152~153.

31 앤서니 샘슨,《석유를 지배하는 자들은 누구인가》, 김희정 역, 1992, 책 갈피, pp.211~214.

32 1961년 12월 케네디 대통령 부부는 '진보를 위한 연대' 정책의 프로모 션을 위해 베네수엘라를 방문했는데, 이때 퍼스트 레이디 재클린 케네디 는 베네수엘라의 공용어인 스페인어로 연설하며 깊은 인상을 남긴다.

33 제프리 로빈슨,《석유황제 야마니》, 유경찬 역, 아라크네, 2003, p.235.

34 김정위,《중동사》, 대한교과서, 2005, pp.353~359.

35 Daniel Yergin, *The Prize*, p.536.

36 국방TV,〈토크멘터리 전쟁사 82부 3차 중동전쟁〉, 2018.1.8.

37 Mehran Kamrava, *The Modern Middle East*, University of California Press, 2005, p.118.

38 제프 로빈슨,《석유황제 야마니》, p.107.

39 Daniel Yergin, *The Prize*, p.310.

40 이은경,〈일본 고도성장기의 석유 사회사: 석유사용의 규제와 수요확대 의 길항을 중심으로〉,《일본학 연구》제39집, 2013, p.136.

41 Daniel Yergin, *The Prize*, p.489.

42 앤드리스 골드소 엮음,《국제 에너지 정책론》, 진상현 외 5인 역, 한울아 카데미, 2016, p.315.

43 Daniel Yergin, *The Prize*, p.309.

44 위의 책, p.338.

45 《인도네시아 개황》, 외교부 아세안국 동남아과, 2017, p.60.

2부 석유, 무기가 되다

1 한국석유공사, 《석유산업의 이해》, 한국석유공사, 2018, pp.125~127.

2 유발 하라리, 《사피엔스》, 조현욱 역, 김영사, 2015, p.153.

3 Daniel Yergin, *The Prize*, p.575.

4 앤드리스 골드소 엮음, 《국제 에너지 정책론》, 진상현 외 5인 역, 한울아
   카데미, 2016, pp.311~313.

5 E. H. 카, 《역사란 무엇인가》, 김택현 역, 까치, 1997, p.12.

6 "The End of the Oil Age", *Economist*, 2013.10.23.

7 Kevin D. Freeman, *Secret Weapon: How Economic Terrorism Brought Down
   the U.S. Stock Market and Why It can Happen Again*, Palgrave Macmillan,
   2012, p.30.

8 Leonardo Maugeri, *The Age of Oil*, p.110.

9 Daniel Yergin, *The Prize*, p.584.

10 Howard Blum, "Who Killed Ashraf Marwan?", *The New York Times*,
    2007.7.13.; 찰스 두히그, 《1등의 습관》, 강주헌 역, 알프레드, 2016,
    pp.161~170.

11 Leonardo Maugeri, *The Age of Oil*, p.112.

12 Daniel Yergin, *The Prize*, pp.588~589.

13 Walter J. Boyne, "Nickel Grass," *Air Force Magazine*, 1998.12.

14 Leonardo Maugeri, *The Age of Oil*, p.112.

15 George W. Gawrych, *The 1973 Arab-Israeli War: The Albatross of Decisive Victory*, Combat Studies Institute, 1996, p.243.

16 Memcon, "Military Briefing," 22 October 1973, RG 59, SN 70-73, POL 7 US/Kissinger, Document 56, https://nsarchive2.gwu.edu//NSAEBB/NSAEBB98/octwar-56.pdf.

17 Leonardo Maugeri, *The Age of Oil*, p113.

18 위의 책, p112.

19 Daniel Yergin, *The Prize*, p.606.

20 앤서니 샘프슨, 《누가 지배하는가? 석유》, 정영민 역, 숲속의집, 2002, pp.299~300.

21 〈단판 승부 건 석유모험〉, 《경향신문》, 1973.11.23.; 〈석유 위기에 고통 겪는 일본 키신저 왕진〉, 《동아일보》, 1973.11.14.

22 KBS, 〈KBS 역사 스페셜: 발굴! 정부기록보존소 (4) 석유 확보 작전-사우디 왕자를 대접하라〉, 2003.5.31.

23 앤서니 샘슨, 《석유를 지배하는 자들은 누구인가》, p.27.

24 〈친아랍성명 발표〉, 《동아일보》, 1973.12.17.

25 "Transcripts of Sadat and Begin Addresses", *New York Times*,

1977.11.21.

26 Daniel Yergin, *The Quest*, Penguin books, 2011, p.272.

27 Sean Loughlin, "House cafeterias change names for 'french' fries and 'french' toast", *CNN.com*, 2003.3.12.

28 Geoffrey Heard, "Not Oil, But Dollars vs. Euros", *Global Policy Forum*, 2003.3.

29 World Nuclear Association, "Nuclear Power in France", http://www.world-nuclear.org/information-library/country-profiles/countries-a-f/france.aspx.

30 Daniel Yergin, *The Prize*, p.637.

31 류권홍, 〈국제석유·가스 개발과 거래 계약〉,《한국학술정보》, 2011, pp.110~130.

32 Carola Hoyos, "The new Seven Sisters: oil and gas giants dwarf western rivals", *Financial Times*, 2007.3.13.

33 Daniel Yergin, *The Prize*, p.616.

34 KBS, 발굴! 정부기록보존소 (4) 석유 확보 작전-사우디 왕자를 대접하라, 〈KBS 역사 스페셜〉, 2003.5.31.

35 〈나이프 장관, "우린 형제"〉,《동아일보》, 1979.7.21

36 Pieter D. Wezeman et al., "Trends in International Arms Tranfers, 2017", *SIPRI Fact Sheet*, 2018.3. https://www.sipri.org/sites/default/files/2018-03/fssipri_at2017_0.pdf.

37 제프리 로빈슨,《석유황제 야마니》, p.323.

38 "The End of the Oil Age", *Economist*, 2013.10.23.

39 위의 기사.

40 제러미 리프킨,《수소 혁명, 석유시대의 종말과 세계경제의 미래》, 이진
수 역, 민음사, 2003, p.47.

41 제프리 로빈슨,《석유황제 야마니》, pp.374~375.

42 Mark Thiessen, *An Island of Stability: The Islamic Revolution of Iran and the Dutch Opinion*, Sidestond Press, 2009, p.2.

43 유흥태,《이란의 역사: 이슬람의 유입에서 이슬람 혁명까지》, 살림,
2008, p.84.

44 위의 책, p.92.

45 Cyrus Kadivar, "A Question of Numbers", *Rouzegar-Now*,
2003.8.3.

46 Daniel Yergin, *The Prize*, p.662.

47 "History of Iran: Iran after the victory of 1979's Revolution",
Iran Chamber Society http://www.iranchamber.com/history/
islamic_revolution/revolution_and_iran_after1979_1.php.

48 Geoff Simons, *Iraq: From Sumer To Saddam*, Palgrave Macmillan
UK, 1994, p.274.

49 Leonardo Maugeri, *The Age of Oil*, p.128.

3부 석유, 시장을 열다

1   Jennifer Huang, "A Cold War Legacy of Persian Gulf Conflict", *Independent Arts and Media*, 2003.3.19., https://web.archive.org/web/20080819194536/http://www.artsandmedia.net/cgi-bin/dc/newsdesk/2003/03/18_centcom_1.

2   앨런 브링클리, 《있는 그대로의 미국사 3》, 손세호 외 역, 휴머니스트, 2011, P.501.

3   정의길, 《이슬람 전사의 탄생: 분쟁으로 보는 중동 현대사》, 한겨레출판, 2015, p.161.

4   최성권, 《중동의 재조명: 국제정치》, 2011, 한울아카데미, https://terms.naver.com/entry.nhn?docId=2275971&cid=51287&categoryId=51287

5   Daniel Yergin, *The Prize*, prologue의 p.17.

6   Mike James and Oren Dorell, "Russian politician calls Trump 'Adolf Hitler No.2 of our time'", *USA today*, 2018.4.13.

7   Daniel Yergin, *The Prize*, pp.691~692.

8   윌리엄 엥달, 《20세기 세계사의 진실》, p.292.

9   존 W. 가버, 《중국과 이란》, 박민희 역, 알마, 2011, pp.140~141.

10 제프리 로빈슨, 《석유황제 야마니》, p.341.

11 원유 공식 판매 가격OSP은 산유국 정부가 공시하는 원유 판매 가격

을 뜻한다. 1차 오일쇼크 이후, 기존의 메이저 석유 회사가 결정하던 원
유 가격을 OPEC 등이 정하면서 산유국 정부는 공식 판매 가격을 주
기적으로 공시하고 이를 기준으로 원유를 판매했다. 1차 오일쇼크부터
1980년대 초반까지 OPEC 총회의 주요 의제는 공식 판매 가격 수준을
결정하는 것이었고, 소비국은 이를 그대로 수용할 수밖에 없었다.

12 제프리 로빈슨, 《석유황제 야마니》, p.369

13 Daniel Yergin, *The Prize*, p.700.

14 노엄 촘스키·질베르 아슈카르, 《촘스키와 아슈카르, 중동을 이야기하
    다》, p.103.

15 티머시 미첼, 《탄소 민주주의》, 에너지기후정책연구소 역, 생각비행,
    2017, p.52.

16 위의 책, p.53.

17 이준범, 〈미국의 람보식 석유패권 전략〉, 《신동아》, 2004.5.31.

18 노엄 촘스키·질베르 아슈카르, 《촘스키와 아슈카르, 중동을 이야기하
    다》, pp.104~108.

19 한국석유공사, 《석유산업의 이해》, p.132.

20 위의 책, p.132.

21 Andrew Inkpen · Michael H. Moffett, *The Global Oil & Gas Industry:
    Management, Strategy & Finance*, PennWell Books, 2011, p.362.

22 유발 하라리, 《사피엔스》, p.465.

23 김관섭, 〈최근 석유시장과 Oil trading〉, 《울산매일》, 2015.12.28.

24 유발 하라리,《사피엔스》, p.465.

25 Daniel Yergin, *The Prize*, p.724.

26 앤드리스 골드소 엮음,《국제 에너지 정책론》, pp.81~82.

27 Daniel Yergin, *The Prize*, pp.724~725.

28 Leonardo Maugeri, *The Age of Oil*, p.137.

29 《사우디아라비아 개황》, 외교부 아프리카 중동국 중동2과, 2015, pp.89~90.

30 Russel Gold, "Back to the Future? Oil Replays 1980s Bust", *The Wall Street Journal*, 2015.1.13.

31 이재원·조인우, 〈1980년대 중반과 금번 유가하락기의 원유시장 여건 비교 분석〉,《국제경제리뷰》, 제2016-11호, 2016, 한국은행, p.1.

32 산업통상자원부, 〈글로벌 석유시장 변화를 원유수입다변화 기회로〉,《산업통상자원부 보도참고자료》, 산업통상자원부, 2015, p.4.

33 제프 로빈슨,《석유황제 야마니》, p.374.

34 위의 책, p.375.

35 Daniel Yergin, *The Prize*, p.727.

36 위의 책, p.729.

37 위의 책, p.728.

38 Roberto Bocca, "Three reasons for the oil price drop", *World Economic Forum*, 2015.2.27.

39 Meghan L. O'Sullivan, *Windfall: How the New Energy Abundance*

Upends Global Politics and Strengthens America's Power, Simon and Schuster, 2017, p.31.

40 Anjli Raval, "Opec leader vows not to cut oil output even if price hits $20", *Financial Times*, 2014.12.23.

41 Meghan L. O'Sullivan, 같은 책, p.31

42 Indexmundi, "Saudi Arabia Crude Oil Production by Year", https://www.indexmundi.com/energy/?country=sa&product=oil&graph=production&lang=en.

43 Ram Garikipati, "Aramco's investment in Hyundai Oilbank aimed at maintaining hold on market", *The Korea Herald*, 2019.1.30.

44 BP, *BP Statistical Review of World 2015 Workbook*, Pureprint Group, 2015.

45 Daniel Yergin, *The Prize*, pp.737~738.

46 Mark Weston, *Prophets and Princes: Saudi Arabia from Muhammad to the Present*, Wiley, 2008, p.270.

47 제프 로빈슨, 《석유황제 야마니》, pp.406~407.

48 Daniel Yergin, *The Prize*, p.743.

49 Kiran Stacey and Neil Hume, "Opec's days as economic force are 'over'", *Financial Times*, 2016.

50 위의 기사.

51 Natasha Turak, "Iraq could be the next to break ranks with OPEC, analyst says", *CNBC*, 2018.12.4.

4부 석유, 오늘을 결정하다

1 이병승, 《걸프전쟁과 아랍민족 운동》, 눈, 1991, p.14.

2 Leonardo Maugeri, *The Age of Oil*, p148.

3 정의길, 《이슬람 전사의 탄생》, p.198.

4 Leonardo Maugeri, *The Age of Oil*, p.212.

5 Daniel Yergin, *The Prize*, p.757.

6 John J. Mearsheimer, "A Return to Offshore Balancing", *Newsweek*, 2008.12.30.

7 토머스 L. 프리드먼, 《렉서스와 올리브나무》, 신동욱 역, 창해, 2003, p.633.

8 앨런 브링클리, 《있는 그대로의 미국사 3》, P.535.

9 토머스 L. 프리드먼, 《렉서스와 올리브나무》, p.43.

10 위의 책 , p.203.

11 Daniel Yergin, *The Quest*, pp.90~91.

12 위의 책, pp.45~46.

13 위의 책, p.55.

14 앨런 브링클리, 《있는 그대로의 미국사 3》, P.535.

15 티머시 미첼, 《탄소 민주주의》, pp.313~314.

16 Steve Coll, *Ghost Wars: The Secret History of the CIA, Afghanistan and Bin Laden*, Penguin Books, 2004, p.222.

17 위의 책, p.222.

18 위의 책, pp.338~339.

19 위의 책, p.341.

20 정의길,《이슬람 전사의 탄생》, pp.302~303.

21 니콜로 마키아벨리,《군주론》, 강정인·김경희 역, 까치, 2008, pp.114 ~115.

22 새뮤얼 헌팅턴,《문명의 충돌: 세계질서 재편의 핵심 변수는 무엇인가》, 이희재 역, 김영사, 1997, p.417

23 Richard Burkholder, "Gallup Poll of Baghdad: Gauging U.S. Intent", *Gallup*, 2003.10.28.

24 노엄 촘스키·질베르 아슈카르,《촘스키와 아슈카르, 중동을 이야기하다》, p.103.

25 National Energy Policy Development Group, *Reliable, Affordable, and Environmentally Sound Energy for America's Future*, National Energy Policy Development Group, 2001, p.8-4.

26 U.S. Energy Information Agency, *Annual Energy Outlook 2012*, U.S. Energy Information Agency, 2012, p.113, 153.

27 U.S. Energy Information Agency, *Annual Energy Outlook 2014*, U.S. Energy Information Agency, 2014, p.D-16, A-28.

28 Peter Zeihan, *The Accidental Superpower: The Next Generation of American Preeminence and the Coming Global Disaster*, Twelve, 2014(국역본: 피터 자이한, 《21세기 미국의 패권과 지정학》, 홍지수·정훈 역, 김앤김북스, 2018).

29 Meghan L. O'Sullivan, *Windfall*, pp.16~18.

30 National Energy Policy Development Group, *Reliable, Affordable, and Environmentally Sound Energy for America's Future*, National Energy Policy Development Group, 2001, pp.8-18~20.

31 The World Bank, "GDP growth(annual %)", https://data.worldbank.org/indicator/NY.GDP.MKTP.KD.ZG?end=2017&locations=CN&start=1961&view=chart(검색일: 2019.6.22).

32 윌리엄 엥달, 《20세기 세계사의 진실》, pp.352~353.

33 George Monbiot, "Why Blair is an appeaser?", *The Guardian*, 2002.11.5.

34 U.S. Department of Defense, "Casualty Status as of 10 a.m. EST Nov. 21, 2018", https://dod.defense.gov/News/Casualty-Status/.

35 Neta C. Crawford, "US Budgetary Costs of Wars through 2016: $4.79 Trillion and Counting", *Costs of War*, 2016.

36 박정욱, 《중동은 왜 싸우는가?: 정체성의 투쟁, 중동사 21장면》, 지식프레임, 2018, p.451.

37 Leonardo Maugeri, *The Age of Oil*, p.259.

38 신민영·정성태,《반세계화 시대의 세계화》, LG경제연구원, 2016, p.4.

39 벤 S. 버냉키,《벤 버냉키, 연방준비제도와 금융위기를 말하다》, 김홍범·
나원준, 미지북스, 2014, p.130.

40 위의 책, pp.117~172

41 위의 책, pp.117~172.

42 유발 하라리,《사피엔스》, pp.431~438.

43 토마 피케티,《21세기 자본》, 장경덕 역, 글항아리, 2014, pp.617~648.

44 라나 포루하,《메이커스 앤드 테이커스》, 이유영 역, 부키, 2018, p.16.

45 정필모,《달러의 역설》, 2015, 21세기북스, p.95.

46 조셉 스티글리츠,《불평등의 대가》, 이순희 역, 열린책들, 2013, p.237.

47 티머시 미첼,《탄소 민주주의》, pp.236~237.

48 토마 피케티,《21세기 자본》, p.546.

49 위의 책, pp.545~546.

50 위의 책, p.534.

51 정필모,《달러의 역설》, pp.107~110.

52 Alex Lubin, *American Studies Encounters the Middle East*, The
University of North Carolina Press, 2016, p.13.; 앨릭스 루빈은 2
차 세계대전 직후에 미국이 세계 금 보유량의 절반 수준을 보유했다고
설명하지만, 티머시 미첼은《탄소 민주주의Carbon Democracy》에서 같
은 시기 미국이 80퍼센트를 보유했다고 주장한다.

53 Marin Katusa, Testosterone Pit, "The Media Won't Touch This Story About The End Of The US Dollar", *Business Insider*, 2012.4.30.

54 "Simon Has Meeting With Saudi King On Investing in U.S.", *New York Times,* https://www.nytimes.com/1974/07/21/archives/simon-has-meeting-with-saudi-king-on-investing-in-us-zaki-foresees.html.

55 Patricia Goldstone, *Interlock: Art, Conspiracy, and the shadow Worlds of Mark Lombardi*, Counterpoint, 2015, p.352.

56 티머시 미첼,《탄소 민주주의》, pp.173~174.

57 Andrea Wong, "The Untold Story Behind Saudi Arabia's 41-Year U.S. Debt Secret", *Bloomberg*, 2016. 5.30.

58 토마 피케티,《21세기 자본》, p.546.

59 캐런 앨리엇 하우스,《중동을 들여다보는 창 사우디아라비아》, 방진역 역, 2016, p26.

60 Daniel Yergin, *The Prize,* p.633.

61 김태유·김대륜,《패권의 비밀》, p.337.;Madeleine Albrtight, *Fascism*, Harper, 2018. pp.6~7.

62 Madeleine Albrtight, *Fascism,* pp.6~7.

63 김태유·김대륜,《패권의 비밀》, p.348.

64 Meghan L. O'Sullivan, *Windfall*, p.21.

65　위의 책, p.22.; 메간 오설리번 교수는 '프래킹'이라는 말이 수압 파쇄법
과 수평 시추를 조합한 기법을 의미한다고 설명하지만, 수압 파쇄법을
단독으로 의미하는 경우도 많다.

66　위의 책, p.15.

67　피터 자이한, 《21세기 미국의 패권과 지정학》, p.180.

68　"The Father of Fracking", *Economist*, 2013.8.3.

69　Meghan L. O'Sullivan, *Windfall*, pp.32~33.

70　대한송유관공사는 송유관 설치 및 운영을 전담할 공기업으로 1990년
설립되었고, 2001년 민영화되었다. SK이노베이션이 41퍼센트로 가장
많은 지분을 가지고 있고, GS칼텍스(28.62%), 정부(9.76%) 순으로 지분
을 보유하고 있다.

71　David Scutt, "US oil production is ramping up so much that
existing infrastructure can't keep up", *Business insider*, 2018. 7.24.

72　Meghan L. O'Sullivan, *Windfall*, preface pp.10~11.

73　John J. Mearsheimer and Stephen M. Walt, "The Case for
Offshore Balancing", *Foreign Affairs*, 2016, pp.70~83.

에필로그

1　"U.S. Imports by Country of Origin", Energy Information
Agency, https://www.eia.gov/dnav/pet/pet_move_impcus_a2_

nus_epc0_im0_mbblpd_a.htm(검색일: 2019.6.22.)

2   Meghan L. O'Sullivan, *Windfall*, pp.118~119, 257~258.

3   Ellen R. Wald, "Saudi Arabia has no leverage", *The New York Times*, 2018.10.18.

4   한국의 정유 회사 중 GS칼텍스는 미국 셰브런이 지분 50퍼센트를 소유하고 있고, S-OIL은 사우디 아람코가 지분의 63.4퍼센트를 소유하고 있다. 현대오일뱅크도 2019년 4월, 17퍼센트의 지분을 아람코에 매각했다.

5   Daniel Yergin, *The Prize*, p.749.

6   〈〈연합초대석〉 자원경제 전문가 김태유 교수〉, 《연합뉴스》, 2008.7.25.

7   양수영, 《황금가스전: 미얀마 바다에서의 도전과 성공》, 새로운사람들, 2016, pp.9~10.